法理的基因

熊秉元谈法律经济学

熊秉元 著

人民东方出版传媒
东方出版社

不是十全十美——《法理的基因》自序

　　这是和东方出版社合作出版，我的第十一本书。有里程碑的意义，值得稍稍回顾，并且略陈固陋。

　　十一本书，当然有人会问：有那么多的话好说吗？是不是老调重弹，一再重复？这些问题，不但读者会问，我也会多次自省反思。正面回应之前，先提供一点讯息：2017 年年初，我到台湾地区花莲的东华大学，教密集课程，也认识了些新朋友。其中一位，是台大法律系毕业，在花莲执业多年，很成功的律师。在办公室的书架上，他很自豪地展示了历年来我出版的每一本书！这是跨界铁铁铁铁的朋友，像巴基斯坦一样！

　　言归正传，这本书的内容，我认为有两点特色，一强一弱，一优点一缺陷美。首先，是优点。诺贝尔经济学奖得主斯蒂格勒（George Stigler）常言：经济学者的目标，是使自己的成果"正确、客观、而有趣"（objective, accurate and interesting）。这可能是芝加哥学派的特色，经世济民、造福人类等等不在里面；但是，"有趣"却是重要的内涵。在面对其他经济学者时是如此，在面对一般社会大学时更应该如此。对读者而言，除了知识上的收获和刺激之外，最好也能展现经济学和知识"有趣"的一面。

这本书的材料，涵盖面很广，既有专业的论文，也有经济学的典故轶闻。希望读者在阅读时，在脑海里能浮现"享受"和"有趣"这两个念头。

其次，是这本书潜在的缺陷美。打开天窗说亮话，笔耕多年，马齿倍增；有时不自觉地，笔下会出现以前写过、出版过的某个段落或材料。或者，在阐释某一个问题时，自然而然地，把相关的论点陆续呈现。因此，不可避免，也毋庸讳言，这本书里有些类似的字句段落，曾经出现在已经出版的十本书里。

关于"重复"的问题（即使是极小的一部分，断简残编），思索之后，我有两点正面回应。首先，布坎南教授（James Buchanan，诺贝尔奖得主）和波斯纳教授（Richard Posner，法学重镇），是我非常尊敬崇拜的两位学者；用"我的英雄"（my hero）来描述，毫不为过。他们不只是我们的英雄，也是世界各地很多很多人心目中的英雄。他们的论文，在智识的启迪上，令人由衷地佩服。

然而，对于布坎南后期的作品（他的论著全集有 20 册，非常可观），阅读时脑海里会有"英雄迟暮"的念头。一篇论文，先引述相关的论点，特别是自己过去的论作，最后再作发挥。添增的新意可能只有 5%；甚至，有些是自己和自己说话，和真实世界已经有一段距离。波斯纳，用"才气纵横，不择地皆可出"来形容，勉强传神。然而，他年近七十的作品，和壮年（50 至 65 岁）时的作品相比，（依我浅见）确实有落差。因此，长期笔耕的学者作家，作品的精致程度有起伏，很正常。老兵不死，只是肌肉逐渐松弛！

其次，英雄还是英雄，但是酒店总有关门的时刻。对于同一位作家的作品，我的想法很简单：认为有收获，就继续看；等到觉得收获不大时，就看其他作者的作品。在很多场合里，我的说法也是一致的："在中文世界里，就经济和法律而言，我的书值得看。因为，让证据说话，书的内容确实好。然而，如果你开始觉得收获不大时，就不必再看，可以去看其他作者的作品！"

这本书由编辑到印行，将近一年；特别感谢编辑主任陈丽娜女士，悉心处理，情商特高。还有，近十年来，东方出版社资深编辑许剑秋老师除了鼎力支持之外，还积极推动，希望在法学院里设置法律经济学的课程。他的努力，可望开花结果：功在剑秋，洵不诬也。

最后，我的作品，在两岸都多次获奖，但从来不是畅销书，而是小众文化。2020年年初，我在台北过节时，主动联系出版社：当初出版（繁体字版）时，他们根据第一次印刷的数量预付版税；现在有的书已经合约期满，连第一版都没有卖完。依当初我的承诺，请他们告诉我超付的部分，我乐意把钱退回。编辑回应：有不少作者的书，第一版都没有卖完。但是，从来没有作者会主动退回预付的版税；暂不处理，继续冲销好了！

这本书即将发行，东方出版社也会根据第一次印刷的册数预付版税。想到东方出版社第一次印刷的印量不小，将来合约期满要退的金额可能也不小；沉吟之后，我决定把已经到嘴里的话收回来，藏着掖着；不告诉出版社，装作没事。但是，思路过程，还是值得一记！

结论：一言以蔽之，这本书的内容（包括这篇序），是客观、正确而且有趣的！

熊秉元

2020 年 2 月 2 日

目录
Contents

第一篇　法理的智慧结晶

第一章　信息与法律

1. 背景

本章的主旨，是希望阐释"信息"（information）和法律之间的密切关系。在中文世界里，无论在法学领域或经济学领域，都具有开创性的意义。

探讨信息和法律的关系，在智识上的重要性和兴味，可以由两方面来烘托。首先，众所周知，法律与文学（Law and Literature）已经是卓然有成的研究领域。一方面，文学戏剧里，关于官司的题材自古已有，丰硕无比。另一方面，法律的表达，判决书的描述，两造的辩护，等等，都是透过语言和文字。因此，司法运作里语言和文字的元素，值得探究。由文学到法律，以及由法律到文学，重要性都是一点就明。然而，无论文字或语言，本身只是媒介，是传达信息的工具或载体。如果语言文字和法律关系密切，更根本的信息因素，可能更值得探究。

其次，会计学（Accounting）和法学，虽然看起来相隔十万八千里（除了金融法之外）；然而，稍稍琢磨就很清楚，这两个学科都是在处理规则（rules）。随着信息经济学（information economics）的发展，会计学里已经有相当比例的研究，是在探讨处理财务的信息问题。相形之下，法律本身就是规则，可是在相当程度上，法学的理论基础还是道德哲学。信息经济学的研究成果和智慧结晶，对法学研究几乎毫无影响。由知识的传递和累积来看，可以说是一种很令人讶异的状态。因此，如果信息这个因素已经对会计学带来根本性的变化，在本质上有相当大交集的法学（都是在处理"规则"），或许也可以把焦点由道德哲学稍稍移转开，而注意"规则"背后所蕴含的根本因素——信息！

法律与文学的互操作性以及会计与法律的共同性，为本章提供了智识上的背景。在下文里，将以更直接的、举例的方式阐明信息和法律的重要关联。而后，将逐次论证，一旦纳入"信息"这个因素，将会如何添增法学研究的养分，使法学理论更为厚实稳健！

2. 法律背后的信息问题

这一节里，将由两个角度说明，信息问题其实隐身于法律之后；对司法运作而言，更是无所不在！

2.1 实例：追诉时效和未成年人

借着几个具体的例子，可以体会法律和信息的密切关联。

甚至，比较精确的说法是：因为信息的原因（或限制），法律才会作如此这般的规定。

第一个例子，是追诉时效的规定。现代社会里都有类似的规定，即使具体的内容有大大小小的差异。对于追诉时效的做法，由信息的角度可以提出扎实有力的说明：一旦时间拉长，案情的细节开始模糊；人证物证等的精确性逐渐流失。而且，随着时间的流逝，在误判可能性上升的同时，惩罚产生的效果开始钝化。因此，权衡轻重得失，追诉时效是人为的、有意的、截断正义的延伸（truncated justice）。背后的主要原因，正是信息这个因素。

第二个例子，是未成年人的规定。同样地，现代社会也有类似的规定：区分出成年人和未成年人，法律上采取差别待遇。观念上，有意区分的原因，是未成年人在生理心理（心智）上还不成熟，因此应当承担不同的法律责任。然而，观念上简单明确，实际做法上却不见得容易。目前，世界各国都以"年龄"为主要指标；明显地，这是次佳方案（second-best measure）。但是，权衡轻重得失，生理年龄的信息容易界定，心智成熟度的信息却不容易界定。

第三个例子，是举证责任倒置。在司法运作里，"谁主张，谁举证"是众议佥同的原则。现代社会里，却逐渐出现一些例外。最明显的例子之一：公务员若有巨额财产来路不明，举证说明财产来源的责任不在检方而在当事人。背后的原因，还是在于信息：在网络和全球金融体系的世界里，由检方来举证的成本往往过高，而由当事人来提供信息自清成本最低。因此，举证责任倒置的关键因素，还是在于信息！

以小见大，由信息的角度琢磨法律条文，往往能更精确地掌握法律的意义和局限！

2.2　司法运作

司法体系的运作，大致上可以分为立法阶段和司法阶段。这两个阶段的内容不同，但本质上都和信息密不可分。

大陆法系里，在立法阶段主要的工作包括：先期作业、搜集相关数据、确定立法范围、征询各界人士、拟订草案、专家审议、修订稿 / 再修订稿；在进入立法机构之后，初审复审、表决通过、公布施行。每一个环节，都是在处理信息问题。在司法阶段，刑事的主要过程是案发后的搜捕、侦讯、审判等；处理的事项不同，但都和信息环环相扣。相形之下，民事纠纷的立案、陈述案情、双方举证、庭审、判决，更是清清楚楚地在各种信息里起伏转折。法院的判决书里，对双方证据的取证、庭审的重点摘证、适用法条的运用、争讼胜负的切割认定等等，也都是在信息的世界里沉浮跌宕。

由此可见，无论在立法阶段或司法阶段，信息问题都如影随形、无所不在。由信息的角度出发，阐明各个环节的意义和潜在问题，无疑有助于了解整个司法体系的运作。

2.3　小结

这一节里，通过两个层次的说明（具体法律条文和立法司法两阶段的运作），希望能阐明信息这个因素对法律 / 法学的重要性。如果能把信息纳入法学研究的视野，不但能加深对法学问题的了解，更能丰富法学研究的智识积累。法学界的朋友，盍兴乎来？

3. 信息与法学理论

在前文里，列举了许多事例（多种信息），希望能阐明信息和法律的密切关联。然而，对法学界而言，一个自然浮现的问题是：在法学界，过去没有特别注意"信息"这个因素，也累积了几百年（甚至是上千年）的智慧。纳入信息这个因素，难道对法学理论能添砖加瓦吗？

对于这个平实而具体的问题，这里将正面回应。通过三个明确重要的问题，说明由"信息"的角度，可以对法学理论作出根本性的贡献！

3.1 教义法学和社科法学

在法学界，教义法学（或"法教义学"，doctrinal analysis of law）是正统和主流。根据历来法律学者的努力，已经累积出各式各样、大大小小的"教义"（doctrines）；利用这些众所周知、众议佥同的教义，法学界（包括理论界和实务界）有了共同的语言，能够明确有效地阐释和运用法律。

然而，近一二十年以来，法学界的十仞高墙之内，部分学者也开始意识到，教义法学的匮乏与不足。不少学者呼吁，要向范围更广的社会科学汲取养分；立基于社会科学的法学，简称为社科法学（law and social sciences）。社科法学的学者，以振衰起弊为己任；充满雄心壮志，顾盼而自得。他们宣称：十数年之内，社科法学将取代教义法学，成为法学界的主流。在一流的法学院之内，将由社科法学主导；传统的教义法学，将慢慢流落到二三流的法学院！

可是，胡适的名言："拿证据来！"作出如此斩钉截铁的预测和论断，证据（信息）何在？或者，更简单而根本的问题是：社科法学和教义法学，这两者之间的关系到底为何？如果连基本的青红皂白都没有弄清楚，如何能气吞山河地放言高论？

稍稍琢磨，由"信息"的角度，其实很容易厘清两者之间的关系。社科法学学者的预测将成为事实或雨后彩虹，也毋待水晶球或时间，当下就一清二楚。具体而言，两者的关系是：社科法学，是教义法学的基础；而教义法学，是社科法学的简写或速记（short-hand）。经过长时间的积累，法学界已经累积了许多为社会大众所接受的原理原则，也就是各种教义；譬如，善意第三人、诚实信用、买卖不破租赁等等，这是知识累积、分类和精致化的结果。面对相关的问题，在大部分情况下，可以直接引用教义，而无须从头说起，辞费而耗时耗力。然而，这些教义不是凭空出现，而是以社会科学的知识为基础。

譬如，买卖不破租赁，是广为人知的教义。看起来，这个法原则是保护了租户的利益；深层一些分析，其实也维护了房东的利益。如果买卖可以破租赁，租约和租期隐含不确定性，房客愿意付的租金必然减少。如果买卖不破租赁，租约和租期受到保障，房客自然愿意付较高的租金，对房东当然有利。因此，由社会科学的角度，可以对教义（法原则）提出知其然而且知其所以然的、合情合理的解释。大部分时候，不需要追根究底，只要援用教义（法原则）即可；这是降低了司法运作的成本，背后的原因（驱动力）还是在于节约信息。

由此也可见，教义法学是司法运作不可或缺的核心；即使在遥远的未来，还将是法学教育的重要部分。在第一流的法学院里，教义法学仍将是骨干，而不可能式微或消失。社科法学的学者，如果对社会科学和教义法学有较完整的认知（信息较充沛），就不至于信口开河、不辨东西地无的放矢。社科法学的努力方向，是对社会科学有完整而深入的掌握，帮助教义法学立足于更稳健的基础。而不是在法学院的高墙内自说自话，侈言社会科学，却停留在皮毛和口号的认知上！

3.2　民法的物权和债权之分

在大陆法系里，民法里有物权债权之分，自古已然。在英美法系里，没有物债之分也能运作。在经济分析里，有买方卖方之分，却没有物权债权的区分。那么，为什么大陆法系的民法，要分辨出物权和债权呢？

在民法结构里，这是非常基本而重要的问题。然而，令人惊讶的是，相关的介绍和讨论，不仅在一般的民法教材里付诸阙如，在学术论著上，也搜寻不到相关的论述。而且，即使是民法界的宿儒，似乎也从来没有思考过这个问题。对于这个问题，可以分成两个步骤来处理：

第一步，如果买卖双方的交易瞬间完成（instantaneously completed），双方从此别过，各分东西，显然就没有必要区分物权和债权。然而，在成千上万的交易里，总有一小部分会有纠纷。也就是说，当钱货易手之后，双方产生纠纷。买方，可能认为货品有瑕疵，或和原先承诺不同，或逾时交货，等等；卖方，可能认为收到假钞，收不到货款，或没有依约定点来收货品，等等。有千万种理由，会引发买卖双方的纠纷，善后的方式之一是诉讼。

在大陆法系里，由萨维尼开始，把一桩交易区分出两种权利：物权和债权。然后，再依物权债权的性质，分别处理纠纷所涉及的问题。因此，物权和债权是大陆法系里为了处理纠纷所发展出的两个概念；是一种工具性的设计，具有功能性的内涵。

第二步，在哪种情况下，交易可瞬间完成呢？答案很简单：如果信息是完整的，买方卖方对于产品、付款等都有充分的了解，交易自然顺利完成，不会有事后的纠纷。没有纠纷，又何须援用物权债权的概念来解决问题！因此，追根究底，大陆法系民法的物债两分，可以从"信息"的角度提出合情合理的说明。

借着一个简单的例子，可以说明这种解释的含义：如果两个公司决定垂直或水平整合，形成策略联盟的伙伴关系，可能采取交叉持股的方式，你中有我、我中有你。假设只是单纯的股权转换，双方以议定的比例交换一定数额的股权；这时候，只要双方在电脑上或报表上稍作调整，基本程序就可以完成。在这种情形之下，分出彼此的债权物权关系，其实无关紧要。相形之下，如果不是交叉持股，而是资产结构重组；双方同意把自己的某些厂房设备转让给对方，而取得对方的某些原料半成品等。这时候，涉及实体物的移转，也隐含产权的移转登记等。需要时间较长，过程中也很可能出现问题和疑义。要厘清潜在的问题，就可以援用债权物权的概念。

总结一下，由信息的角度，可以对物权债权的双元结构，提出合于情理而且有说服力的解释。不但弥补了民法理论的一个空白，还有助于相关问题的探讨。

3.3　无罪推定原则的适用

"在被证明有罪之前，假设被告无罪"，这是已经成为普世价值的"无罪推定原则"。然而，就刑事诉讼的程序而言，在主要的阶段里——搜捕、侦讯、审判、执行——除了运行时间不同之外，无罪推定原则适用的程度是一样的吗？在相关的文献里，对这个问题的讨论可以说是少之又少。然而，无论在实务或理论上，这都是一个有意义、有趣而且重要的问题。

稍稍沉吟就可以体会，在搜捕、侦讯和审判这三个阶段里，无罪推定原则适用的程度明显不同。而且，差别所在，都和信息这个因素环环相扣。具体而言，一旦刑案发生，如果援用无罪推定，假设人人都是清白的，那么，大海捞针，如何找涉案人和设法破案呢？因此，在搜捕阶段，必然是根据相关的证据，由可能的社会关系中，快速缩小范围，锁定少数几位潜在的、可能的涉案人。然后，通过访察和人证物证，找到特定的可能的嫌疑人。很明显，在这个阶段是根据"有罪推定"的假设快速缩小目标和过滤。一旦有了嫌犯，在侦讯阶段，也不是根据无罪推定来操作。办案人员要求嫌犯提供相关信息，自己说明行踪举止，响应相关的人证物证问题，等等，也都是在"可能涉案、可能有罪"的基础上进行的。

只有在审判阶段，无罪推定原则才真正有施展的空间。但是，这是在极其特定的时空条件下，由检方来论证被告的涉案情况；即使被告卸下戒具，法庭内还有法警在旁伺候。无罪推定，只是控诉双方论述的起点。而且，更为重要的是，即使是无罪推定，"证据法则"也才是真正的关键所在。如果法庭采用的证据法则很宽松，只要有 10% 的证据，就认定被告有罪；那么，即使由无罪推定出发，很容易就能对被告定罪。相对地，如果法庭援用"有罪推定"，但是采取非常严格的证据标准：无罪的证据，要少于 10%。在这种证据尺度之下，即使由"有罪推定"开始，要对被告定罪也不容易。因为根据证据法则，有罪的证据要超过 90%。可见，关键不在于起点是有罪推定或是无罪推定，而在于法庭所采取的证据法则。而证据法则，毫无疑问又和信息密不可分。

因此，关于无罪推定的原则，至少有两点重要的体会：第一，在不同的阶段，使用程度不同；第二，即使在庭审阶段，关键还是在法庭所采用的证据法则。这两点体会，都不折不扣地源于信息这个因素。由信息的角度阐释无罪推定原则，显然可以有更为深刻而精确的体会。

3.4 小结

在这一节里，借着处理三个层次不同的问题（教义法学和社科法学的关系、物权和债权的区分、无罪推定原则的适用），希望能清楚地呈现：由信息的角度切入，可以对法学的研究和理论作出基本而重要的贡献。当然，本节所处理的问题，只是三个例子而已；把信息纳入法学研究，在很多领域里，都可望带来鲜活的养分，添增新的智识，使法学的宝藏更为丰富多样。

4. 信息经济学：回顾

在这里，将简单回顾信息经济学的背景；在下文里，则是简要地介绍信息经济学的重要内容，特别是和法律相关的。希望在信息和法学之间，搭建起一座有意义的桥梁。对于信息经济学的背景，将由两个角度来说明：理论上的发展，以及广为经济学界和法学界所熟知的"科斯定理"。

4.1 信息简史

近代经济学的发展，可以由 1776 年出版的亚当·斯密的《国富论》为分水岭，至今不过两百多年。然而，掀起经济学"信息革命"的，则是 1960 年起的几篇重要论文。

传统的经济学理论，一直假设"信息是完整的"；1961 年，芝加哥大学的斯蒂格勒（George Joseph Stigler，1911—1991）

发表论文，把"信息"这个因素纳入经济分析。他的故事很简单：如果有人想买个电视或冰箱，在前网络、前手机时代，总要经过一个"搜寻"（search）的过程。市面上有哪些品牌，规格特性价格各是如何；如果要去看看现货，又该去哪些门市？因此，搜寻需要耗费时间和人力物力成本，而取得的信息是有价值的（效益）。经过权衡取舍（数学模型），可以决定对个人而言最好的搜寻法则（search rule）。

1970年，经过多次退稿后，阿克洛夫（George A. Akerlof, 1940— ）发表经典论文《柠檬市场：质量的不确定性和市场机制》（*The Market for "Lemons": Quality Uncertainty and the Market Mechanism*），由另外一个角度阐释信息的重要性。他用的例子，是二手车的市场。在旧车市场里，卖方（车主）知道自己车子的质量，而买方并不清楚。市场里旧车的价格，只好以车子的平均品质为标准；可是，如果自己车子的品质高于这个平均品质，却只能得到平均品质所对应的价格，显然不划算。因此，这种车主会把自己的车子撤离二手车的市场，车子的平均品质因而下降。之后，又有一些品质高于平均的车主，把车子撤离交易市场。经过这种合情合理的"崩解过程"，旧车市场可能因而消失或大幅萎缩，即使有人想买，有人想卖。信息对市场结构、交易模式及买卖结果，都有明显的影响。

在大洋彼岸，英国的莫里斯（James Mirrlees, 1936—2018, 后来封爵）也于1976年发表宏文，为信息经济学的发展另辟蹊径。老板（当事人，principal）雇了员工（代理人，agent）做事，可是不可能一直盯着员工，员工也可能远在千里之外。因此，在"当事人代理人关系"（principal-agent relation）中，为了避免员工浑水摸鱼的"道德障碍"（moral hazard），老板必须设计薪酬契约，让员工的作为符合老板的利益。这是"诱因相容"（incentive compatible）的概念，在中文典籍里也可以找到类似的描述：老子《道德经》里的"功成事遂，百姓皆谓我自然"；范仲淹《岳阳楼记》里的"先天下之忧而忧，后天下之乐而乐"。

员工浑水摸鱼，是签约之后的行为；另一种信息上的问题，发生于签约之前。斯蒂格利茨（Joseph E. Stiglitz,1943— ），在一连串的论文里论证：保险市场里，健康情况不好的投保人，会假冒身体状况良好，选择对自己好而对保险公司和其他投保人不好的保单。这是"逆向选择"（adverse selection）的问题，也必须对症下药，在合同的设计上预为之计。

前面所介绍的，都是设计交易过程中买方或卖方的问题；一旦同时涉及买方（供给）和卖方（需求），就可能隐含信息不同的考验。医学院每年都有许多毕业生，这些毕业生将到各个医院去实习。根据专业、地域偏好、成绩等条件，准医生有各自的理想排序；而各地医院根据各自的情况，也有各自的理想排序。在众多毕业生（供给）和众多医院（需求）之间如何搭配，才能各得其所、皆大欢喜？这就是制度设计（mechanism design）里的"配对问题"（two-sided market match），罗斯（Alvin Roth，1951— ）以一系列的论文，处理这个信息上的实际问题。高考后的分发，性质上无分轩轾，重要性不言自明。

在信息经济学这个新兴领域里，这几位学者开创性的贡献，改变了经济学的风貌，也先后得到经济学的桂冠——诺贝尔奖。（斯蒂格勒，1982 年；莫里斯，1996 年；阿克洛夫，2001 年；斯蒂格利茨，2001 年；罗斯，2012 年。）

4.2　科斯定理和信息

科斯（Ronald H. Coase, 1910—2013 年）在 1960 年发表的文章《社会成本问题》（*The Problem of Social Cost*），公认是法律经济学的奠基之作。这篇论文，也是英文文献里，同时是经济学和法学这两个领域，被引用次数最多的文章。令人好奇的是，原因何在？为什么这篇论文对法学界和经济学界，都带来了巨大的影响？答案为何，显然又是一个信息问题！

对于这个问题，可以由两方面尝试提出解释。一方面，科斯 1960 年以及早先 1937 年的论文，都是处理交易费用（交易成本）的问题。简单的描述，人际交往/交易所要耗费的资源就是交易成本，包括人力物力时间等。稍稍琢磨就可以体会到，交易成本无所不在；因此，明确指出这个重要因素的经济学者，科斯是第一位，学术上的重要性可想而知。前一小节所介绍的几位经济学重镇，在经济学这个领域都有重要的贡献。他们所探讨的问题（搜寻、道德障碍、诱因相容、逆向解释、配对机制等），表面上是信息问题，但本质上不折不扣就是交易成本的问题。换句话说，追根究底，交易成本其实是由信息问题所引发。

另一方面，法律所处理的问题，也是由人际互动所衍生，而无论是除弊（摩擦冲突的善后）或是兴利（规则秩序的雕塑），也可以从交易成本的角度去体会。由交易成本这个概念出发，可以对法律／法学问题有新的、不同的解释。因此，交易成本的概念一方面涵盖了信息经济学的重要领悟，另一方面又直指法学根本议题的核心，科斯论文的影响力长久不衰，可以说是有以致之。

当然，智识的积累，是站在前人（巨人）的肩膀上前行。对于闻名遐迩的科斯定理，也可以指出缺失、再添新意。具体而言，科斯定理是指：如果没有交易成本（交易成本为零），无论财产权如何界定，资源的运用都是有效率的。关于"有效率"，科斯是指"社会的的产值会达到最大"（"the value of social production will be maximized"）。然而，以后见之明来看，科斯定理本身是自相矛盾的。原因很清楚：衡量产值，一定要有某种度量衡，作为衡量的尺度。众所周知，需要度量衡，就是因为交易成本。在交易成本为零的世界里，并不需要度量衡；没有度量衡，也就无从判断产值的大小高低。换句话说，"交易成本为零"和"产值极大"，是两个彼此冲突的概念，不会同时成立。

然而，逻辑上有问题，并无损于科斯定理的洞见和启示。对法学而言，科斯定理的意义，至少可以归纳出以下几点：第一，当交易成本趋近于零（交易成本愈低），资源的运用通常愈有效率。因此，在界定产权和设计各种典章制度（包括法律）时，应该设法降低交易成本。第二，真实的世界里，交易成本不为零，所以值得探讨不同典章制度所隐含的交易成本。第三，当交易成本很高，市场里自愿性的交易无法出现时，法律（代表社会的纳税义务人）就值得"效仿市场"（mimic the market），把资源赋予最能有效运用的那一方。第四，在许多法律问题上，"正义"的身影并不清晰；由效率观点着眼，可能更有说服力。追求效率，就可以把"产值极大"当作评估的指标；而波斯纳的"财富极大"（wealth maximization），正是产值极大概念的延伸。

一言以蔽之，运用科斯定理、交易成本和信息这三个概念，在法学研究上还有很大的发展空间，还有很多待开垦的沃土！

5. 信息经济学核心概念

上一节里，是以几位经济学者为背景，描绘信息经济学的发展。这一节里，则将简单列举信息经济学里的重要概念，并且尝试和相关的法学概念作一联结。

5.1 信息、诱因和信息不对称

在信息经济学的文献里，通常把问题分为两大类：信息（information）问题和诱因问题（incentive）。

一般来说，信息问题相对简单：买冰箱、找房子、求职等等，在这些情境里，当事人希望能取得有意义的"信息"。当然，信息不会从天而降，而是要耗费心力和时间去取得、筛选、过滤。即使上网搜寻，也需要费时费力和耗用流量。因此，信息是有价值的，自己愿意付出多少资源以取得信息，自然而然要考虑成本和效益。

相形之下，一般而言，诱因问题涉及两个主体之间的互动：女为悦己者容、仇人相见分外眼红、君子报仇十年不晚、十年树木百年树人、上梁不正下梁歪、礼尚往来、近悦远来、童叟无欺、杀鸡儆猴等等，都隐含了不同主体之间行为的往还。而且，彼此的行为，有着互为因果的连带关系。"以牙还牙，以眼还眼""以子之矛，攻子之盾"，都巧妙而精确地勾勒出彼此互动的诱因成分。进一步琢磨，诱因问题的根源，往往是彼此之间有着"信息不对称"（asymmetric information）。譬如，消费者不知道产品的好坏，厂商就会借着广告、名人背书、提供服务热线、保证书等等，希望克服信息不对称，而诱使消费者相信产品的品质。

在法律里，和信息及诱因相关的概念俯首可拾：无因管理、善意第三人、表见代理、无过失责任、连带责任、背书、故意 / 过失、虚假陈述、诚实信用、信赖利益保护、商业秘密等等。稍微思索即可发现，如果问题涉及两个行为主体，关键因素往往就是信息不对称。法律界定了个人行为的范围和界限，抽象来看，正是不折不扣的信息问题和诱因问题。

5.2　单回合、多回合和最后回合

关于信息问题的性质，另外一种区分的方式，是"单回合"与"多回合"之别。

单回合赛局（one-shot game），顾名思义，是彼此只交手过招一次；从此别过，各奔西东，不再相会。在这种情境里，通常只有信息问题，而没有诱因问题。观光游乐区里，常出现的宰客事件，是典型的单回合互动；高铁飞机上和一面之缘的邻座，彼此交谈的内容和遣词用字，通常就和邻居同事的交谈不同。

相形之下，相亲和面试，虽然看起来是单回合交往，但是其实对未来有某种预期；因此在言行举止、打扮容貌上也和平日不同。根本原因，就涉及了多回合（repeat game）的奖惩功能。你敬我一尺，我敬你一丈；饮水思源，寄人篱下；守望相助，情同（逾）手足，等等，都隐含了多回合的互动以及蕴含其中的奖惩机制。

最后回合赛局（last period game），是多回合赛局的一种特例。既然是最后回合，显然就有倒数第二回合，等等。因为是最后一回合，没有明天，因此奖惩无从在未来发挥作用。将退伍或退休的老兵或老鸟，倚老卖老，躺着干，都是同样原因。在激励的设计上，就值得预为之计，以发挥诱因的效果。

在法律里，单回合多回合的考虑（以及潜在的信息和诱因问题），也所在多有。广告不实、背信、侵占、越界、职业打假、假离婚、买屋隐藏关键信息、冒龄延退、联合垄断等等。有些问题，表面上看起来是单回合；但仔细琢磨，由多回合的角度，可以更清楚地掌握问题的性质和法律的因应之道。譬如，如果是故意伤害，往往事前策划，事后抹去痕迹；一旦被捕，通常有准备好的说辞。因此，看起来是单回合的伤害，其实涉及多回合的举止。在惩罚上，就值得加重刑责，以提供适当的诱因，发挥吓阻的作用。

5.3 贴标签和放信号

信息 / 诱因 / 信息不对称和单回合 / 多回合 / 最后回合，是两种不同的角度；除了这两种分类方式之外，还可以从放信号（signaling）和贴标签的区分，体会信息经济学的精髓以及和法律问题的关联。

图 1.1 和图 1.2 里，分别呈现出贴标签和放信号的意义及重点所在。

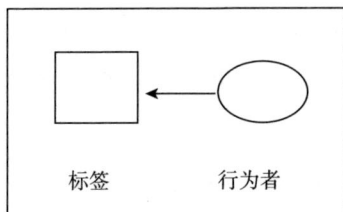 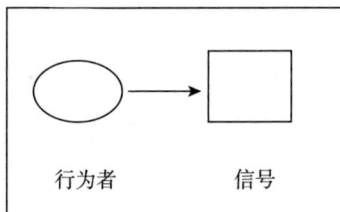

图 1.1 贴标签   **图 1.2 放信号**

在面对人、事、物时，行为者会自然而然地经过"认知"和"赋予意义"的心智过程。赋予意义，就是贴上一个标签，无论正确与否。贴标签无所不在，因为可以大幅地降低思维成本。而且，人不只对外在世界贴标签，也会对自己贴标签；根据自己所认定的"自我形象"，决定衣食住行上的各种取舍。

在司法运作里对法律条文的解释、对人证物证的解读、对两造论对的取舍，都涉及认知和赋予意义，也就是都在贴标签。即使是对刑案现场的回忆，也是由当事人或证人所作的描述（运用各种名词和形容词，也就是标签）。即使有监视器还原，难道能呈现案发当时各个当事人的心理状态和脑中所想吗？可见，人是活在标签的世界里，而司法运作也是如此；标签的精致或粗糙，显然有很大的裁量空间。

和贴标签相对的，是放信号。刘邦入关中的约法三章："杀人者，死；伤人及盗，抵罪。"在大乱初定时放出清晰的信号，有实质正义而没有程序正义。英美法系的判例，大陆法系的司法解释，都是对社会大众放出信号，司法将如何运作。法庭里庄严凝重的摆设，法官检察官和律师的服饰、遣词用字，也无不在释放明确的信号：法庭重地，谨慎从事，轻忽不得。法官依职权进行审判，不受其他力量干预，更是"法治"（rule of law）这个普世价值的信号。

一言以蔽之，整个司法体系的运作，就是在不断地放信号和贴标签；希望透过这个持续进行的过程，能达到社会大众的期望，实现正义！

5.4 小结

这里由三个不同的方向切入，扼要地描述了信息经济学的核心概念，并且尝试和法律作一联结。

信息和诱因，前者着重信息的稀缺和价值，后者则是强调不同微观之间的互动。信息不对称，是人际互动交往／交易的常态，是"交易成本"的根源所在。单回合和多回合，是由互动是否重复，烘托出信息和诱因的差别所在。关键所在，是多回合互动时，奖惩机制可以发挥作用；单回合交往，双方本身不容易运用奖惩。贴标签和放信号，是由旁观者和信息的角度，具体而微地勾勒出司法运作的特质。毫无疑问，由这三个方向阐释信息经济学并尝试和法律联结，本身就是对相关信息的剪裁和取舍！

6. 探索与前瞻

以前面的论述和材料为基础，这一节里将由信息和诱因的角度具体讨论几个法学问题。既有明确具体的法律问题（法内之法），也有范围更广的议题（法外之法）。焦点不同，目的一致，都是希望能呈现信息和法律之间的重要关系。

6.1　法内之法：三个案例

这部分探讨的，是三个典型而具体的法律和规则问题。

6.1.1　因果关系：电梯劝烟案

因果关系，无疑是司法实践中的重中之重。如果行为和后果之间的因果关系成立，就需要承担相应的责任（民事／刑事）。稍稍沉吟就可以体会到，要判断因果关系是否成立，很多时候并不容易（"蝴蝶效应"在法律上成立吗？）；而且，更深入地考量可以体会到，因果关系其实涉及对信息的判断和取舍。

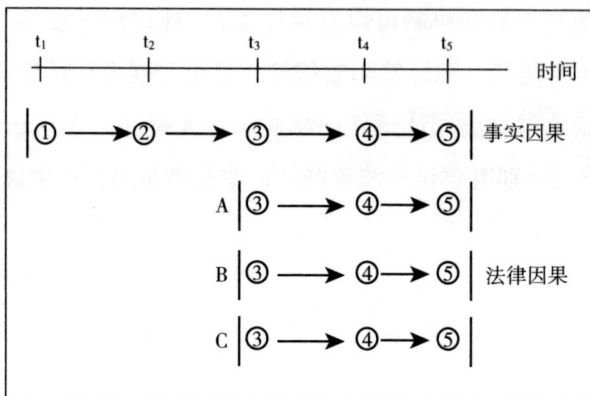

图 1.3 事实因果和法律因果

简单地描述，因果关系可以分成两种：事实上的因果（factually causal）和法律上的因果（legally causal）。图 1.3 呈现出两者之间的差别：事实上的因果，是指在时间先后上，一连串的事情依序发生，彼此环环相扣。譬如，火车误点、投宿旅馆、失火、行李被烧毁。法律上的因果，是经过法院的判断，只截取其中的一段，是法律上所承认、需要承担责任的原因和结果。

在著名的河南"电梯劝烟案"里，事实的因果很清楚：医生发现大爷在电梯内抽烟、劝告、口角、到物业继续口角、大爷心脏病发、医生参与急救、送医不治。医生的劝阻、两人口角和大爷的死，清楚明确地符合"事实上的因果"；然而，经过地方法院审理（对生理病理等相关信息的综合判断），认定口角和猝死没有必然的关系，法律上的因果关系不成立，医生不需要承担责任。但是，当意外发生时，如果双方的行为不符合法律上的因果关系，可以援用《中华人民共和国侵权责任法》第

024

二十四条：根据"公平原则"，衡量双方的条件作适当补偿。因此，法院判定：医生补偿大爷家属 15000 元，是求偿金额 40 万元的 3.75%。医生接受，不上诉。

"公平原则"是指面对不可预测的意外，相关的人根据社会经验等条件，彼此之间同舟共济、截长补短，发挥了"保险"的功能。因此，地方法院的判决在法理和法律条文的运用上，都非常精确，值得肯定。相形之下，当大爷家属上诉之后，河南郑州中院作出判决：医生劝烟是善尽公民责任，大爷猝死是意外，医生无须承担责任，也不必赔偿 15000 元。在情理上没有说服力，对《中华人民共和国侵权责任法》第二十四条的解读更是荒腔走板；不仅误读法律条文，更是指鹿为马、指马为鹿。显然，对于因果关系以及更深层的信息问题，各级法院是否能有效处理，"电梯劝烟案"的前后判决，释放了一个不容忽视的警讯（重要的信息）。

6.1.2 最小防范成本：美女与野兽

一个马戏团载运老虎，在铁笼外有清楚的警告标示。车子在市区遇红灯停下，一位 38 岁的女性路过，想摸摸老虎；手伸进笼子，老虎一回头，把女性的手咬断。对于这桩意外，该如何界定马戏团／载运和女性双方的责任？

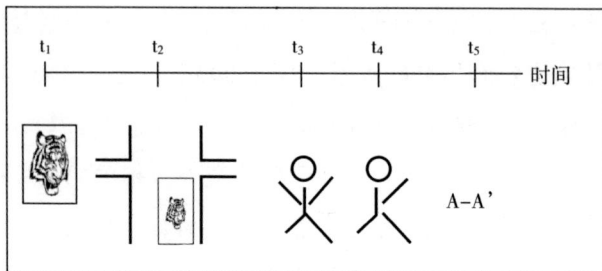

图 1.4　美女与野兽

利用图 1.4 可以清楚地看出，重要的时点不是 t_2（车子停下）或 t_3（女性出现，手伸进笼子），而是 t_1（装笼）。在老虎装笼的时点上，可以用很简单的方式避免后面的意外。譬如，笼子周围铺一层细的铁线网，或在装笼之后罩上套子、留出通气孔。载运方以很低的成本就能避免后面的意外，因此要负主要的责任。由诱因的角度，道理也很清楚：这么界定责任，以后载运专业的作为会更小心，将来更能避免类似的意外。相对地，希望所有沿路的千千万万个大人小孩，都不会轻重不分地把手伸进笼子，并不容易。北京八达岭的老虎伤人，也可以做类似的分析。在图 1.5 里，有两个重要的时点：t_1（游客的车子还没有进猛兽区）和 t_3（车子已经进了猛兽区）。在 t_1 这个时点，信息不对称，动物园有责任提醒游客，合情合理：进了猛兽区，不要摇下车窗，也不要下车；万一熄火，按喇叭或拨打手机求助。如果园方已作出适当的提醒（是否符合"适当"，是要由法院判断的重要信息），在 t_3 的时点，游客身处猛兽区，游客不摇下车窗或下车，很容易。游客下了车，要猛兽不攻击噬咬显然不容

026

易。因此，如果事先已经有适当的提醒，而游客在猛兽区下车发生意外，主要责任在游客，而不在园方！

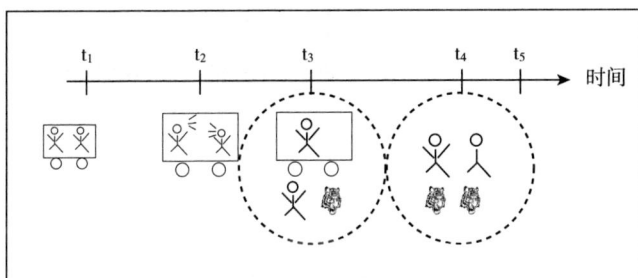

图1.5 八达岭老虎伤人

两个老虎伤人的意外，看起来责任归属不同，其实道理相通，都是最小防范成本。在双方信息不对称和多回合诱因的考虑下，防范意外的主要责任，由成本最低的一方来承担，合情合理。《中华人民共和国侵权责任法》里关于宠物伤人的相关法条（由宠物饲养人负主要责任，除非有人故意挑衅），背后的法理其实也是立基于此！

6.1.3 奥运竞赛：男女之分

如果中性地把法律看成是规则，不含道德的成分，那么，奥运的各种规则，就是研究"比较法"的一块沃土。对奥运规则的探讨，可以给法学研究带来许多启示。

在奥运史上，除了各个项目规则的变化外，在三个重要的领域里，规则都有影响深远的变化。首先，过去只允许业余运动员参与，自1984年的洛杉矶奥运会开始，也对职业运动员开放。足球、篮球、棒球等职业球员的加入，不仅提升了奥运的竞赛水平，也大幅扩充了观众和广告市场。其次，禁止运动员使用某些药物，也经历了许多曲折和起伏。最后，和前两者相比，区分性别的问题，似乎不是个太难的问题。其实，不然。

在一般人的生活里，绝大部分的场景，区分男女并不重要，除了公厕之外。可是，在奥运竞赛里，男（女）性和男（女）性的竞争，自古已然，众议佥同。因此，性别认定，对奥协而言是一项重要的任务。回顾奥运历史，认定性别的做法，至少经过几个阶段。最早，可以称为原始自然阶段：由外观上认定，男性有喉结胡须等，女性胸围腰围不同。随着奥运的举办，训练愈发专业，由外观上有时不太容易判断性别；这时，就进入野蛮粗暴阶段：男女运动员，分别进入两个不同的房间，除去身上所有的衣物，由旁边的工作人员根据外形和生理器官判定。

随着生化科技的进展，就进入染色体检验阶段；根据 23 对染色体的结构，可以判定运动员的性别。然而，在几十亿人口里，能参加奥运的，都是极少数的人；这些人的体能和生理特质，就是和一般人不同。在这些极其特殊的群体之中，又有极少数的人，根据染色体也无法判定是男是女！在日常生活里，这种特例无关紧要；在奥运里，却必须面对这种棘手的问题。目前的做法，是由奥协设置委员会，由生理、医学、心理等领域的专家，奇数组成。委员们对染色体难以判定的个案，检阅所有相关的数据，然后投票决定运动员的性别！投票的决定有可能犯错吗？当然有可能！有没有更好的做法？没有，这是现有条件下争议最少的做法。

奥协判定性别的做法，有几点启示：第一，委员会以投票决定运动员性别，是借着"程序"处理"实质"问题。在信息或其他条件的限制下，是实际而可行的做法。第二，既然是以程序处理实质问题，程序的"公信力"就非常重要。历来的信访问题和行政部门及司法部门的公信力，当然有关。第三，抽象来看，司法体系的运作就是透过程序来解决实质问题（有罪无罪、谁胜谁负）。程序的性质和良窳，当然值得作持平客观的分析。第四，是男是女，是生理问题，但本质上也是一个信息问题。在奥运里，必须对这个信息作出判断；在人类其他的活动和日常生活里，判定性别的做法是否有其界限？这个问题值得探讨，但是显然已经超出了本章的范围。

6.2 法外之法：三个大哉问

法律是社会的产物，而社会更是文化的产物。把视野扩充到文化，更适合琢磨层次较高的问题。这里就将针对中华文化，由信息的角度，尝试探讨三个根本的问题，并且联结到法律上。

6.2.1 李约瑟之谜

英国历史学家李约瑟（J. Needham，1900—1995），曾经提出一个令人好奇的问题：在17世纪之前，中华文明的科技程度，领先欧洲。可是，往后却没有再登高峰，而且明显地落于欧洲之后；为什么？他的困惑，可以浓缩成一个著名的大哉问："为什么工业革命，没有发生在中国？"

这个问题很有挑战性，中外学者都尝试提出响应。然而，大部分的讨论，停留在理论上的揣测；虽然也有启发性，却不如拿证据来，更有说服力。到目前为止，最有想象力，也最直接的证据，是对中国历史上的几次知识盘点。由知识结构的变化，可以间接响应李约瑟之谜。

具体而言，自汉朝开始，历代朝廷曾经对当时的书籍作过 7 次整理，编成汉书、隋书、四库全书等的艺文志或经籍志。而由分类（经史子集等）里，可以概括地分出人文科学和自然科学书籍的比重。自然科学（天文、农技、器物等）书籍所占的比例，有几点明确的特质：首先，在各个朝代里，比重都不高；而自宋朝开始，更是明显下降。其次，下降的趋势，和独尊儒术及科举取士的发展，彼此呼应。最后，到清代时，自然科学书籍所占的比重，已经下降到 5%；大部分的书籍，都是六经皆我注脚的文史哲类著作。

结论很简单，中国几千年来的知识（信息）结构，重人文而轻自然科学。这种知识结构，和西方重物理、化学、数学、实验等知识结构，显然有巨大的不同。苹果树上长不出橘子，在传统中国知识结构的土壤里，不容易孕育出工业革命的种子！清末知识分子强调的"中学为体、西学为用""师夷长技以制夷"，更是为李约瑟之谜涂抹挥洒出浓浓的悲壮色彩。

6.2.2　独尊儒术的轨迹

中华大地的地理结构很特别，南有崇山峻岭，西有沙漠阻隔，东有大海屏障；只要能挡住北方的草原民族，就是一个完整自足的地理区块。一旦舟车等运输工具发展到某一个程度，很容易就形成一个统一的帝国。四周的邻国如韩国、日本、泰国、越南等，在规模上都相形见绌。

因此，两个因素相互影响之下，很容易形成大一统、中土、中国（世界的中心）等思想。汉武帝开始独尊的儒术，更在思想上定于一尊。脑海里的世界（思维）和外在的世界（天朝），彼此呼应，成为华人几千年文化的重要特质。新中国成立之后，独尊马列；由文化基因来看，完全符合传统文化的特质。

在21世纪初，中国已有13亿人口。地球上、历史上，还从来没有出现过一个这种规模的大陆法系国家。面对这么辽阔的幅员、这么多的人口，大陆法系的文化传统，是最有效的司法体制吗？由信息的传递和处理来看，至少有另外两种潜在的选项可以考虑：第一，面积辽阔，各地情况不同，混合式的法制也许更符合现实条件，效率更高：大陆法系和英美法系结合，中央是大陆法系，而地方是因地制宜的习惯法。第二，维持大陆法系的框架，但是采取明确的中央—地方分权：事务属全国性质的，由中央政府主导；属地方性质的，由地方主导。

这个影响深远的问题，由信息的角度着眼，显然有很大的论证辩难空间！

6.2.3 由五伦到第六伦

华人历史上独尊儒术，而儒家思想强调伦常关系。五伦（君臣、父子、夫妇、兄弟、朋友），精致地反映了传统社会里人际相处的规范。抽象来看，这规范有两点明确的特性：一方面，都隐含高下尊卑、先后从属的对应；另一方面，也隐含了轻重内外的亲疏远近，呼应了费孝通在《乡土中国》里强调的"差序格局"。然而，从表面上看，五伦是一种道德上的规范；在本质上，其实是人际互动的游戏规则。遵循这套游戏规则，可以大幅降低彼此的行为成本。在传统的农业社会里，五伦是稳定社会的力量。可是，在现代社会里，都会区成为新的生活形态，人际互动已经迥异于往昔。

具体而言，现代社会里，人与人之间的交往，通常是个人和不认识的第三者，如何共存共荣。换句话说，传统社会是"人情式交往"（personal relations）；而现代社会，主要是"非人情式交往"（impersonal relations）或契约型交往（contractual relations）。前者有尊卑高下，后者则是平等同高；对于后者，超越了五伦，儒家思想空白无语。很可能，这就是现代社会里儒家（思想）几乎销声匿迹的主要原因。

当五伦的功能逐渐式微后，华人社会需要的是第六伦（又称为"群己关系"）——个人和不认识的第三者之间，在各种情境下如何互动、共蒙其利而同避其弊。这是华人文化面对的重大挑战之一，而第六伦的雕塑，追根究底，就是涉及了不认识的人之间，如何处理单回合和多回合的互动。五伦降低了传统社会人际互动的成本，而正在孕育和缓慢形成（？）的第六伦，主要的作用也在于降低一般人之间的互动成本。前面曾经多次阐明，互动（交往、交易）成本的根源，和信息问题密不可分。

6.2.4 小结

长期来看，一个社会的文化特质，会影响这个社会的走向，有路径相依的效果。而文化特质，是这个社会主客观条件长期形塑而成；一旦稳定，可以视为均衡，隐含了"文化基因"（meme）。这些概念，都已经广为人知，卑之无甚高论。但是，对中华文化而言，知识结构的特质（李约瑟之谜）、定于一尊和思维配套（独尊儒术）、五伦和现代生活的落差（第六伦），却一直没有得到太多的重视。进一步而言，文化传承和司法体制之间的关联，相关的讨论更是凤毛麟角。

在历史的长河中，至少在英法联军之前，自矜自是、唯我独尊的态势，副作用有限。然而，经过一个多世纪波涛汹涌、救亡图存的起伏，华人社会所处的情境已经大为不同。随着地球村的形成，新中国在国际舞台上日益重要，人民币有望成为第二种国际货币；无论对内对外，都不可能再闭关自守。对本身文化传统的解读、省思以及和典章制度（包括法律）的联结，不仅在智识上是饶有趣味的挑战，而且对华人社会未来发展的重要性，不言而喻！

7. 结论

在一般人的眼里，身外的大千世界，多彩多姿而灿烂纷呈。然而，客观看来，眼中的物理世界有如水面上的冰山，只不过十居其一。脑海里的世界，犹如水面下的冰山，可能要占十分之九或更多。对外在世界的认知、解读、思维观念、对过去的记忆、对未来的揣测等等，显然更为可观，也更为复杂多变。抽象来看，脑中的活动就是在处理各种信息。

本章由三个角度，处理信息和法律上的关联。第一，借着具体的事例（追诉时效、未成年人认定、举证责任倒置），说明具体的法律条文背后，信息往往是关键所在。第二，通过信息这个因素，可以在法学理论（教义法学和社科法学、物债两分、无罪推定原则）上添增新意。第三，提升论述的层次，由传统文化特质的角度（李约瑟之谜、独尊儒术、五伦和第六伦），探讨法制发展的走向。前面两点，是一般性的分析；第三点，则是针对华人文化所作的探讨。

结论其实简单明确：让证据说话，希望本章所呈现的材料（信息），能阐明信息和法律的密切关联。把信息这个因素纳入分析，有望为法学研究掀起新的、有意义的一页！

参考文献

Akerlof, G.A., "The Market for 'Lemons': Quality Uncertainty and the Market Mechanism," *Quarterly Journal of Economics,* 84（3）: 488-500, 1970.

Coase, R. H., "The Problem of Social Cost," *Journal of Law & Economics*, 3（4）: 1-44, 1960.

Posner, Richard, *Law and Literature,* 3rd Edition, Cambridge: Harvard University Press, 2009.

Stigler, G.J., "The Economics of Information," *Journal of Political Economy*, 69（3）: 213-225, 1961.

第二章 十问：向法律学者请益

本章先提出十个问题，然后自问自答，希望能延续法律学者和经济学者之间的对话。这些问题包括：因果关系的性质，法学和经济学所运用的参考坐标，道德的意义，法理式分析的长处和弱点，法学理论的适用范围，等等。最后总结经济分析的精髓，希望有助于法律学者的研究。

1.导言

近代法律经济学的发轫，公认是 1960 年。经过六十年的蓬勃发展，这个新兴领域已有非常可观的成果。波斯纳法官认为：经济学往外拓展，进入政治、社会和法律等范围，其中最成功的就是法律经济学。此外，学者也指出，法律经济学已进入第二个阶段：早期的研究，是利用简单的经济学概念，讨论各种法律问题；在第二个阶段，则是开始运用较严谨的模型，并且强调利用实证数据来检验理论。因此，这个新兴学科不但持续茁壮，而且逐渐成熟。

不过，对传统法学而言，到底法律经济学有多大的影响呢？由法学的期刊和论著来看，情形并不乐观。在许多法学论述里，不但排斥且否定经济学者和经济学，而且经济学者和传统法律学者，好像在两条并行线上，各行其是。就学术的发展和智识的累积来说，这当然是很令人遗憾的情况。因此，在法律经济学继续往前进展的同时，也值得一而再、再而三地尝试与传统法律学者沟通对话。否则，法律经济学者可能演变成自成体系的小圈子；在圈子里自得其乐、彼此唱和，却忽略了他们真正想影响的传统法律学者。

在本章里，希望在最基本的观念问题上和法律学者沟通。主要目的不是在说服，而是在澄清。如果能稍稍澄清法律学者对经济分析的一些误解，或许才能真正进行有意义的对话或论辩。采取的方式，是向法律学者提出十个问题，希望能在论述方式上，凸显传统法学和经济分析的差异。先提出问题，解释这个问题对法学的意义，然后说明经济分析对这个问题的看法。

本章主要的对象，是法律学者；不过，对法律经济学者而言，有些问题也非常重要。因为，法律学者排斥经济分析的主要原因之一，是在某些基本问题上，经济学者并不能提出（在法律学者看来）有说服力的解释。因此，虽然这十个问题是要向法律学者请益，经济学者也可以借机琢磨，自己是不是能提出合情合理的说明。譬如，虽然经济学者一再强调，经济学的行为理论（behavioral theory）是一套强而有力的分析工具。可是，至少对许多法律学者来说，行为理论的精髓为何，却并不清楚；而且在观念上，如何把行为理论和法学问题结合，也很模糊。因此，本章也可以视为一种尝试，希望借着对一连串问题的探讨，从不同角度来烘托经济分析所隐含的智慧（insights）。

毕竟，情人眼中才出得了西施。要使经济分析成为法律学者眼中的西施，经济学者必须能提出让法律学者接受的理由，而不能只是不断地自矜自夸而已！

2. 十个问题

2.1 问题一：如果人们只活一天，还需要惩罚吗？

在法学理论里，关于实现正义（justice）的目的，主要有两种观点：惩罚和防范。无论是刑法、侵权行为或契约法，一旦行为上有过失或造成伤害，善后的措施只是一种手段；主要的目的，是希望发挥惩罚或防范的功能。在这两种目标里，惩罚的精神是补救，也就是"回头看"（backward looking）；防范的精神，是避免未来再发生同样的事件，因此是"往前看"（forward looking）。

可是，如果人们只活一天，没有未来，防范的作用自然消失；剩下的，似乎只有惩罚的功能。不过，既然人们只活一天，任何补救措施几乎立刻失去意义。所以，惩罚所具有的内涵，绝大部分也将消失不见。譬如，如果我们确定明天彗星将撞上地球，人类即将毁灭；在这种情形下，还需要监狱吗？（如果有人认为还是需要监狱，一直到彗星撞上地球最后一刹那为止。可是，即使如此，也间接证明了文中的论点：如果人们只活一天，事实上就不需要惩罚。）由此可见，表面上看惩罚似乎是回头看，其实在更深一层的意义上，本质上还是因为有未来。也就是说，要持续处理已经发生的事件，主要是为了未来；在这一点上，经济学者有很深刻的体会。

经济学者曾为喜怒哀乐等情绪，提出了一种合情合理的解释。如果人们只活一天，事实上不需要"懊恼"（regret）的情绪；因为用不上，所以不会发展出这种情绪（机制）。人们对已经发生的事（丢了心爱的书，或不小心发生车子擦撞）懊恼不已，是希望从里面得到教训，避免在"未来"重蹈覆辙。所以，表面上懊恼是处理过去（和惩罚一样），其实是为了未来。

这种理论，还隐含了一些重要的意义。首先，由"懊恼"的情绪（机制）里，可以清楚地看出，人们是活在一个多回合，而不是单回合的情境里——专有名词是"重复赛局"（repeat game）和"单一赛局"（one-shot game）。（如果作精确一点的区分，重复赛局可能是同一种活动，重复许多次；"多重赛局"（multi-period game）则是强调某一个过程，将有许多类似但可能不完全一样的情形。重复赛局的例子，是下很多盘的西洋棋；多重赛局的例子，是一个人的人生。）不只是个人的情绪机制会受到这个事实的影响，社会上的许多制度，也都受到这个因素的影响，譬如，定期选举、组织里的诱因制度等等。

其次，或许很多人认为，情绪是与生俱来的，是生理上的特质；而且，喜怒哀乐等情绪，反映的是"纯真价值"（intrinsic values），而不是像货币这种工具价值。可是，经济学者法兰克（Robert Frank）理论提醒大家，即使是原始或纯真的价值，也具有某些工具性的成分。

再次，一旦把时间拉长，重复赛局就隐含一种演化（evolutionary）的过程。在这个漫长的过程里，人不但会设法改变外在的环境，发展出有形的工具；也会发展出一些内在结构，以发挥同样的、工具性的功能。

最后，抽象地看，法兰克的理论是一种实证（positive）而不是规范的（normative）理论；由实际的现象，归纳出一种合于情理的"因果关系"（causal relationship）。

另外，考虑到人类社会具有重复赛局的特质，对于游戏规则的设计和选择，当然有重要的影响。伊斯特布鲁克（F. Easterbrook）指出，采取"事前分析"（ex-ante analysis）的角度，会考虑从长远来看，不同的规则将引发哪些不同的行为反应。而"事后分析"（ex-post analysis），是着重处理已发生的事，如何善后的问题。

他认为，抽象来看，事后分析是注重如何切饼，而事前分析则是强调饼的大小。因此，事前分析和重复赛局，都重视"未来"对"现在"的影响。不过，这两者之间，有一点微妙的差别。伊斯特布鲁克希望找出好的规则，产生适当的诱因，使饼愈来愈大。重复赛局的考虑，也很重视诱因；但是，即使不考虑设法使未来的饼愈来愈大，单单是重复赛局的特性，都是探讨游戏规则时必须面对的因素。譬如，饼的大小可能不是关键，有些赛局更重视竞争激烈与否或运气和技巧的比重等等。

伊斯特布鲁克讨论的，是比较具体的选择；法兰克的理论则是提醒我们，情绪特征等牵涉到比较隐晦、过程漫长的选择。不过，他们两位的研究，都隐含一点重要的体会：我们现在所处的位置、所具有的特质、所承继的各种条件，都已经是重复赛局演化下的结果。

总结一下，对经济学者而言，在分析社会现象（包括人的行为和人本身的结构）时，重复赛局是一个重要的概念和体会。

2.2 问题二：为什么司法案件是法学论述的重心？

乍看之下，这个问题有点自相矛盾。司法案件，本来就是法学论述的重要材料；在法学论述里，引用重要的司法案件，可以阐明或佐证各种论点。这一点，当然很清楚；不过，法律不只是和司法案件有关，更和社会上所有的人都有关。和社会上人们互动的频率相比，法院出现的案件只是非常微不足道的一小部分。那么，为什么要以这些极其特殊的案件，作为法学讨论的重心？

对法庭和法律学者来说，这些奇奇怪怪的案例，是呈现在他们面前，无从逃避的问题。即使事件本身离奇荒谬，他们也必须处理，而且还要编织出一套能自圆其说的逻辑。当然，这些极其特殊的案件，也促使他们的思维变得更缜密精致，或是引发了法理上新的见解。（譬如，已经着火的两栋房子，先后延烧到苦主的房子；或者，月台上有人抱了一大包东西，赶上将驶离月台的火车；包裹由手里滑落，里面的爆竹掉到铁轨上，引发爆炸。月台上的一个体重计受波及，压到一位妇女造成伤害。）可是，如果以这些极其少见，甚至诡谲无比的案例，作为法学理论的主要基石，等于是以特例来建构通则，以异常作为标杆。说得极端一些，这好像是以精神病患的行为作为材料，发展出一套解释，甚至是规范其他一般人的行为规范。由逻辑和常情常理的角度看，都说不过去。

对照之下，经济学者所说的故事，显得枯燥许多；不过，最大的特点，是经济学者的故事比较合乎常理：在糖果的市场里，有些人想买糖果，这是需求；有些人想卖糖果，这是供给。供给和需求碰面，决定了糖果的价格，也决定了买卖糖果的数量。追根究底，经济学者的基本故事就是这么平淡无奇。没有悬疑，也没有紧张；没有道德上的两难，也没有生命中的悲欢离合。然而，在这个简单的故事里，却蕴含着一些极其重要的理念。

在市场里，价格会影响买方和卖方的行为；这个现象，似乎卑之无甚高论；其实，不然。这意味着人的行为，会受到诱因的影响。当价格低时，买方有诱因多买一些，卖方有诱因少提供一些。而且，这种诱因和行为之间的密切关系，不只限于金钱或货币的价格。当周末酗酒驾车的人变多时，比较谨慎的人就会少开车或外出；当深夜里交通警察少时，闯红灯的人就会多一些。各种道德、良知、善恶等价值，都会通过所隐含的诱因而影响人的行为。

既然诱因会左右人的行为，在探讨政策或法律问题时，市场的概念就隐含一种"往前看"的态度——采取某种政策或作出某种判决，会形成哪种诱因，在未来会引发哪些行为？更重要的，市场活动本身，是由许多条件所支持的。在鲁滨逊的世界里，不会有市场；在人烟稀少的原野里，可能只有偶尔出现的市集。因此，虽然现代社会中，超级市场和便利商店几乎无所不在，可是，市场并不是凭空出现或是必然存在的，而是某些条件支持下的产物。换种说法，市场的概念，意味着一种条件式的思维——在相关条件的支持之下，才会得到某些结果。所以，任何政策要发挥作用，必须通过现实条件的检验，而不能只诉诸逻辑的严谨或推论的精确。

　　而且，市场里的活动，基本上是合则两利，因为是互惠，所以双方都是心甘情愿地乐见其成。一旦完成交易，双方的福祉都提升，更可以准备进行下一波的交易。因此，随着一波波的交易，社会的资源累积得愈来愈多。事实上，买卖所引发的纠纷，可能只占完成交易很微不足道的一小部分；在市场里，交易完成是常态，发生纠纷是例外。

　　所以，在探讨人与人之间关系的规范时，是以市场的常态为标杆比较好，还是以双方诉讼这种例外为标杆比较好？对人际关系的期许，是希望像市场买卖所隐含的兴利，还是希望像法庭官司所意味的除弊？还有，谁的故事比较好听呢？由各种光怪陆离的案例里，传统法学归纳出很多智识上的趣味和智慧，法学论述和官司卷宗里出人意表、令人拍案称奇的故事，远远不是经济学里千篇一律的《鲁滨逊漂流记》所能比的。但是，哪一种故事比较有说服力呢？（经济学者常用鲁滨逊的故事，描述在一个人的世界里，如何解决生产和消费的问题；当星期五出现后，就有了交换、分工和专业化的可能。因此，有人认为，《鲁滨逊漂流记》的作者，是一位经济学者。）

对于这些问题，波斯纳所强调的"财富极大"（wealth maximization）和"仿效市场"（mimic the market）的论点，显然有相当的参考价值。在处理且思索法律问题时，以市场的自愿性交易为基准点，就是希望能得到合则两利的结果。而且，以市场里正常、典型的交易为基准点，而不以发生纠纷、例外的交易为基准点，就是希望发挥指标性的作用。

由于研究市场、供需和经济活动，经济学者在思索问题时，会习惯性地运用体系（system）和行为因应（behavioral response）。换句话说，虽然市场是由许多个别的供给者和需求者组成，但是市场本身是一微观系，体系里的微观彼此影响，彼此牵制，也会受到体系之外因素的影响。而且，这些微观在行为上的因应，可能是以间接婉转的方式来表达。

最后一点，经济学者一旦掌握了牛奶、面包等产品的市场之后，脑海中会用同样的概念和架构去认知并分析其他活动。譬如，赌博的税负增加时，就会有许多境外或地下的公司出现。还有，各种职业球赛固然是一种供需相会的市场，职业球员本身也是在某种劳力市场里活动。因此，市场的架构，提供经济学者在思维上一个非常简洁，但是很有力的工具。

总结一下，对经济学者而言，以市场作为参考坐标有两层意义：在实质上，市场交易具有双方互蒙其利的特性；在分析上，市场架构提供了思维上明确的脉络。

2.3 问题三：是车撞人，还是人撞车？

对因果关系（causal relationship）的探讨，是传统法学里非常重要的一环；原因很简单，因为在处理原告和被告的纷争时，彼此的责任乃至于最后的判决，往往和事件的因果关系密不可分。

在法学论述里，对因果关系的分析几乎到了抽丝剥茧、巨细靡遗的地步；而且，由因果关系所衍生出的考虑，也相当有启发性。譬如，两辆车都违规超速蛇行，一辆车运气好、没有撞上人，另外一辆车运气不好撞上人；两位驾驶员在行为上几乎没有任何差别，可是在责任与对后果的承担上，却有天壤之别。这种差别，是不是符合公平原则？——相同的人（行为），不是应该得到相同的待遇？

法学论述中对因果关系的阐释，可以说是由一般人的认知出发，而后由法律学者在逻辑上作更严谨精致的推演。相形之下，对于因果关系，经济学者却有很不一样的解读。

众所皆知，科斯（R. Coase）指出：因果关系，往往是双向的而不是单向的；也就是说，两者很可能是"互为因果"（reciprocal）。既然是互为因果，显然就不容易决定谁是谁非；因此，他认为，界定责任可以不依因果关系，而以另外一种指标——产值（或价值）的高低——来决定。科斯举的例子之一，是"炸鱼薯条店"（Fish and Chips）的官司：一家新开张的炸鱼薯条店飘出的味道，影响附近的住家；住家提出告诉，认为受到侵权。科斯表示：这个现象，可以说是炸鱼薯条店伤害了附近的住家，也可以说是附近的住家伤害了炸鱼薯条店。因此，两者互为因果。

由一般人的直觉和传统法学的观点来看，当然是炸鱼薯条店搬入才造成影响；因此，炸鱼薯条店是因，对邻居造成的影响是果；由因果关系来看，炸鱼薯条店应该负责。可是，只要我们把注意的焦点稍微扩充一下，观感和判断很可能就大不相同：如果炸鱼薯条店迁入的是商业区或食品街，飘出同样的香味，大概很少有人会认定是发生了侵权行为。在这种情形下，所谓的"侵权"现象，可以说事实上是由附近的邻居所引发的。因此，单单是炸鱼薯条店的香味引出纠纷，并不表示香味是原因，因此要负责。这个纠纷的争执所在，香味和邻居确实是互为因果。传统法学理论关于因果关系的观点，显然容易忽略整个事件的重点。同样的道理，如果车子闯进行人徒步区，撞伤行人，车子该负责；可是，如果行人闯进车道，被某一辆车子撞伤，车子未必要负责。

科斯对因果关系的阐释以及他所引述的例子，有一些重要的启示。首先，科斯不以因果关系而以产值的高低来处理纷争，在许多事例上确实有说服力——一家炸鱼薯条店，搬进商业区或食品街会使产值提高，搬进住宅区会使产值下降。车子开进行人徒步区，会使行人受影响，产值下降；行人闯入车道，影响行车，也会使产值下降。其次，同样是车子撞上人，在行人徒步区里，主流价值（the dominant or mainstream value）是行人的安全；在快车道上，主流价值是行车安全。因此，决定车子撞上行人的意义以及车子和行人这两者的责任，显然不是依因果关系；关键所在，是在不同的情境里，在主流价值的尺度上，车子撞人这件事会有不同的刻度。抽象地看，主流价值可以是金钱所衡量的价值（譬如，房地产的价值或商业活动的价值），也可以是不直接由金钱衡量的价值（譬如，行人的安全或行车的安全）。当然，公平正义本身也是一种价值，也有高低之分，也可以是衡量事件意义和决定责任的尺度。

以主流价值作为参考坐标，其实非常正常，在生活里几乎随处可见。譬如，探讨牧场和麦田的相对关系：是牧场用栅栏把牛圈在里面（fence in），或是农场用栅栏把牛围在外面（fence out）？答案很简单，依主流价值来决定：在以牧牛为主的区域里，牛多而农场少，牛的价值为重，因此农场要围栏杆；在以农场为主的区域，情形刚好相反。

同样的观念，在商标法里，在同一个地区和同一个行业里，某一个店名只能有一家；譬如，在香港旺角只能有一家"万福糕饼"。但是，如果是不同行业，就不受限制；因此，不能有第二家万福糕饼，但是可以同时有万福漫画、万福西药房和万福洗衣店。在这种情形下，维持各个行业里商业活动的秩序——不会有同名鱼目混珠的情形——就是那个行业里的主流价值。还有一个例子：在伦敦，十字路口的地面往往有白色的大字，提醒行人："往右看"（Look Right）或"往左看"（Look Left）。对英国人或当地居民本身来说，已经习惯车子靠左，所以很清楚该往右或往左看。那些字，主要是提醒观光客，因为很多观光客是来自开车靠右的国度。（在观光客比较少的地区，地面就看不到这种字眼。）当然，这个例子也再次反映主流价值的意义：主流价值，通常是一个中性（neutral）的概念，显示了某个环境里多数人所接受或所遵循的行为模式。最后一点，无论是车子撞伤人、炸鱼薯条店恼人的香味或其他行为的意义，事实上是由相关的条件和其他的因素所决定的；把焦点放在事件或行为本身的因果关系上，可能产生偏误。

总结一下，一般人认为，因果关系是简单明确的；经济学者的体会是，因果关系其实是由环境里的条件所决定的。各个特定环境里的条件，会影响人们采用哪一种价值结构来判断和取舍。

2.4　问题四：在部落社会里，这种法学理论也成立吗？

如果把问题换一种问法：在部落社会里的法律和现代工商业社会里的法律，是不是不同？相信绝大多数的法律学者会认为，两者当然不同；而且，他们可能会列举一些理由来解释两者的差异。可是，在许多法学论述里，却完全感觉不到这种体会。他们论述的方式、内容、语气，似乎隐含着所呈现的理论，适用在任何时空环境之下。

相形之下，经济学的论述，本质上就是一种条件式的因果关系；即使是最繁复的数学模型，都是根据作者所设定（而且是一开始就明确列举）的条件，然后推导而得。这当然隐含着，在不同的条件下，自然而然会得到不同的结果。

在经济学和法律经济学的文献里，有非常多著名的实证研究，反映这个重要的体会。波斯纳曾描述：在原始部落里，因为条件使然，"正义"的形式和内涵都会受到直接的影响。譬如，因为无法维持独立的司法体系——资源太少的缘故——所以对于伤害和过失，往往采取"绝对责任"（strict liability）。这种做法在执行上最简洁，因为认证和执行的成本都比较低。还有，因为彼此比邻而居，所以彼此的遣词用字都很典雅客气，免得隔墙有耳、自找麻烦。

此外，在经济学者瑞赛耳（M. Ramseyer）的著作里，曾对日本历史上的几种特殊市场（odd markets）作了非常有趣的探讨。譬如，他对17世纪和18世纪日本童工市场的研究，得到几点重要的结论：第一，都市化发展之前，农村人口没有其他就业机会，因此会和地主签订长期契约。第二，都市化发展之后，人口流动性增加；长期契约无法维持，因此契约年限缩短，而且稚龄童工契约逐渐消失。第三，当契约变短之后，父母对子女的影响程度下降；如果控制太紧，子女会移往城市谋生。第四，都市化提供了就业机会，而就业机会改变了农村劳力契约的性质，连带影响了父母子女之间的相对关系；和过去相比，子女的自主性提高了。

而且，还有许许多多的个案研究，都反映了人在不同的环境下，行为上会有不同的取舍。我只列举其中的两种，以凸显这些研究的重要启示。首先，是关于共有资源（common pool problems）的研究。在莱比凯（G. Libecap）的几个个案研究里，他仔细描述加州外海的沙丁鱼渔场和德州的油田，都面临"草原的悲剧"（the tragedy of the commons）。因为资源由大家共有，财产权无法界定清楚，因此无法形成有效的游戏规则，最后导致资源的浪费或耗竭。在个案研究中发现，水源的多寡会直接影响游戏规则（用水权）的内涵。其次，诺斯（D. North）描述中东的市集，因为隔一段时间才聚集一次，所以在性质上是"单一赛局"；买卖双方萍水相逢、以后可能不会再碰面，所以无法形成"商誉"（reputation）以发挥奖惩和监视（monitoring）的作用。同样，其他学者的研究，则是深刻地反映在经济活动上，圈内人和圈外人的差别上。

　　不论是属于经济学还是法律经济学的范围，这些研究有几点重要的含义：首先，当然是环境里的条件，会影响人的行为；契约的形式或内容、处理纷争的方式，都会受到物理情况、人口多少、就业机会、血缘关系等因素的影响。其次，一旦环境的条件改变，行为的模式和所采用的规则制度，也会跟着改变。因此，有这些体会，经济学者往往就能根据理论，推论并预测变化的方向。如果法律适用所有的时空环境，当然就不需要这些推论和预测。

　　最重要的一点是，这些个案的研究和理论，反映了人类经历一种演化的过程。行为和制度规则固然会变化，人们脑海里的思想观念也会调整，但公平和正义等观念，是由实际生活经验逐渐凝聚结晶而成，而不是客观存在的。事实上，从许多个案中可清楚发现：一方面，公平只是一个抽象的概念，具体的内涵是由小范围的相关条件所决定的。因此，就实质内涵来看，公平是一个地域性（local）的概念，而不是一个普遍（universal）成立的概念。另一方面，公平正义等概念，是由人们的实际生活经验累积归纳而成。在鲁滨逊的世界里，可能没有公平正义等概念；即使有，也会和互动频繁的社会的概念不同。

因此，对于公平正义和其他法律概念的阐释，不能只依赖论述者个人的逻辑，而必须体会到演化的过程以及这个过程如何影响抽象的概念。可是，在一般的法学论述里，缺乏一套完整的理论，能由人类发展的实际经验来描述并解释规则和法律；所以，自然而然地，似乎就认定公平正义等概念是跨越时空，恒久如一。

总结一下，许多个案研究里，经济学者得到一个平实但是非常重要的体会：外在环境的改变，会影响人的行为以及人的思维。

2.5 问题五：为什么法律和道德有关？

在法学论述里，经常可以看到"法律是规范性的（normative）"或"法律与道德密不可分"；可是，这类词句好像都是简单自明的前提，不需要任何解释或证明。对经济学和经济学家来说，这其实是一种很奇怪的状态。

前面曾经指出，法兰克的理论为人类的情绪提出了一种合情合理的解释——在多回合的游戏（生活）里，懊恼悔恨等情绪有其作用。同样地，对于风俗习惯以及遵守风俗习惯的行为，学者也提出功能性的解释：在群居的环境里，人际互动时必然出现的问题，各种风俗习惯可以因应处理；譬如，走路开车要靠右还是靠左，在桥前相遇时谁要先走，初次见面时如何表达善意，等等。

对于每一个个人来说，在生活里遵守风俗习惯可以带来方便或避免困扰，所以是对自己有利的举止。可是，风俗习惯牵涉到非常多的情境（在生活的衣食住行上，有各种情况下得宜的行为举止），如果每一次都要在脑海里盘算"这是对我好的，所以我要这么做"，显然太耗费心力时间。因此，比较好（比较省事、比较有效率）的方式，是把这些大大小小的合宜行为、内化（internalized）为反射性的动作。

不过，要使这种机制发生作用，需要一套奖惩措施；就像要使红绿灯发挥作用，需要有警察罚款来配合。要使内化的习惯性动作发生作用，也需要一套奖惩措施。关于善恶对错的观念以及情绪上配合的荣誉感或罪恶感，其实就是操作奖惩措施的力量。因此，由善恶对错等观念所界定的"道德"（morality），可以从功能性的角度得到合情合理的解释。

当然，道德和红绿灯、警察、罚款之间，有一些异同。红绿灯和配套措施，是明显的、外在的、具体的，要耗用有形的资源；一般而言是不容许个别差异的，而且只适用于交通这个项目上。相形之下，每个人的道德（感）是不明显的、内在的、抽象的；不需要耗用有形的资源，人与人之间可能有很大的个别差异，而且适用在非常广泛的范围里。但是，两者都能发挥奖惩的作用，影响人的行为。用一个简单的譬喻，可以凸显红绿灯等和道德感的差别：利用红绿灯等来约束且影响行为，球员和裁判是不同的人；利用道德感来约束且影响行为，球员和裁判是同一个人。

由这种比较和对照，可以反映出经济学者对道德的基本看法：道德，也可以从功能性的角度作合情合理的解释；和其他的奖惩机制相比，道德耗用的资源较少、成本较低；但是，透过社会化和教育而使道德（感）内化，本身要耗用资源。道德和其他的奖惩机制之间，有某种替代性。如果道德能发挥（自我约束不闯红灯），就可以减少外在的奖惩机制（少一些交通警察）。不过，当内在的道德失去作用时，可能只好采用外在的奖惩机制。（1994 年 5 月 16 日的《时代周刊》指出，美国科罗拉多州的一所中学，以金钱为诱因，希望减少青少年怀孕；只要少女们采取适当的措施，一天不怀孕可以得到美金一元。显然，这是在其他措施都不发生作用的情形下，以金钱作为最后的奖惩机制。）

总结一下，道德有两层意义：一方面，道德所隐含的奖惩机制，会影响人的行为；另一方面，内化的道德观念，可以降低思维因应的成本，提升行为的效率。

2.6 问题六：如果生命是无价的，那么法庭如何决定赔偿金额？

在法学论述里，"生命无价"（"人命无价"，Life is priceless）的字眼偶尔会不经意地出现。可是，当这些字眼出现时，作者通常认为这是理所当然的；是论述的前提，无须作进一步的解释。至于这个概念的含义，以及在现实社会里的意义，和法学理论的关联，和具体政策的关系，却似乎完全被忽略掉，几乎没有只字片语。这是很令人讶异的状态，但却是实情。

经济学者对生命价值（价格）的设算，当然受到法律学者的嘲弄。事实上，这也是法律学者对经济分析的主要批评之一：生命是无价的，而且生活里还有许多价值，无法用金钱或价格来衡量。譬如，仁人志士为革命或理念而献出生命，母亲会不顾危险冲进火场救自己的子女，等等。因此，经济分析能发挥作用的空间其实非常有限。

借由一些具体的事例，可衬托"生命无价"的意义。第一个例子是帕拉赫（Jan Palach）事件：1969 年，苏联坦克驶进捷克首府布拉格后，当然引起捷克人强烈的反感。当时才 20 岁的大学生帕拉赫，为了表示强烈的抗议，在国家博物馆前的广场，浇汽油引火自焚。因为伤势过重，他没有再恢复知觉，而在第三天过世。这个事件不只震惊捷克上下，而且引起全世界的注意。在帕拉赫过世后，还有两位捷克年轻人也自焚而死。

第二个例子是，研究发现：很多人心里反对某件事情，但是口头上却表示支持；一旦这事情败露，很多人这才发现，其实彼此都反对。因为他们怕表明立场会受到报复，因此都把真话藏在心里，当个默不作声的反对者。

利用这两个研究，我们可以处理价格和生命之间有关的一些问题。在自己的日常生活经验里，通常会为了避免难堪或困扰，而隐藏自己真正的偏好或想法。学者可兰（T. Kuran）的研究反映，当潜在的麻烦和危险增加时，绝大多数的人都会趋吉避凶，选择比较安全无害的行为。换一种说法，这表示当个人的安危攸关时，人们通常不愿意承担太大的责任或付出太高的成本。

帕拉赫是极端且少数的特例，他和另外两个自焚的青年，只占捷克人口很小很小的百分比——这也就是为什么，他们受到其他捷克人的尊敬。而且，自焚后如果不立即死亡并且还保持知觉，在肉体上将承担非常大的痛苦。在文献上没有记载，是不是有人在自焚经过苦楚、复原之后，再自焚的——不论第二次是立即死亡或再经历同样的过程。

革命志士采取行动时，不一定会面临死亡；如果被捕处死或撞舰人机俱焚，只是一瞬间的事，不会再有下一回合。相形之下，自焚再复原后，才能体会到自焚所隐含的成本（价格）。由过去的历史来看，愿意付出这么高价格的人并不多。因此，对于自己的生命，一般人不愿意轻易引发不快或承担苦痛；用生命（或生命的一部分）去换得痛苦，是很少数的例外。

不过，如果用生命（或生命的一部分）能换得具体的报酬，很多人会愿意这么做。最简单的例子，消防队员、交通警员、军人，都是承担风险，以得到报酬。另外，有些穷困的人，以出卖器官换取金钱；以截肢诈领保险金的人，也是如此。事实上，具体的案例可以证明，当一个人负债累累，而且拖累家人时，可能会先投保高额的意外险，然后再以车祸或其他方式意外身亡，希望能解决自己和家人所面对的问题。对于这些人来说，都是经过考虑（算计）之后，然后采取以生命（或其中的一部分）换取金钱的行为。

从上面的讨论中可以归纳出几点体会：第一，对绝大多数的人来说，生活中不会面对"生命是否无价"这个问题；即使对这个概念认知模糊或错误，依然可以应付生活的各种实际问题。第二，对大部分人来说，因为没有机会亲身体验生命面临考验（如帕拉赫所经历）的过程，因此，并不清楚自己愿意以生命（或其中的一部分）换取多少价值。第三，对一般人来说，"生命无价"是一个没有经过仔细检验的概念。其实，在一般人的经验里，"生命很珍贵"可能反而是一个比较平实的概念；但是，比较之下，"生命无价"自成一类，在思考上较简洁、成本较低。而且，"生命无价"这个概念，含有某种道德性的情操；对绝大多数的人（包括经济学者）来说，认同这个概念，显然是比较容易、比较自在的选择。第四，在生活经验里，比较常面对生离死别情境的人，是急诊室里的医生。对他们来说，他们面对的不是生命无价这个概念，而是在不同的病患里，花心力在最有希望救活的人身上；或者是，当自己已经很疲倦，还要再付出多少额外的精神，去救濒死的病人。帮助他们作出抉择的，显然不是"生命无价"这个理念，而是"生命很珍贵"的想法。

从比较抽象的层次上来看，生命无价其实是一个道德性的概念；和其他道德性的概念（善恶、对错、是非等）一样，可以作为指引行为的规则，有降低行为成本的作用。因此，即使内涵可能很模糊，只要行为者接受，就可以发挥功能。因为，对绝大多数人来说，脑海里的各种概念并不一定有明确的定义，也未必是合于逻辑的；只要足以应付生活里的各种情况，就够了。在布坎南和塔洛克（J. Buchanan & G. Tullock，1962 年名著的附录里，对阿罗（K. Arrow）的不可能定理（Arrow's Impossibility Theorem）提出了批评：阿罗的定理要成立，必须符合几个合情合理的条件。布坎南和塔洛克认为，对人们来说，其实并不需要十全十美的决策规则；如果有一种规则，在一万次决策里做对了九千九百九十九次，那已经是很好的规则了。同样的道理，即使是含混不清的概念，只要大部分时候能发挥作用，就可能一直保持一种混沌不明的状态。

而且，由每一个自己的生活经验里，都可以体会到：对于经常面对的情境（买报纸），人们善于处理；对于不常面对的情境（同事心脏病发），人们通常拙于应付。至于很极端、几乎从来没有碰过，也不太可能碰上的情境，人们自然而然只会（只需要）有一些模糊不精确的概念，譬如，不论相信世界上到底有没有飞碟，都一样可以正常度日。

还有一个很简单的道理是：当人们第一次面对某种情境时，所拥有的信息是有限而残缺不全的。而且，人们在信息不完整和信息完整的情形下，很可能会作出不一样的取舍。譬如，跳进湍急的河流里救人时，很可能只是见义勇为，不知道真正有多危险；万一侥幸生还，下次再面临同样的情形时，可能就会犹豫或有不同的取舍。这些都是经验和信息的问题，和道德与价值判断没有必然的关联。

总结一下，对于一般人来说，生活里可以容许很多未经检验、含混不明的概念。因为，生活里需要应付的情境，都和这些概念无关；"生命无价"很显然就是其中之一。

2.7　问题七：先保障言论自由，还是先保障人身自由？

这个问题，经济学者奥肯（A. Okun）在多年前就提出过；对经济学者而言，也是一个合情合理、值得探究的问题。可是，对传统法律学者来说，这可能是一个很奇怪、很不可思议的问题。

对于传统法学论述，权利（rights）至少有两项重要的功能。首先，在法理学（jurisprudence）的讨论里，必须有讨论的起点；哲学家的著作或一般人的基本权利（两者可能重合），都可以作为论述的出发点或前提。其次，在具体的官司上，无论是刑法、侵权法或契约法，先界定当事人（原告）的权利，才能讨论被告是不是侵犯了他的权利。

无论是哪一种情况，"权利"这个概念的重要性，不只在于权利的内涵（身体不受到伤害），而在于提供了论述和判断的参考坐标（reference framework）。以权利为基准点（benchmark），才能进行下一步的讨论。譬如，基于身体不受到伤害的权利，才可以讨论刑法和侵权行为的各种问题。因此，虽然有很多法律学者认为，权利的价值在于权利本身，而不是为了达到某种目的而采取的手段；不过，由上面提到的简单例子里，可以清楚地看出：权利这个概念，有很实际而且很重要的功能。

即使暂时接受，权利的内在价值（intrinsic values）就是目的，而不是手段；但是，在传统法学论述里，对于权利的由来、权利的内涵由哪些因素决定、影响权利变迁的原因等等，却很少有细致或是有系统的分析。相形之下，经济学者的论述里，却对权利有很多直接或间接的讨论。

关于权利的起源，经济学者有很生动的描绘：当无知之幕掀起之后，如果亚当和夏娃发现，两人身处在一艘独木舟里，而且遇上暴风雨，那么，两人之间的相对关系，大概会是阶层式而不是彼此平等的。因此，权利的起源，是人们由真实的经验里，逐渐演化而成。前面曾经指出，公平正义的概念，是经过演化的过程；同样地，其他有关权利的各种概念，也是如此。[在真实世界里，权利的界定是"权衡轻重下的共识"（power-weighted consensus）。前面提到的例子，两辆车子都超速，一辆撞上人，另外一辆运气好闪过。在一般人的观念里，大多不会认为运气好的车子也应该负责。这种观念，显然是由生活经验归纳而得，而不是经由逻辑上的推理。]

借着两个具体的例子，可以反映"实际经验"要比"抽象理念"更适合作为分析的参考坐标。首先，英国地方法院有过判决：一位明知自己带有 AIDS 病原的男士，和女友发生性行为，而没有采取任何防范措施。对于这种"置他人于危险处境"的行为，该受到多少惩罚？地方法院的判决是，五年有期徒刑。其次，东方社会的寺庙里，往往设有骨灰塔，供家属寄放先人骨灰，以便定时膜拜。如果寺方失职，引发火灾，使骨灰塔里的骨灰坛毁损，骨灰混成一片，而家属要求赔偿，该如何决定适当的金额？

因此，权利的性质，背后一定有其他条件的支持。譬如，在亚当和夏娃的例子里，亚当的地位和权利，是由他的体力所支持。人们若要享受良好的交通秩序，一定要动用红绿灯、交通警察、法规罚款等。既然运用这些条件通常隐含资源的付出，因此要享受权利，背后一定有资源的运用和消耗。当然，如果所有人都能在行为上自我约束，那么有些权利也许不需要有形的条件来支持；不过，所有的人在脑海里都认同某些观念，也是心力的付出。而且，共识可以减少有形资源的付出，但是却不可能不耗用任何有形的资源。譬如，即使大家都支持民主制度，还是需要镇暴警察、司法体系等。

既然权利的背后有资源的付出，在众多可能的权利之中如何取舍，显然不可避免要考虑所隐含的成本。在一个社会里，支持言论自由的权利，成本较低；支持免于饥饿的权利，成本较高。所以，我们发现，即使在富裕的民主社会里，也只能有限度地支持免于饥饿的权利。而且，这些社会福利措施所支持的权利，背后还是要依靠纳税义务人的税捐。当然，除了权利与权利之间的取舍之外，个别权利上"程度"的多少，也是社会必须面对的问题。譬如，对私有财产权的保障，是使汽车失窃案的破案率达到50%还是80%？对于其他的基本权利，也可以作同样的考虑。

关于权利和资源运用之间的关系，不妨用一个具体的问题来反映：在现代社会中，几乎所有人都赞成特殊教育——资优生和残障生在教育上受到特别的待遇。可是，两个实际的问题是：在正常教育和特殊教育之间，教育经费如何分配？在特殊教育的经费里，资优生和残障生所占的比例，又应该各是多少？单单强调权利，似乎无助于面对这些问题。

总结一下，由抽象的权利成为具体的权利，一定要有实质条件的支持。在诸多权利之间，社会必须面对取舍的问题；对于各个权利，也必须决定要实现到何种程度。

2.8 问题八：为何以亚里士多德为依归？

当然，亚里士多德（Aristole）只是象征性的代表，同样的问题也可以问：为何以奥斯汀（Austin）或边沁（Bentham）为依归？在法理学的讨论里，这些哲学家的思想，往往占有非常重要的地位；在经济学的讨论里，亚当·斯密（Adam Smith）或马歇尔（A. Marshall）的思想，也同样受到重视。不过，思想家的意义，在传统法学和经济学之中有非常大的差别。

在经济学里，已经逐渐形成一套核心理论。这套理论，像一条主要河道；各个思想家，则像是散布在河道两旁的瀑布或泉源，会注入主要河道里。思想家带来的养分，使主要河道的内容愈益丰富。譬如，史蒂格勒把"信息"（information）这个因素，纳入经济分析；又譬如，布坎南和塔洛克用经济分析探讨政治过程。但是，经济理论的核心部分，不是以个别的经济学者来界定；主要河道的内容，已经和各个经济学者区分开来。而且，在经济学里，对于各个经济学者思想的讨论，是属于经济思想（史）的部分；就经济理论的发展而言，可以说是居于次要的地位。

相形之下，在法理学的讨论里，却是以个别的思想家来界定理论，可是并没有汇集成一套大家都接受的交集。这就像是许多各自汩汩而流的小溪，都希望能涵盖整个法学领域，但是却没有形成汇合和累积能量的主要河道。当然，这种现象不只限于传统法学，在社会学和政治学里，也有类似的现象。

此外，亚里士多德等哲学家思想的性质，好像在探索或揭示真理；只要真理一经揭示，就应该成为众人所共同服膺的指导原则。对于这种论述的缺失，布坎南有一连串重要的论著；而且，这些论著已经逐渐发生影响，从基本上扭转了政治学中对政治过程性质的认知。对政治学和经济学来说，这都是一种视野或典范（paradigm）的移转；但是，非常奇怪，对于这个重要的转折，法律学者似乎完全没有察觉。

传统法律学者的论述里，往往有三种主要的材料：政治哲学或道德哲学、逻辑分析、案件。其中，第一种是亚里士多德等人的论述，第二种则是论述者本身的贡献，第三种是卷宗档案里的记录。这种法学思维的主要内涵，可以和画家作一对照。对一个画家而言，一幅幅的画是他的作品；可是，绘画之前，他的生活经验和自己的理念，是他构思的依据，也就是他所运用和依恃的数据库。

具体而言，对习惯法的法律学者而言，他们的数据库里，主要有两种材料：判例和先圣先贤的论作。千百年来，法庭处理过的纠纷不计其数。但是，其中最有代表性或最关键的一些，却逐渐成为重要的经典；不仅成为各级法院所引用的依据，而且也是法学论著和课堂讨论的基本材料。因此，一篇典型的法学论文，通常会有三部分：作者首先根据主题，引述亚里士多德曾有哪些哲言隽语。其次，后人作过哪些诠释，作者自己的修正与引申又是什么。最后，是引用著名的判例，用以支持且验证自己的论点。

即使不考虑引用判例的曲折，依恃先圣先贤就有许多问题。试想，讨论法律问题或法学思想，为什么要以这些哲人的思想为基准点？这些人活在千百年前，处在一个人际关系简单、社会问题单纯的环境里；他们的想法，能作为处理现代和后现代社会里错综复杂问题的明灯吗？而且，为什么以这些哲人的思想为标杆，而不是其他文化里同时代或更古老的智慧结晶？还有，为什么不以影响力更大的宗教教义为依归？以亚里士多德为准、向他看齐的理由，是因为他是对的、影响力最大的、智能层次最高的、学识最渊博的，还是他是真理的代言人？

最后一点，无论是亚里士多德或是其他的哲学家，他们的思想只是人类演化过程中的里程碑；一方面反映了人类社会已经累积的经验，另一方面也受到这种时空限制的影响。在信息和科技都快速变动的社会里，对于如何处理各种新生事物，亚里士多德等人的思想是否适合成为最高指导原则，显然值得仔细推敲。

总结一下，无论是法学还是经济学的分析，理论都是论述的参考架构。不过，在法学里，是以亚里士多德和其他思想家来界定理论；在经济学里，核心理论已经和个别的经济学者区分开来。

2.9　问题九：法理式分析（doctrinal analysis）的优点和缺点为何？

在传统法学里，法理式分析主要有两种：以某种"主义"（-ism）为原则，譬如真实主义（realism）；或以实际案例归纳出的"法理"（doctrine）为原则，譬如最后明确机会原则（last clear chance doctrine）。关于以主义为指导原则的考虑，在前面分析亚里士多德时已经讨论过，所以这里将针对第二种法理讨论。

而习惯法的案例里，归纳出各式各样的法理；对于司法体系的运作（双方的论证和最后的裁决）以及法学论述而言，都很重要。法理式分析有几个主要的优点：第一，各种法理像是字典依字母或部首编排，提供了明确的参考坐标；无论是在数据检索还是思考问题上，都有相当的帮助。第二，依法理判决，使司法有延续性，而且符合公平原则——相同的案子，应作相同的处置。第三，虽然在表象上，官司的事实不一样；但是，根本的精神或关键所在，却可能是相通的。法理，就是归纳出类似案件的共同性质。第四，太阳底下，没有（太多）新鲜的事。尤其是在稳定、变化缓慢的社会里，社会现象主要是重复（repetition），而不是渐进的变迁（incremental change）。在这种环境里，由过去经验累积下来的法理，足以处理绝大部分，或全部的纠纷。简单地说，法理式分析是以过去的经验为基准点（benchmark）。

在某种意义上，经济学也是法理式分析。在经济学里，大家都接受"效率"（efficiency）这个法理；然后以这种法理为基准点，分析不同的游戏规则、制度设计、行为所隐含的效率。当然，效率是一个中性的概念，可以用来衡量任何价值；譬如，父母的心力（包括感情），怎么分配在子女、家庭和工作上，对大家最好。

事实上，这也就是经济分析的最大优点之一，能以很简洁的概念，去掌握不同现象的共同脉动。譬如，因为胁迫（duress）、不当影响（undue influence）和议价地位不等（inequality of bargaining power）等造成违约时，违约的一方不一定要承担违约的责任，并赔偿损失。虽然在表面上抗辩的理由不同，但是都可以由效率的角度解释：如果在这些情形下，还要求双方履行契约，长远来看，容易引发不当的诱因；对于经济和其他活动，反而会造成不利的影响。[波斯纳所主张的理论：习惯法是有效率的，就是指习惯法里虽然有很多种法理（doctrines），但是都可以从效率的观点来解释。]

总结一下，和传统法学的法理式分析相比，经济分析所依恃的法理可以以简驭繁、一以贯之；而且，在面对不同现象（官司）时，可以直接掌握关键因素。

2.10 问题十：对法律学者来说，经济学是什么？

虽然这个问题是问法律学者，但是经济学者可能反而比较适合给出答案。因为经济学主要是一种分析社会现象的特殊角度，和数学或方程式没有必然的关联。因此，这个问题换一种问法是：对法学研究而言，经济分析的主要慧见（insights）为何？在某种意义上，这个问题是对前面问题的总结。[当然，这个问题也隐含着，对于政治学或社会学而言，经济分析可能意味着不同的慧见。譬如，对政治学而言，竞争（competition）是一个很重要的概念。当然，在法学研究的宪法理论里，竞争和三权分立的制衡概念，有密切的关系。]

在波斯纳法官的名著《法律的经济分析》一开始，他归结出经济分析的三大基本原则：第一，是价格和数量反方向变动的"需求法则"——当然，价格不一定是指金钱货币，而可以是抽象的价格；第二，是机会成本的概念；第三，是在没有因素干扰的情形下，资源会流向价值最高的使用途径。在《一以贯之经济学》（*Economics in One Lesson*）这本书里，赫慈利（H. Hazlitt）总结经济学的精神：一个好的经济学者，不只注意短期，也会注意长期；不只考虑局部，也会考虑全面；不只关心直接影响，也会关心间接影响。相形之下，我们认为，经济分析可以提供给法律学者三个重要的观念；而这三个观念，都可以借"若 A 则 B"来阐释。

第一，法律的目的，是处理人的行为所衍生的问题。在经济学者的眼里，人的行为具有相当的"规律性"（regularity）。而且，这种规律性是"若 A 则 B"般简洁明确、容易掌握。假设规律性是"若 A，则或 B 或 C 或 D 或 E"，或是"若 A 或若 B 或若 C 或若 D，则 E"，那么在逻辑上来说，依然符合某种规律性；可是，对一般人来说，这种规律性过于复杂或模糊，所以在思维或行为取舍上的帮助不大。当然，这并不表示，人的行为没有例外，或不会改变；重点在于，人的行为不像是喝醉酒的醉汉、走路颠三倒四（random walk），而是约略符合"若 A 则 B"的规律。如果法律所面对的是醉汉般的行为，法律所能发挥的作用将极其有限。

而且，这种行为所显现出的规律，不只和市场或经济活动有关，在人的其他活动中也无所不在。事实上，有些经济学者认为，人类之外，在其他动物的行为里，也可以发现类似的规律性。例证之一：诺贝尔奖得主贝克（G. Becker）的书名是《人类行为的经济分析》（*The Economic Approach to Human Behavior*），但是贝克的诺贝尔演讲题目是"由经济分析的角度观察行为"（"The Economic Way of Looking at Behavior"）；行为，当然不限于人的行为。

具体而言，规律性可以约略分成三个层次：其一，最基本的，是个人层次（individual level）上的规律性。譬如，若罚款增加，则少超速。其二，最上层的，是宏观（macro level）或社会层次上的规律性。譬如，若货币发行量过大，则容易通货膨胀。其三，是介于这两者之间的，可以称为中层（middle level）的规律性。和另外两种层次的规律性相反，中层的规律性反而比较模糊、比较难掌握。譬如，若社区的居民由 500 人变为 1000 人，则社区会变得更整洁还是更脏乱？因为人数增加后，行为的加总可能导致很多结果，因此不一定有非常明确的规律性。

第二，若 A 则 B 的规律性，反映的是一种条件式的思维和判断（conditional statement），而且有两种层次。一方面，"若 A"本身就表示一种条件，"则 B"是在 A 成立的条件下会出现的状态；因此，这是一种条件式的命题。另一方面，"若 A 则 B"成立，隐含着其他的条件没有发生变化；如果其他条件发生变化，那么"若 A 则 B"可能变成"若 A 则 C"。因此，"若 A 则 B"是在某种前提成立的条件下，才会成立。

无论是基层、中层或宏观层次上的规律性，都是在某些条件的支持之下才成立。因此，对于经济学者来说，除了注意规律性本身之外，还必须掌握更多的信息。一方面，希望知道，在哪些条件的支持下，规律性才会成立；另一方面，也希望了解，当这些条件发生变化时，原先的规律性会受到哪些影响。科斯在 1992 年的诺贝尔演讲里一再强调，经济活动是在某种制度环境（institutional structure）里进行的；因此，经济活动所呈现的规律性，就是在特定前提成立的条件下才成立的。

第三，是关于"若 A 则 B"的内涵。前面两点，似乎都是在反映抽象符号之间彼此的关系；不过，更重要的，是经济学由探讨人的行为里得到许多体会。这些体会，就补充了前两点的内涵。譬如，波斯纳所强调的"若价格上升，则需求下降"，以及"若没有干扰因素，则资源流向价值最高的使用途径"，就是符号关系下的实质内涵。

具体而言，经济学者在分析人的行为时，不是只把焦点放在单独的个人身上，而是一直保持一种体系或系统的观点。这种体系或系统有两个维度：时间和空间。在空间上，每一个人的行为，都直接或间接地影响其他人，也直接或间接地受其他人行为的影响。在时间上，现在的行为受到过去演化经验的影响，也会受未来的影响（前面提到重复赛局的观念）。空间的因素，呼应赫慈利所强调的，直接或间接以局部或全面的考虑；时间的因素，则是他所强调短期或长期的考虑。

在传统法学的论述里，也有"若 A 则 B"的逻辑；不过，通常是"若采取作者的论点，则正义将得到伸张"。可是，是哪些条件支持这种结论，条件改变之后结论会不会受影响，等等，却经常付之阙如。相形之下，经济分析所意味的"若 A 则 B"，则是对问题作较完整的探讨，包括在描述、预测和建议这三方面。对于所观察的现象，经济学者会尝试解释：在哪些条件下，会得到这种结果；主要的决定因素，是哪一个或哪几个。当环境里的条件发生变化时，我们所关心的焦点会朝哪一个方向发展。如果希望追求某种目标（包括公平正义这种价值），采取哪一种或哪几种手段比较好。而且，虽然探讨的是眼前的问题，不过在经济学者的脑海里，却总是会联想到：是哪些因素引发了这个问题？环境里支持的条件是哪些？采取不同的手段各会引发哪些后果？手里是不是有足够的资源来影响相关的条件？

　　总结一下，对法律学者来说，经济分析的精髓可以借着"若A则B"来表示。"若A则B"反映了人类行为和社会现象里，隐含了某些规律性；至于这些规律性的实质内容，则是由人类所经历演化过程的经验所充填。

3. 结论

　　如果要利用两个譬喻，反映传统法学和经济分析的差别，也许可以这么比拟：首先，对于一个法学问题，法律学者好像拿着放大镜，甚至是显微镜，然后巨细靡遗地抽丝剥茧。相形之下，经济学者则像是一个摄影师，从不同的角度打光，以捕捉这个问题完整的面貌；而且，除了用现在的镁光灯之外，还会利用过去的镁光灯，以掌握这个问题在历史中的意义。事实上，前面十个问题的讨论，就好像是为法律学者打了十盏镁光灯；希望借由诸多不同角度的光线，烘托出"经济分析"的神韵。其次，对于一卷底片上的某一张胶片，法律学者试着描绘这张底片的意义；可是，经济学者却希望利用这张底片之前和之后、其他底片里的景象，来描绘这张底片中景象的意义。

　　本章的出发点，是希望由经济学的角度，尝试和法律学者对话。采取的方式，是向法律学者提出十个问题，然后自问自答。这么做的目的，一方面，是希望法律学者能面对这些问题，然后提出他们认为合宜的答案；另一方面，当然是由经济学的角度，提出经济学者对这些问题的讨论。经由这种方式，希望减少法律学者对经济分析的误解。最终的目标，自然是期望有助于法学研究。

参考文献

Becker, Gray S., *The Economic Approach to Human Behavior*, Chicago: University of Chicago Press, 1976.

Buchanan, James M., "Economics and Its Scientific Neighbors," in Buchanan, James M., *What Should Economists Do?* Indianapolis: Liberty Press, 1979.

Easterbrook, Frank H., "The Supreme Court, 1983 Term-Foreword: The Court and the Economic System," *Harvard Law Review*, 98: 4-60, 1984.

Hazlitt, Henry, *Economics in One Lesson*, New York: Arlington House, 1979.

第三章　法律的经济分析：方法论上的几点考虑

1. 导言

　　自 1960 年起，经济学家开始不约而同地向社会科学里的其他领域扩充。虽然，这种发展引起了一些经济学家和其他社会科学研究者的质疑；不过，在贝克、布坎南、科斯、波斯纳、塔洛克等人的努力之下，经济学不但已经在其他的社会科学里占有一席之地，而且影响力与日俱增。其中，又以"法律经济学"（Law and Economics）或"法律的经济分析"（Economic Analysis of Law）的成果最为可观。

　　可是，为什么呢？经济学对其他社会科学几乎是同时伸出触角，为什么在法律的领域中绽放的花朵特别鲜艳？这个问题可以由三个角度来考虑：第一，经济学和法学在性质上是不是有特殊的相同之处，使经济学进入法学格外容易？第二，由经济学者的立场来看，经济学在分析上相对于法学有何优势？因为，法学和经济学之间的互动，似乎主要是由经济学进入法学，而不是相反。为什么？第三，站在法律学者的立场来看，经济学者投入法学问题的研究，到底意义为何？在文献里，这三个问题都已经受到不同程度的关注。对本章而言，重点是第一个问题；这主要是基于几点理由。

首先，第三个问题也许对法学研究者有意义；可是，对于经济学者而言，他们所在乎的掌声主要来自其他经济学者。因此，对他们来说，这个问题并不特别重要。其次，对第二个问题，经济学者已有许多深入的讨论；而且，法律经济学快速发展的事实，本身似乎就是最好的说明。不过，如果只是因为经济学具有一套结构完整而且适用范围很广的分析工具，不只适合研究"市场行为"（market behavior），也适合分析"非市场行为"（non-market behavior），那么，经济学对法学、政治学和社会学等社会科学的影响应该不分轩轾。可是，事实并非如此，经济学对法学的影响较大。因此，单单是经济学的分析工具强而有力，并不足以解释法律经济学的蓬勃发展。所以，关键似乎还是在第一个问题上。在文献上，对于第一个问题的探讨，似乎并没有得到太多的重视。不过，虽然波斯纳没有直接处理过这个问题，他在法学上的见解却和这个问题有间接的关系。众所周知，波斯纳是推动法律经济学的主要战将和首席发言人；在他的论述里，他一再强调"财富极大"（wealth maximization）的重要，这有两种意义：一方面，波斯纳认为"财富极大"和习惯法的精神非常契合；所以，这个概念有助于对法学问题的探讨。另一方面，波斯纳认为，因为"财富极大"隐含着资源运用的效率较高，所以这个概念可以一以贯之地作为法官阐释法律和（以判例）立法时的最高指导原则。因此，经济学能长驱直入法学这个领域（而不是社会学或政治学），似乎可以由"财富极大"这个概念所隐含的"一般性"（generality）得到充分（或相当）的解释。

不过，我将在本章里论述，法律经济学的蓬勃发展，还有其他更根本的理由。具体而言，我将从"研究主题"和"分析方法"这两方面着手，指出经济学和法学的共通性。因为有这些共通性，所以这两种学科之间特别容易进行交流。此外，我也将阐释，这种共通性所隐含的意义。

本章的结构如下：先由"研究主题"的角度，说明经济学和法学的共通性；且针对"分析方法"所作的阐释，从"研究主题"和"分析方法"的角度，试着说明为什么到目前为止，经济学和法学之间的交流总是单方向的——由经济学进入法学，而不是由法学进入经济学。最后，我将利用前面几节的论点，讨论"效率"（efficiency）的意义。在结论里，将归纳本章的意义和启示。

2. 研究主题

就研究的主题而言，传统上法学和经济学的交集是关于税法和独占垄断这些课题；不过，这不是我所指的共通性。在此我将论述法学和经济学在研究主题上的共通性，在这两个学科里，"个人"和"两人之间"（bilateral relations）的问题占有非常重要的地位。

就经济学而言，可以概略地分为微观经济学和宏观经济学。在微观经济学里，"个人"的工作和消费行为是主要的课题；厂商的行为，也可以从个别厂商的角度分析。而且，供需（买卖）双方的互动关系，在实质上是一对一（买方和卖方）的对应。同样地，在法学的研究主题上，虽然法律哲学、宪法等课题也占有重要地位；不过，最主要的部分，还是诉讼。而"诉讼"很明显的是关于双方当事人以及这两者之间一对一的互动关系。这种经济学和法学在研究主题上的共通性，有两点重要的含义：首先，行为的主体都是自然人，所以研究主题非常具体。因为是自然人和自然人所面对的问题，所以研究者很容易由自己的经验，设身处地地去体会和想象自己所处理的问题。经济学者很容易把自己放在消费者的立场，作一些联想；同样地，法学研究者也很容易把自己放在诉讼当事人（不论是原告或被告）的立场，设想一些相关的问题。在经济学和法学研究里，关于非自然人——如厂商和公司法人——的探讨也非常重要。不过，有趣的是，法人的概念还是源于"自然人"。也就是说，在考虑法人所具有的权利义务时，还是以"自然人"的权利义务为基准。

其次，一对一的对应关系简单明确，焦点非常集中。而且，因为这是一种对立的关系，所以彼此的利益是直接冲突的。因为是一对一且有利益冲突，所以研究者等于是把当事人所面对的各种价值转换到单一的价值上，再从这单一的价值上分析。在经济学里，这单一价值就是价格；在法学里，这单一价值就是当事人之间的胜负。进一步而言，在这两个学科里分析的重点都在于，在这一对一之间如何划分（或切割）利益。在经济学里，交易的利得不是由买方就是由卖方获得。在法学里，诉讼双方虽然面对的是"胜诉"或"败诉"这种"两极化的结果"（a dichotomy outcome）。但是，在许多情形下，胜败像是光谱上的两个极端，而最后的取舍是在这个光谱上找到适当的位置；也就是说，利益的分配并不是绝对的，而是可以切割的。因此，经济学者的角色就像是一个旁观的第三者，描述且分析关于利益划分的种种。同样地，法学研究者往往把自己定位为法官——旁观的第三者——然后描述、分析并建议关于利益划分的种种。

经济学和法学在研究主题上的共通性，刚好可以和经济学及其他社会科学在研究主题上的差异作一对照。以社会学而言，社会学在研究主题上的重点，可以说是介于微观经济学（个人家庭）和宏观经济学（利率物价）之间的中层课题（middle range issues）；譬如，小区、同侪团体、社会资本等等这些主题，并不是分析一种介于两人之间一对一的关系。对于经济学者而言，这些主题在相形之下并不是他们探讨的重点；而且，以经济学的分析方法（微观经济学和宏观经济学）而言，也并不擅长分析这些主题。因此，经济学和社会学的交集，大致上还是集中在微观经济学所探讨的主题上。以政治学而言，情形很类似。政治学所关注的重点是政党和选举等问题，而这些主题大致上也是介于微观经济学和宏观经济学之间的课题。同样地，经济学对政治学的贡献，也主要集中在微观经济学的部分。（就社会学和政治学而言，经济学对后者渗入的程度和影响显然要大于前者，而这又可能和选举、政党这些主题可以数量化有关。）

总结一下，经济学和法学这两个学科，在研究主题上有相当的共通性。这种共通性所隐含的意义，会在下面的叙述中加以阐释。

3. 分析方法

这一节将说明：抽象来看，经济学和（传统）法学所采用的分析方法也有相当的共通性。具体而言，这种分析方法可以称为"基准点分析法"（a benchmark approach）。[一般而言，经济学所采取的分析方法是"理性选择模型"（rational choice model）。因此，这里所指的基准点分析法，和一般对经济学的解释有某种程度上的差别；不过，参考以下的论述。]这种分析方法包含两种成分：第一，作为分析和比较评估基础，有一个"基准点"或"参考坐标"（a benchmark or a reference point）；第二，有一种作为取舍的"价值"（a value element）。这两种因素必须同时具备，才能进行含有价值判断的分析。譬如，以0作为基准点，1和0不同；可是，如果没有价值的成分，就不能在0和1之间作出高下的取舍。如果加上一种价值作为评估的依据（譬如，每月超速的次数或每月捐钱给慈善事业的次数），就能在1和0之间分出高下。

在经济学里，最常运用的两个基准点显然是"均衡"（equilibrium）和"效率"。精确一点的说法是，"效率"是经济学所强调的价值，而"均衡"只是经济学者所运用的分析性概念，本身并不是经济学所强调的价值。具体而言，"均衡"不但作为一种分析的"参考坐标"，同时还隐含了较稳定、较能被环境中的条件所支持、较有效率的这些价值。而且，根据"均衡"这个参考坐标，可以作比较分析，并推导出各种实证上可验证的"假说"（testable hypotheses）。同样地，"效率"几乎是经济学里无处不见的参考坐标，而隐含的价值就是资源运用较好的状态。当然，经济学者并不一定以"效率"和"均衡"作为基准点，而可能以其他的价值（譬如"公平"）作为论述的基准点。以科斯和波斯纳这两位对法律经济学有重大贡献的经济学者为例，他们就采取不同的参考坐标；但是，在本质上，都还是基准点分析法。就波斯纳而言，"财富极大"（wealth maximization）这个参考坐标几乎可以和波斯纳画上等号。而就科斯 1960 年对法学研究有深远影响的论文而言，他是以"零交易成本"作为分析的参考坐标，而后分析财产权界定对资源运用效率（这是隐含的价值因子）的影响。

和经济学相比，（传统）法学研究更是明显地采取"基准点分析法"。具体而言，法学论述里有三种主要的"基准点"。第一种是"正义"（justice），这是层次最高的基准点；第二种是以"功利主义"（utilitarianism）、"实证主义"（positivism）和"务实主义"（pragmatism）等等思想上的立场作为基准点，再作分析和论述；第三种基准点，是处理具体案件时更细微的各种原则（doctrines）。在不同层次的法学论述里，会直接或间接地反映这三种基准点。宏观而言，一般法学研究所采取的分析法，可以说是以某种教义为基准点的"教义式分析"（doctrinal analysis）。

经济学和法学在分析方法上的共通性，可以和其他社会科学的分析方法作一对照。以社会学为例，在社会学里，主要的有三类研究：一是以某位学者——如韦伯（Max Weber）或涂尔干（Emile Durkheim）——的思想为主，作为论述的材料；二是由个案研究中，归纳出一些分析性的概念；三是利用统计调查等方法所作的研究。可是，在社会学里，并没有一套一以贯之的分析方法。总结一下，在分析方法上，经济学和法学都是相当程度地采取"基准点分析法"。这种分析方法的共通性，有助于解释法律经济学的快速发展。而且，到目前为止，这还是文献上受到忽略的一点。一旦体会到这一特色，法学研究者对经济学的排斥很可能会进一步淡化。［在评估经济学的优点时，一般人往往归因于经济学的高度数学化。可是，这个因素也许对经济学本身很重要，对本章的主题而言，却并不特别重要。两点佐证的资料：第一，在科斯重要的法律经济学论文里，几乎完全没有数学——只有一些数字作为例子；第二，在法律经济学这门课常用的两本教科书里——作者为波斯纳以及库特和尤兰（Cooter & Ulen）——主要的论述都可以借文字叙述来表达，而用不着数学。］

4. 经济分析的特色

　　前文尝试说明：在"研究主题"和"分析方法"上，经济学和法学都有相当的共通性。可是，单有这种共通性却不能解释：为什么经济学和法学这两者之间的互动，通常是单方向的——由经济学进入法学——而不是双向的。在此将结合文献上已经有的论点和上述的内容，说明这种单向关系的原因。

　　关于经济学在分析方法上的特色，主要有下列几点：第一，虽然在相当程度上，经济学和法学都是采取"基准点分析法"，可是，在性质上，两者所采取的参考坐标和价值之间，却有重要的差别。在经济学里，"效率"这个参考坐标是由人的行为所归纳而出的，因此，在性质上是自然的（natural，spontaneous），往往也是实证性的（positive）。相形之下，在法学里，各种参考坐标（特别是功利主义、真实主义等第二类参考坐标）是由道德哲学、法学思想或法律条文所归纳出的；因此，在性质上是人为的（man-made），也是规范性的（normative）。

　　第二，因为经济学主要是实证性的，所以对于人的行为特质有深切的探讨和掌握；而且，经济学已经发展出一套完整的理论，能解释且预测人的行为。相形之下，因为法学主要是规范性的，所以对于人的行为特质并没有太多的着墨。因此，经济学会探讨规范和道德的由来和性质，因为这些是人类行为的一部分。可是，法学研究的材料却主要是法条、判例和其他法学研究者的论述，人的行为特质不是法学关心的重点。

　　第三，图 3.1 和图 3.2 可以反映出经济学和传统法学在分析方法上的差别。

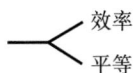

图 3.1　经济分析的架构　　　图 3.2　传统法学的分析架构

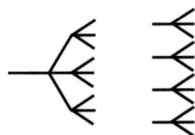

　　在图 3.1 里，经济学所强调的参考坐标和价值只有简单的两项：效率和平等；在图 3.2 里，传统法学的基准点共有（前文提到的）Ⅰ、Ⅱ和Ⅲ三类。Ⅰ是"正义"这个层次最高的基准点；根据这个指导原则，衍生出功利主义、真实主义等以Ⅱ来表示的基准点。Ⅲ是处理实际案例时，各种大大小小的"原则"。可是，在Ⅱ和Ⅲ之间，事实上有一片空白。（可能的解释是，法学里的基准点是来自不同的源头。具体而言，第Ⅰ和第Ⅱ这两类基准点是由法律哲学或道德哲学而来，而第Ⅲ类基准点是由实际的案例中归纳而出。）由第二类的基准点出发，往往很难推论到第三类的基准点，譬如，由功利主义出发，似乎很难解释为什么在实务上要采取"最后防范机会原则"。相形之下，经济学只有"效率"和"平等"这两种主要基准点；而且，在处理"平等"（或重分配）这个问题时，经济学者还是在考虑：如何能"有效率地"追求"平等"这个价值。因此，经济学者等于是采取一个非常简洁精致的分析架构，然后以这个单一的架构去处理所有的问题。相形之下，传统法学是以许多不同的大小架

构，去处理分门别类的各种问题。以单一的分析架构就能取代复杂的各种大小架构，显然在分析上要具有相当的优势。

第四，抽象来看，经济学里的论述通常是"条件式的叙述"。也就是说，特定的结果只会在某些给定的条件之下成立；当条件改变时，结论也会跟着改变，而且，经济学者总是在探索在不同目标或手段之间"取舍"（trade-off），也就是一直在思索"替代方案"（an alternative）的可能性。相形之下，传统法学里的论述，往往是根据图 3.2 里 I、II、III 类的参考坐标所作的"规范性叙述"（prescriptive statements）。而且，因为参考坐标隐含的是规范性的价值，所以法学研究者通常认为，事物的状态应该以这些参考坐标为准。可是，关于这些参考坐标的基础和条件本身，以及当这些基础和条件变化时所产生的影响，却很少受到严格的检验。在一个静止或变化不大的社会里，这两种理论所能提供的可能相去不远。可是，当社会变化加快，新的问题层出不穷时，两者所能提供的、所能发挥的就有相当大的差别。当法学对于这种变化反应迟缓时，经济学的优势就开始展现。

总结一下本章的分析，经济学很顺利地进入法学，而且已经有可观的成果，可说是归因于下面这两种因素的结合：第一，在研究主题上，法学和经济学有相当的共通性；第二，在分析方法上，经济学提供了一套分析人类行为完整的架构，而这套架构是传统法学所缺少的。过去在讨论法律经济学的蓬勃发展时，往往强调第二点，却忽略了第一点；可是，就像在导言中所指出的，如果只是因为第二点（经济学的分析工具强而有力），那么经济学在法律经济学、经济社会学等范围的成果应该一样璀璨。可是，情况并非如此，法律经济学的成果最为辉煌。因此，加上第一点理由（经济学和法学在研究主题上的共通性），才能为法律经济学的可观成果提供比较完满的解释。

5. 效率

对经济学而言，以"效率"来评估资源运用的状态，几乎是天经地义的事。可是，对法律学者而言，这却似乎是荒谬无稽的论点。这一点根本的歧异，相当程度地减缓了法律学者对法律经济学的接纳。在此将利用上述的论点（特别是"基准点分析法"的概念）来说明——因为有某种程度上后见之明的奢侈——这种歧异其实是可以避免的。

当经济学者刚进入法学研究的领域时，很兴奋，也很急切地宣称：有许多法律原则（特别是在习惯法的范围里）虽然用的是不同的词汇术语，但是却都隐含"效率"的考虑。譬如，侵权法的"最后防范机会原则"（the last clear chance rule）很清楚地反映出：由具有最后的机会和适当能力的人，承担防范意外的责任，是成本较低（因而效率较高）的做法。可是，以"效率"或"财富极大"来说服法律学者（经济学和法学其实是相通的！），事实上是犯了欲速反而不达的错误！

其实，经济学者可以采取一种两步骤的论述方式：第一步，说明法律学者所采取的是基准点分析法：以"正义"或其他主

081

义和原则作为参考坐标，而以"正义"或其他主义和原则所隐含的价值作为取舍判断的依据。那么，不论参考坐标和所认定的价值为何，经济学都可以分析：以哪一种方式比较容易达到这种目标；或者，换一种说法：哪一种做法所隐含的成本较低。完成第一步之后，再进行第二步：说明法学论述里的诸多价值，其实是和经济学里的"效率"相通的。

因此，即使法律学者不同意第二步，在第一步的范围里，经济学者还是可以发挥相当的功能。譬如，对于主张"天赋人权"（natural rights）的学者，经济学者可以由机会成本的角度提出一连串的问题：在众多的基本人权里，这些权利彼此之间的优先次序为何？在一个资源不是很丰饶的社会里，要先保障言论的自由，还是先保障免于饥饿的自由？对于私有财产权的保障，要完整到什么程度？借由这些问题，经济学者显然可以帮助法律学者，使他们的论述更完整、更有说服力。

波斯纳强调"财富极大"这个概念，等于是把两个步骤合为一步，既强调第一步的"基准点分析法"，又强调第二步的"价值相通"。对于法律学者而言，因为习惯以正义和其他教条原则作为参考坐标，而不习惯接受"效率"、"成本"和"价格"这些概念，因此自然会对第二步排斥。但是，因为两个步骤合而为一，所以连带地也排斥了第一步。

（几年前，我曾受一位法律系教授之邀，到他的班上介绍一些基本的经济学观念。我提出：权利的背后一定有资源的付出；而资源的付出，一定牵涉到成本的问题。我以窃车的破案率为例：50%和80%的破案率，其中隐含人力、物力支出的水平不同，而这些人力与物力的支出，是由纳税义务人所缴的税来支应。因此，关键的问题是：我们愿意付出多少资源，来保障私有财产权。记得当时有一位在场的人提出一个问题：如果把破案率定在60%，是不是表示警察抓了60%的小偷之后，就可以坐下来休息了？当然，这和我的原意有很大的出入；显然，经济学者和法律学者之间的沟通，还需要长期的努力。）

6. 结论

本章有两种意义：对法律经济学的意义，以及对经济学和其他社会科学的意义。就法学和经济学而言，虽然过去一向是两个截然不同的学科，但是都有悠久的历史。如果以公元532年的《查士丁尼法典》(*Code of Justinian*) 为法学的肇始，到现在已经有一千五百多年的历史；如果以亚当·斯密1776年的《国富论》(*The Wealth of Nations*) 为开端，经济学也已有两百年以上的历史。可是，自1960年以来，在这两个学科之间却出现了前所未有的互动。法律经济学的研究领域不但早已确立，而且已有可观的研究成果。造成这种现象的原因，当然值得从多方面加以探讨。本章的分析阐明：法律经济学的快速发展，和这两个学科在研究主题和分析方法上的共通性有关。相形之下，因为研究主题和分析方法上的差别，经济学和社会学、政治学，或其他社会科学的结合，就不太容易绽放出和法律经济学一样璀璨的花朵!

就经济学和其他社会科学而言，经济学自 1960 年起向其他
社会科学的扩充，无疑是智识上很令人兴奋的发展。本章探讨
的重点，是经济学和法律之间的关联。同样地，在经济学、社
会学和政治学，以及其他相关的社会科学之间，也可以、也值
得作类似的探讨。思索经济学和其他社会科学之间的关系，不
但能使经济学和其他社会科学在研究主题上更为丰富、在分析
方法上更为精致，而且，借由对照和比较，也可以更深入了解
经济学和其他社会科学的性质!

参考文献

Hsiung, Bingyuan, "A Methodological Comparison of Ronald Coase
and Gary Becker," *American Law and Economics Review*, 3(1) :
186-98, 2001.

Okun, Arthur M., *Equality and Efficiency: The Big Tradeoff,* Wash-
ington, D.C.:The Brookings Institution, 1975.

Shavell, Steven, "Law versus Morality as Regulators of Conduct,"
American Law and Economics Review, 4 (2) : 227-257, 2002.

Sunstein, Cass R., ed. *Behavioral Law and Economics,* Cambridge:
Cambridge University Press, 2000.

第四章　法律的经济分析：本质上的厘清

1. 导言

  法律经济学（Law and Economics）这个新兴的研究领域，无疑是科技整合成功的典范。这可以从几个方面看出来：首先，自 1991 年 3 月起，JEL（*Journal of Economic Literature*）就在索引上开始列出法律经济学这个项目；这表示在经济学里，这个领域已经有众议金同的地位。其次，这个领域丰硕的研究成果，不只见诸经济学和法学的主要期刊，而且以法律经济学为主的期刊也逐渐增加。再次，以法律经济学或法律的经济分析（Economic Analysis of Law）为主题或书名的教科书已经陆续出版，而且流通甚广。并且，这个领域的学者不只是为学论述而已，其中有几位已经成为位高权重的法官，把理论具体地运用到实务上。不只如此，（美国）最高法院在裁决上，都渐渐显露出受到这个学门论述的影响。最后，法律经济学不只是在发源地（美国）蓬勃发展，在其他地区也都蔚为风潮。因此，在经济学向政治、社会等领域扩充中，把法律经济学视为最显赫的成果，并不为过。

不过，在近六十年的快速发展之后，法律经济学也呈现了一些隐忧。首先，无可讳言的，在法律经济学的专业期刊里，数学化的程度愈来愈高。虽然，现代经济学的语言就是数学，不过，这些以数学模型为主的论述，仅会使法律经济学成为应用经济学（applied economics）的一支而已，而对法学本身不一定有直接的影响。而且，对于大部分的法律学者而言，并不习惯这种论述方式。因此，数学化程度的提高，对于法律经济学这个学科有智识上的意义，但对法学和法律学者而言却没有太大的意义。其次，即使经过几十年的发展，即使经济学的基本观念其实非常简单，可是很多法律学者却似乎还相当排斥经济学；而且，即使在同情或接受法律经济学的学者里，也有许多对经济学的误解。最后，虽然已经有三至四位诺贝尔经济学奖的得主，都对法律经济学有卓越的贡献，可是，根据一位杰出的法律经济学者的看法："对于绝大多数（美国）的法律学者而言，经济学一无所用。"这真是令人沮丧的情况，而法律经济学者显然要负起相当的责任。本章的主要目的之一，就是希望借由厘清法律经济学的本质，能稍稍有助于改善目前的情况。

具体而言，虽然新的法律的经济分析已经有近六十年的历史，因此本章的内容似乎有"旧瓶装新酒"和"炒冷饭"的嫌疑；不过，本章的探讨有几点重要的含义：第一，虽然经济学的核心（或基本）概念很简单，可是对于绝大多数的法学教授却似乎一无所用；这种差距显然值得弥补。因此，对于法律的经济分析作本质上的探究，也就非常重要。第二，不论是赞成者或反对者，对于法律的经济分析似乎有很多不同的认知和解释。本章希望能归纳出法律经济学最核心的部分，或许可以成为大家都能接受的交集。第三，法律经济学所涵盖的主题范围非常广，而问题所牵涉的层次也非常可观；那么，法律的经济分析是不是有一以贯之的基本逻辑？如果有，能不能从法律经济学的论述里，推导出这种经济分析的"基本逻辑"？

为了能达到目标，本章将循序渐进：以下会先描述、分析并比较科斯、贝克和波斯纳这三位重要学者的论述。然后，将尝试说明，法律的经济分析所采取的具体架构。而且，会以科斯等三位学者的论述为基准点，阐释法律经济学或法律的经济分析的核心。为了能更清楚地呈现这种本质，将借由一些极端的对比，说明"经济分析不是什么"。然后，将利用法律经济学里的两场论战作为例子，澄清一些对经济分析的误解。最后，是全文的结论。

在开始以下的论述之前，首先说明一下本章和本章所诉求对象之间的关联。诉求的主要对象之一是法律学者，特别是对法律经济学有兴趣，但不太了解或从根本上排斥的人。希望借由下面的论述，具体地呈现法律的经济分析主要的"慧见"（insight）。其次，对于在法律经济学这个领域耕耘的经济学者（或法律学者），希望本章的分析可以促使他们今后在论述时，能更明确、前后一致地运用经济分析的逻辑。最后，是对于一般的经济学者而言，希望本章能反映出当经济学向其他"非经济"（或称为"非市场"）的领域伸出触角时，经济学所面临的问题和所应有的因应。希望这种体会能促使经济学者仔细思索，经济分析的优点和潜在的限制。

1.1 科斯、贝克和波斯纳

这一章将说明、阐释且比较科斯、贝克与波斯纳这三位经济学家的分析方法。选择他们三位作为代表，是基于几点考虑：首先，他们对法律经济学都有显著的贡献，成就为众所公认；他们的论著不但常被引用，而且往往是其他学者论述（或批评）的重点。其次，虽然他们都和芝加哥学派关系密切，可是在分析方法上却各有所重，刚好可作为对照比较的材料。最后，虽然他们在法律经济学里的地位都非常重要，可是他们对经济分析的看法却有很大的差别；而且，他们对法律本身涉入的深浅程度也大有不同，对法律经济学的投入和期许也就不太一样。因此，以他们的看法作为基准点，不但在智识上有相当的趣味，对于下面的分析也提供了重要的依据。无论如何，本章的重点是希望归纳出三位学者在经济分析上的方法（method）或逻辑（logic），并且加以对照与比较。

1.2 科斯

科斯一再强调，他的兴趣所在是经济体系（economic system）而非法律体系（legal system），而他所"传教"的对象是其他经济学者而非法律学者。可是，他在 1960 年所发表的论文，不只是所有经济学文献里引用次数最多的论文，同时也是法学论述里被引用次数最多的论文。这种现象，真是令人又惊讶又困惑；而且，更有趣的是，一直到今天为止，经济学者和法律学者都还不能很明确地认定，为什么 1960 年的那篇论文会发生这么大的影响。

就这篇论文的内容而言，学者之间有不同的解释；不过，这篇论文的重点，可以说有下面几点：第一，科斯强调，侵权事件的双方在行为上是"互为因果"（reciprocal in nature）；第二，权利本身是法律所决定、所赋予的；第三，在赋予权利时，法律不需要由公平正义的角度着眼，而可以由（或应该由）增进社会产值（the value of social production）的角度着眼；第四，无论法律如何界定财产权，受影响的当事人自己会自求多福；他们往往会借由各种巧妙的方式，挣脱或规避法律的限制。可是，除了第三点之外，这些见解在分析上并没有一般性。因此，就法律的经济分析而言，在这篇重要的论文里，科斯并没有提出明确的分析方法。

可是，虽然科斯没有明确地说明自己的分析方法，1960年的这篇论文却隐含了一种简单、具体，而且很有说服力、应用范围很广的分析方式。科斯所采取的，可以说是一种"基准点分析法"（a benchmark approach）。具体而言，科斯在这篇论文里采取了两种基准点。首先，他先说明当交易成本为零时，资源运用的情况；然后，他以"零交易成本"的世界作为基准点，再考虑在"交易成本为正的世界"中资源运用的情况。其次，当交易成本为正时，关于财产权应该如何界定的问题，他则是以"社会产值最大"作为基准点——也就是作为评估的尺度。

和科斯的分析方法相比，传统法学论述所采取的可说是一种"教义式分析"（doctrinal analysis）——以正义，或某种学说，或某种原则作为论述的基础。因此，抽象来看，科斯的"基准点分析法"和传统法学论述的"教义式分析"，其实是相当的。因此，这点共通性，或许有助于解释为什么科斯的论述会广为法学界所接受。

1.3 贝克

贝克对于社会学和法学都有重要的贡献，可是，相形之下，贝克对社会学的影响要大于对法学的影响。这当然和贝克在这两个领域里投入的心血，以及他所发表论述的数量有关。不过，贝克在法学领域里所发表的论述虽然不多，却都有开创性的地位。

具体而言，贝克关于歧视问题和犯罪行为的研究，可以说是正式地把经济分析带入法学这个领域。贝克的研究有几点重要的意义：首先，他不是从规范性的角度来认知和解读歧视及犯罪的问题，而是尝试把这些现象看成是某些人（包括你我）选择之后的结果。其次，既然是由选择而产生的行为，当然就可以利用经济学里成熟的模型和技巧来分析。最后，贝克发现，经济学的"理性选择模型"（rational choice model）有相当的解释力——歧视的代价高一点时，人就会少歧视一些；超速的罚款增加时，超速的人就会少一些。换句话说，法令规章罚则处分的轻重，就和商品价格的高低一样，会影响人的行为。（在法律经济学的教科书里，往往把"刑罚"看成是罪犯所面对的"价格"。）因此，经由贝克的妙手挥洒，经济学为法律问题提供了一种结构严谨、理论扎实，而且有相当说服力的理论！无怪乎，贝克对自己所拿手的新古典理论——可以以"理性选择模型"为代表——有无比的信心；也无怪乎波斯纳会推崇他为"分析非市场经济（行为）最伟大的实践者和宣扬家"。

关于他的分析方法，贝克曾经很明确地表示："结合极大化、均衡和稳定的偏好这三者，然后毫不犹豫、尽其可能地加以运用，就是我认为的'经济分析'。"可是，虽然这套分析架构确实强而有力，对法律经济学来说却有两个明显的弱点：第一，贝克这套可以称为"极大化分析法"（the maximization approach）的分析架构，几乎都是以数学模型来推导和论述；可是，对于绝大多数的法律学者而言，一方面并不习惯这种论述方式，另一方面也很难在简化的模型和复杂的案例之间作直接的联结。第二，贝克的极大化分析法适合分析某一类的问题，特别是和行为以及行为之间互动有关的问题。因此，贝克的分析法，可能很适合用来分析罪犯、原告、被告、律师、法官、仲裁者等等的行为。可是，如果问题的焦点不是行为以及和行为有关的问题，贝克的分析架构就有时而穷。譬如，如果要讨论"联邦法院体系的改革"（The Reform of the Federal Courts System）这个问题，就很难想象可以用得上贝克的分析法。

总而言之，贝克的极大化分析法也许长于分析行为（economic approach to behavior），但不一定能一以贯之地分析法学里的其他问题（economic approach to legal issues）。法律的经济分析所隐含的基本逻辑，应该要比贝克的分析法更直接和明确。

1.4 波斯纳

和科斯以及贝克相比，波斯纳有几点明显的差别：第一，科斯关心的是法律对经济活动的影响，而对法律本身并没有特别的偏好；贝克对法律问题的分析，只是选择性的几个议题。相形之下，波斯纳的论述所涵盖的范围非常广，远远超出科斯和贝克的论述范围。第二，科斯和贝克都是经济学者，活动的范围就是学术界；相形之下，波斯纳是联邦上诉法院的法官，亲自阐释法律并作出裁决。因此，对于波斯纳而言，法律的经济分析不只是智识上的活动，而是牵涉到关系重大、影响深远的专业判断（professional judgment）。

关于经济分析，波斯纳在他的教科书中首先提出综合性的看法："在这本书里，经济学是研究在资源有限的世界——也就是我们所身处的世界里——理性选择的科学。根据这种定义，经济学的使命，是探究（假设）人是理性追求效用极大的含义——人会基于'自利'而设法追求他所认定的目标。"

然后，他提出经济学的三个"基本原则"（fundamental principles）：首先，是价格和数量之间反向变动的关系——需求法则。其次，是假设消费者，还有歹徒会设法极大化他们的效用（快乐、享受、满足）。最后，是在自愿交易下——市场的资源会流向价值最高的使用途径。

这三个基本原则隐含几点启示：第一，有些学者在波斯纳和他所提倡的"财富极大"（wealth maximization）之间画上等号；然后，再将"财富极大"和"法律的经济分析"之间画上等号。因此，反对"财富极大"这个概念，也就是反对波斯纳和他所极力倡导的"经济分析"。可是，波斯纳所提的三个基本原则和"财富极大"之间，并没有必然的关系。第二，波斯纳显然赞成"效用极大"的假设。因此，他在分析方法上的见解，要比较接近贝克而不是科斯。可是，第三，在具体的论述上，波斯纳的风格其实比较接近科斯而不是贝克——在波斯纳大部分著作里，他都是以文字而不是以数学来论述；即使用到数学，也是非常简单的数学。因此，波斯纳所列出的"经济学基本原则"和他论述时所运用的逻辑推理之间，事实上还有一段落差。如果能弥补这个落差，显然能使经济分析的逻辑更明确具体，对法律学者而言也就更有说服力。

2. 经济分析的本质

在法律经济学者（legal economists）之间，已经逐渐形成共识：法律的经济分析隐含着，经济学是以一种"行为理论"（a behavioral theory）来分析法律的相关问题。而行为理论，是由人（或其他动物）的行为中，归纳出一套有系统的原理原则；这些原理原则能够反映人（或其他行为者）的"行为特质"（behavioral traits）。譬如，波斯纳所提的前两个原理（价格低则需求量增加，以及人追求效用最大），就是描述"个别行为者"的行为特质；而第三个原理（资源会流向价值最高的使用途径），则是一群"行为者"之间互动之后的结果，所具有的特质。同样地，贝克所提分析架构中的偏好稳定及效用极大，也是反映个别行为者的行为特质；而"均衡"的概念，则是希望反映一群行为者互动之后，彼此之间关系发展成为一种稳定状态的特质。

不过，除了对人的行为特质有深切的刻画之外，更重要的是经济学的这套行为理论隐含的逻辑。如上述所指出的，当经济分析进入法学这个领域时，研究的主题不一定和行为有直接的关系。这时候，经济分析所提供的，是经济理论所隐含的"分析上的逻辑"（the logic of analysis），也就是一种分析事物的特殊角度（a unique perspective）。以下将由两方面来阐释这个经济分析的核心逻辑：先具体地说明如何运用这个经济分析的逻辑，再归纳出这个分析逻辑的抽象概念。

2.1　经济分析

一般人（包括法律学者和经济学家在内）在认知或分析一件事物（譬如说 A）时，往往会想到这件事物的诸多面向。为了简化起见，我们可以只注意两种面向：正面的意义和负面的意义，并且假设 A 只有两种正面和两种负面。那么，这件事就可以表示成 A：P_1，P_2；N_1，N_2；其中，P 和 N 分别表示正面和负面。（更精确的说法是，P's 和 N's 不一定是数量，而可以是定性式的评估。）和这种认知的方式相比，经济分析要更精致一些；以下用两个图来说明：

A：P_1, P_2；N_1, N_2； A'：P_3, P_4；N_3, N_4；	A：B_1, B_2；C_1, C_2； A'：B_3, B_4；C_3, C_4；
图 4.1　一般性的分析模式	**图 4.2　经济分析的模式**

图 4.1 和图 4.2 的差别，就在于"正面和负面"变成"效益和成本"（benefit and cost）。因为这两者差别不大，而且成本效益的名词已经为大家所熟悉，所以，可以针对图 4.2 来阐释经济分析的意义。

就表面上来看，图 4.2 所代表的意义很清楚。首先，B 和 C 不一定是金钱上的成本效益，而可能是道德、良知、善恶、正义上的成本效益。其次，A 和 A′ 之间的选择反映了权衡取舍（trade-off）：如果选了 A，则能享受到 B_1 和 B_2 的效益，但是也承担了 C_1 和 C_2 的成本；不过，选 A 而放弃 A′ 也就意味着不能享受到 B_3 和 B_4 的效益，但是也避免了 C_3 和 C_4 的成本。因此，无论选的是 A 或 A′，得到的都是一种利弊掺杂的结果（a mixed bag）。最后，成本和效益（B 和 C）都是主观的概念，是由当事人自己所认定且赋予的。当然，如果彼此的认知有交集，则成本和效益就具有某种客观性。

不过，这些只是表面上的解释，更重要的是图 4.2 所隐含的较深的意义。第一，A 的意义是由 B_1、B_2 与 C_1、C_2 这些特性所衬托而出的。也就是说，A 的意义不是固定或绝对的，而是由当事人自己在有意无意下所赋予的。第二，A 的良窳是由替代方案 A′（和 A″……）所衬托而出的。也就是，对于 A 的评估，不是基于某种客观或绝对的尺度，而是借由其他的可能性所衬托出。第三，更重要的，经济分析的精义，就在于经济学者会有意识地（consciously）去思索、探寻各种潜在的、类似的事例（potential alternatives）。而后借着 A′（和 A″……）的衬托，来认知并评估 A 的意义。

借由图 4.2，可说明上述科斯、贝克与波斯纳三位经济学者的分析方法。首先，是科斯的"基准点分析法"。以 1960 年的论文为例，当交易成本为零时，A 是火车必须为火花所酿成的灾害负责，A′ 是铁轨旁的农田必须自己负责。科斯论证，当交易成本为零时，A 和 A′ 是一样的。这就是著名的科斯定理。当交易成本为正时，科斯还是利用 A 和 A′ 来比较：以哪一种界定财产权的方式，可以使社会的产值较高。譬如，航空公司必须为飞机所制造的噪声负责，或者机场附近的居民必须自己负责。

其次，是贝克的"极大化分析法"。就极大化这个概念而言，显然是在众多的 A、A′、A″……之间作比较，然后（利用微积分或其他方式）找出最大值。就"均衡"而言，这个概念本身是中性的——因为有高度均衡，也有低度均衡（low equilibrium）。不过，如果把均衡看成是 A，而把非均衡看成是 A′，则很容易在 A 和 A′ 之间作比较和评估。而且 A（均衡）的重要含义之一，就是这是一种自然而然，比较容易被环境里的条件所支持、比较稳定的状态，不论好坏。当然，抽象来看，在贝克的眼里，极大化分析法是 A，而其他的分析方法是 A′；能够让贝克以"义无反顾而不眨眼的运用"（used relentlessly and unflinchingly）这种字眼来推崇，这种分析方法显然是优于其他的分析方法（A′、A″……）——起码在贝克的心目中是如此。关于波斯纳的论述方式，因为之后会再作申论，所以暂不处理。

2.2 本质

由图 4.1 和图 4.2，可以看出其中的差别。经济学家习惯以成本效益（B 和 C）来认知事物，而一般人可能以正反、美丑、善恶、好坏（各种 P 和 N）等概念来认知事物。不过，这两者之间只是名词上的差别，至少在观念上来看，美丑善恶等概念和效益成本之间是相通的。而且，图 4.1 和图 4.2 透露出最重要的讯息，是经济分析所隐含的逻辑——"相对"（relative）和"其他可能"（alternatives）的概念。

前面曾经指出，A 的意义是由 B_1、B_2 与 C_1、C_2 所决定的。而且，A 的意义是相对于 A'（和 A''……），因为 A'（和 A''……）反映了在 A 之外其他的可能性。因此，经济分析所隐含的逻辑，不在于极大化或均衡，而是由"相对"的角度来认知、比较并评估事物。而且，对于任何个人、社会、法律等所希望追求的目标，经济学者总是试着思索各种潜在的"可能性"。借由两个法律经济学里重要的问题，可以阐释"相对"和"其他可能"的意义。

首先，是垄断（monopoly）。一般而言，经济学者很排斥垄断，而推崇竞争。可是，垄断为什么不好，而竞争又有什么好？原因很简单：竞争表示消费者可以面对两个或两个以上的可能性，而垄断时消费者没有其他的可能性。因为有其他的可能性，所以当市场有竞争时，厂商不会（过分地）误用或浪费资源；相形之下，因为没有其他的可能性，所以垄断厂商可能会坐收暴利。因此，对经济学者而言，厂商的数目并不重要，重要的是对消费者而言，是不是有一个以上的、其他的可能性。即使厂商数目大于一，但是如果形成联合垄断，消费者在选择时就丧失了其他的可能性。另外，即使只有一个厂商，但是只要有潜在的竞争者（potential entrants），这种形式上的垄断也并不可怕——因为存在着潜在的其他可能性（potential alternatives）。

其次，是关于"效率"这个概念。法律学者对经济学（和经济学者）的主要批评之一，是"效率"这个概念并不是"价值中立"（value free）的。"效率"，是在特定的财产权结构、科技水平和市场及政治的交易机制下所界定而出的；所以，如果财产权的结构不理想（或其他的条件不理想），在这种情形下所得到的"效率"并没有太大的意义。可是，对经济分析而言，"效率"的重要性是在于"手段"或"方式"，而不在于"结果"。换句话说，即使追求的目标是"正义"（或公平，或其他价值），经济学者也是由"相对"和"其他可能"的观点，找出比较有效率的方式来实现"正义"（或其他价值）。因此，"效率"这个概念的重点，还是反映了"相对上"较好的手段或方式。

2.3　什么不是经济分析的本质

上文中，说明了 A-A′ 的对照与"相对"和"其他可能"的概念，并且强调这些概念反映了经济分析的核心逻辑。为了更凸显这些概念和其他观点的差异，以下将从四个角度来说明"什么不是经济分析的本质"。

第一，经济分析和金钱或货币并没有必然的关联。虽然这个论点非常简单明确，还是经常有人误解。可是，由贝克、布坎南和波斯纳的研究中可以清楚地看出，经济分析可以用来分析社会现象、政治过程和法律问题，而他们三位的论述都和货币无关。

第二，经济分析可以与数字和计算无关。这一点可以说是延续前面的论点；非经济学者对经济分析的认知或印象，往往认为经济学是精于计算（或算计），是和数字分不开的。可是，在贝克、布坎南和波斯纳这三位的论述里，除了贝克之外，另外两位的论述几乎很少用到数学。他们都是以一种特别的角度——经济学的角度——来分析和论述，而不是一直在运用数字来计算。

前面两点，可以说反映了非经济学者对经济分析的误解；可是，以下两点，却可以说反映了许多经济学者（或接受经济学分析的法学研究者）对经济分析的误解。

第三，经济分析和"稀少性"（scarcity）没有必然的关系。虽然在许多经济学教科书里，都把经济学定义为"探讨稀少性问题"的学科，而且很多学者把经济问题和稀少性画上等号；不过，就经济分析的核心逻辑而言，和稀少性并没有必然的关联。这主要是基于两点理由：首先，"稀少性"是一种状态，而且很可能是促成行为的基本动力；不过，"稀少性"这个概念并不隐含一种分析上的逻辑。其次，对于许多问题而言，"稀少性"并不是重要的考虑。譬如，最高法院在处理一个案例时，可以花相当长的时间来斟酌，也可以退回案件。因此，对最高法院的法官而言，重要的是如何做（相对上）较好的裁决。"稀少性"的概念，并不是重要的考虑。

第四，经济分析的逻辑与选择（choice, to choose）也没有必然的关系。和"稀少性"一样，很多经济学教科书把经济学定义为"探讨选择的学科"；可是，虽然选择和人的每一桩行为都有关，却并不能反映经济分析的核心逻辑。具体而言，这是基于两点理由。首先，在上面介绍的 A-A′ 结构里，所有 B 和 C 以及用来衬托 A 的 A′，都是由人有意识或无意识选择下的结果；可是，选择只是对行为的描述，更重要的是行为的特质——怎么做选择？选择的特性是什么？而且，人在经济活动、社会活动、政治活动之中都是不断地做选择，可是经济学、政治学与社会学，在分析的角度上却有明显的差别。这种分析角度上的差别，也就反映了分析逻辑上的歧异；那么，经济分析逻辑上的特色是什么？前面的分析指出，经济分析是从"相对"的角度来认知、阐释并分析；而且经济学者总是借由其他类似的、相关的"可能性"，来衬托分析焦点的意义——也就是借着 A′ 来衬托 A。其次，前面曾经指出，当分析的主题和行为没有直接的关联时——譬如，联邦法院改革的问题——选择这个概念的重要性就大为减少。对于这些问题，当然还是可以以经济分析来探讨。可是，这时候显然是以经济分析所隐含的逻辑来分析和论述，而不是以选择作为主要的分析性概念。

以上这四个观点，即使在经济学家之间，相信都会有相当的争论。不过，希望借由比较极端的对照，能够凸显出上述的论点：经济分析的核心逻辑，是利用"相对"和"其他可能"的概念来认知、阐释、分析且论述！

3. 法学论述与经济分析

在上述分析中，以 A 和 A′ 来反映经济分析的特色，并且指出"相对"和"其他可能"是经济分析的核心逻辑。以下将以法学论述中，两场有名的论对为例，进一步阐释经济分析的意义。

3.1　蔡伯 vs 伊斯特布鲁克

伊斯特布鲁克（1984），是对最高法院 1983 年判决的回顾，在这篇论文里，伊斯特布鲁克提出了三个评估的指标：第一，是事前分析或事后分析；第二，是否考虑到在边际上和在总量上诱因效果的差别；第三，是否考虑到一般立法和特殊利益立法的差别。虽然这三种指标各有所重，但是都明显地反映了 A-A′ 的逻辑。首先，伊斯特布鲁克认为，事前分析（ex-ante analysis）是一般性的通则，而事后分析（ex-post analysis）往往是针对个案特例来分析。因为是通则，所以事前分析会影响到"饼的大小"（the size of the cake）；事后分析只是考虑个案和特例，等于是斟酌"怎么切饼"（division of the cake），而忽略了长期的影响。因此，伊斯特布鲁克认为，长远来看，以事前分析的角度作出判决比较好。很明显，伊斯特布鲁克对事前分析和事后分析的讨论，是 A(事前) 和 A′(事后) 的比较。其次，判决所产生的对行为的诱因效果，可以从边际或从整体来看。这又是 A（边际）和 A′（整体）的比较。最后，法案的立法精神是"利益团体立法"（private-interest legislation）或"一般利益立法"（general-interest legislation）。这也是 A 和 A′ 的比较。

利用这三个指标作为评估的基准，伊斯特布鲁克对美国最高法院在 1983 年的裁决提出分析。他的结论是：由判决和判决书的意见来看，最高法院已经慢慢接受经济分析，而且，进一步以经济分析作出裁决。譬如，在文章里，伊斯特布鲁克讨论的第一个判决是 Clark vs Community for Creative Nonviolence。美国内政部的国家公园管理局（National Park Service）明文规定，在华府特区内，不准露营。但是，该局特许 Community for Creative Non-Violence（CCNV）在白宫附近的 Lafayette 公园设置两座"象征性"的帐篷，以凸显游民的处境和要求。而且，该局还同意，示威者可在帐篷中躺下。但是，CCNV 得寸进尺，希望能让示威者在帐篷中过夜，以吸引真正的游民，能更真实而深刻地反映无家可归的问题；管理局不同意。基于美国宪法第一修正案（保证言论自由），华府地区法院认为 CCNV 有理；案子送到最高法院的手里，最高法院裁定，支持管理局的立场。

我们可以利用前面的 A-A′ 对照，说明伊斯特布鲁克对最高法院判决的阐释。（A-A′ 这个结构，刚好和官司里的"原告—被告"相呼应。因此，以 A-A′ 来反映经济分析的具体内涵，相信比较容易引起法律学者的共鸣。）

A：公园管理局胜诉。

B_1：不准露营并不违宪。

B_2：规定适用于所有的示威者，而不是针对 CCNV。

A′：CCNV 胜诉。

B_1：已经设置了帐篷，在里面睡觉不会有额外的困扰。

B_2：示威者（或游民）在里面睡觉，能增加示威的说服力。

C_1：一旦 CCNV 胜诉，会有更多的人申请设置帐篷。

C_2：想在帐篷里过夜（因为"抗议"旅馆太贵）的人增加。

C_3：更多类似的要求，因此核准与否的尺度会持续受到挑战。

由这个结构来看，伊斯特布鲁克认为最高法院的观点是：如果由 CCNV 获胜，隐含的成本太高。因此，支持公园管理局主要是支持一种原则，而不是支持该局本身。抽象来看，伊斯特布鲁克的论述在两种层次上运用 A-A′ 的对照。首先，是在原则的层次上，区分出事前原则和事后原则，这显然是 A-A′ 的对照。其次，是在分析具体的案例上，对于公园管理局和 CCNV 所主张理由的利弊（B 和 C），更是采用了 A-A′ 的对照。由此可见，法律的经济分析主要是在分析和论述上，一以贯之地运用一套逻辑。

伊斯特布鲁克的文章发表一年之后，哈佛大学法学院讲座教授蔡伯（L. Tribe）发表评论。蔡伯的批评可以分成两部分：一是对"经济分析"和伊斯特布鲁克观点的批评，二是对最高法院判决的批评。就经济分析和伊斯特布鲁克的观点而言，蔡伯有几点主要的批评：首先，他认为经济学只重视"效率"，而法律则强调"分配"的重要，这包括判决之前与之后在权力和财富上的分布。其次，他认为伊斯特布鲁克误解了最高法院的基本功能。最高法院不只是在既定的目标下，选择达到目标的手段，而应该要选择希望达到哪些目标。最后，经济分析往往以价值中立的假象，掩盖了忽略程序正义和基本的权利和价值（irreducible and inalienable values）的事实。在具体的判决方面，蔡伯也以 Clark v. Community for Creative Nonviolence 为例，批评最高法院的判决。蔡伯的观点，也可以利用下面的 A-A' 对照来说明。

A：公园管理局胜诉。

B_1：不是针对个案，仅是维持通则。

C_1：对 CCNV 侵犯了宪法修正案第一条所保障的权利。

C_2：禁止某种行为可能只会造成某些特定人的损失，而不会伤及其他人。因此，表面上是通则，实质上是选择性地阐释法律。

C_3：行政部门基于自利而过度管制，会伤害到力量较小的弱势（利益）团体。

A'：CCNV 胜诉。

B_1：真正的游民会参与示威，能有效地展现和传递示威者所想表达的讯息。

B_2：在政府大门前示威，容易得到实质的救济。以后类似的示威会减少，公园反而可以更洁净漂亮。

C_1：对公园管理局造成行政上的困扰。

一般而言，B 和 C 项目数的多少，不一定能反映 B 和 C 项目之间的比重。不过，在蔡伯对这个判决的分析里，B 和 C 的项目数却刚好反映他的看法——他认为，最高法院判决公园管理局获胜是不好的判决！有趣的是，即使 Tribe 非常排斥经济分析，不过，由上面 A-A' 的解构来看，他的论述事实上还是在运用经济分析的逻辑。当然，在描述了伊斯特布鲁克和蔡伯两人的论述之后，我们也可以利用 A-A′ 结构来评估一下他们的分析。

A：伊斯特布鲁克的分析。

B_1：提出三个明确的评估指标。

B_2：三个指标以及论述，都有经济学的行为理论作为依据。

C_1：偏重对效率的考虑，对公平性（也就是分配上）的考虑较少。

A′：蔡伯的分析。

B_1：强调判决对权力分配和财富分配的影响。

B_2：凸显出最高法院可以透过判决，追求某种社会价值的可能性和必要性。

C_1：对于追求价值的方式，没有提出具有操作性内涵的分析。

C_2：论述时没有行为理论作为依据。[譬如，伊斯特布鲁克认为，如果 CCNV 获胜，会引发更多的（真假）示威者。而蔡伯认为，如果 CCNV 获胜，他们的讯息比较容易得到行政当局的重视；得到行政当局的济助之后，就比较不会有类似的示威。读者可以自己判断，在真实的世界里，人的行为比较接近哪一种分析——是伊斯特布鲁克的分析或是蔡伯的分析。]

综合来说，考虑 A 和 A′ 所隐含的成本效益（或优点和弱点），以及这些成本效益的轻重，可以得到两点结论：第一，虽然蔡伯关于宪法与最高法院的论点具有启发性，但是论述本身缺乏（某种）行为理论作为依据，所以，缺少操作性的内涵，说服力也就相对薄弱。第二，伊斯特布鲁克论述的重点是最高法院的判决，以及这些判决可能造成的影响。相形之下，蔡伯论述的重点是最高法院应有的功能。而且，伊斯特布鲁克的分析是实证性的，而蔡伯的分析是规范性的。因此，两人论述的焦点和两人论述的性质本身，都不一样。基于这两点理由，蔡伯对伊斯特布鲁克的指控可以说并不成立！

3.2　麦乐怡和波斯纳

麦乐怡（R. Malloy）和波斯纳之间的论战，表面上是因为两人对亚当·斯密的阐释不同；可是，进一步看，还是与两人对法学以及经济分析看法上的差异有关。这场论战的背景，是两人先经过期刊文字上的论战，而后于 1989 年在 Syracuse University 进行一场面对面的辩论。麦乐怡先发言，他对波斯纳及波斯纳所代表的经济分析大加挞伐。他的论点也可以利用 A-A' 的对照来反映。

A：波斯纳的分析。

C_1：没有说服力——因为所主张的价值本身有问题，以及可能带来不好的后果。

C_2：财富极大化是反人文（anti-humanistic）和反自由主义（anti-libertarian）的。

C_3：反对奴隶制的理由是基于效率的考虑，而不是因为在所有情况下，奴隶制都是违反道德的。

C_4：把人的尊严和个人自由，降格成为由价格来宰制的问题。

C_5：不过是所谓经济分析下，科学理论的佣仆。

A′：麦乐怡自己的分析。

B₁：效率、市场、财富极大化等概念都是达到目的的工具，而不是目的本身。

B₂：所主张的价值是合于道德的，而且（相信）能得到一般人的支持。

B₃：所有人应享有生命、自由和追求自身福祉的权利；而且，这些权利是自然的、不可或缺的（natural，inalienable）。

B₄：在任何情况下，奴隶制都是不对的。

B₅：是驾驭经济分析的主宰。

虽然这种对照是本章的阐释——波斯纳的立场全是 C，而麦乐怡的立场全是 B——不过，由这些 B 和 C 也可以看出，麦乐怡对波斯纳的立场苛责有加。在麦乐怡发表论述之后，波斯纳提出他的见解。他的论点和他对"自然权利"（natural rights）论者的批评，也可以用 A-A′的对照来反映。

A：波斯纳的主张。

B₁：财富极大化使经济自由主义（economic libertarianism），具有操作性的内涵。

B₂：在作公共政策的分析时，可以先不考虑分配上的问题（distributive considerations），而针对资源运用的效率来考虑。

B₃：在习惯法的范围里，法官可能不愿意被有关分配的争议所纠缠。因此，可能有意无意地接受效率这种中性的概念，并且以之作为裁决的依据。

A：基本权利论者的立场（麦乐怡的立场）。

C₁：对于公共政策而言，不能作为一套完整、合理、有说服力的分析架构。任何政府的政策——无论本质上有多强的干预性和社会主义的性格——都可以由基本权利的角度加以合理化。

C_2：人所享有的基本权利愈多，能剩下作为公共政策讨论的弹性空间就愈小。在这种情形下，民主代议和政策辩论变成有名无实。

C_3：基本权利的出发点，是人在"自然状态"下所享有的权利；可是，在"自然状态"下，人类不过是一群原始的猿猴，几无"权利"可言。

C_4：主张基本权利的人从未说明，为何"基本权利"应该作为讨论的基准点。

由麦乐怡和波斯纳的论点来看，两个人之间显然有相当大的歧见。而且，这种歧见不全是因为在辩论的场合下，所以彼此的意见必然相左。更重要的，是两个人之间的论点似乎没有交集。以下将利用三个事例——两个是关于波斯纳的论点，一个是关于麦乐怡的论点——说明麦乐怡和波斯纳在论述方式上的差别。除了凸显他们论述方式的差异之外，也希望借着这些事例作为桥梁，在波斯纳和麦乐怡之间产生某种联结或过渡（connection or transition）。

首先，是波斯纳对垄断的分析。波斯纳指出，垄断有三点不好：第一，垄断厂商会减产，提高价格，因此，资源运用的效率受到影响。第二，消费者必须支付较高的价格，某些消费者转而购买其他替代品，因此，消费者的权益受影响。第三，其他厂商见贤思齐，会设法通过立法而享有垄断地位，而这种活动所耗用的资源纯粹是浪费。所以，波斯纳是以竞争市场作为对照，衬托出垄断市场的意义。

其次，是波斯纳对奴隶的解释。在这场辩论里，他有两句鲜明的话值得引述：

"在群居社会里的奴隶，要胜过在自然状态里无所拘束的人。

"当奴隶制度取代了战争里对战俘的屠杀，这可是道德上的进化。"

在第一句引言里，波斯纳是以自然状态下的自由人来衬托群居社会中的奴隶；在第二句引言里，波斯纳是以被屠杀的战俘来衬托成为奴隶的战俘。因此，在波斯纳的眼里，"奴隶"这个名词本身的意义，是由其他的可能性所衬托对照而出的。换言之，波斯纳一直是以 A′ 来衬托 A 的意义，也就是一直在运用 A-A′ 的方式来论述。

最后，是麦乐怡关于"原则性问题"（principle questions）的看法。具体而言，Malloy 表示：

"我们会先提出原则性的问题，譬如，我们会问：'人们是否享有住的权利？是否享有基本医疗的权利？'对于这些麻烦的问题，经济学并没有任何答案。"

确实，对于这些困难的问题，经济学和经济学者不能提供明确的答案。不过，事实上经济学者不会以这种方式来提出这些问题，他们会这么提出问题：在享有基本居住的权利和享有基本医疗资源的权利之间，何者为先？如果要支持这一种（或这两种）权利，一般民众愿意承担多少的税负？因此，第一个问题是以 A-A′ 的方式提出。A 是享有居住的权利，A′ 是享有医疗资源的权利。第二个问题也是以 A-A′ 的方式提出，不过要稍微复杂一些。这时候，A 是多增加某个数量或程度的权利，但是必须缴税；A′ 是不增加这个数量或程度的权利，但也无须缴税。相形之下，麦乐怡的论述方式隐含的 A 是享有两种权利，而 A′ 是不享有任何权利。可是，这种问法却不需要面对如何支持权利、权利之间的优先次序、权利的多少等等实质问题。

综合而论，在麦乐怡对波斯纳的严厉批评和他本身的论述里，其隐含两个问题：第一，他对波斯纳条件式的、相对式的，考虑其他可能式的分析方式——经济学的分析方式——了解不够完整和深入。因为了解有限，所以他的批评也就有以偏概全的偏颇。第二，他自己强调"基本权利"的论述方式，在相当程度上只是一些价值判断。对于这些价值判断本身，他并没有提出令人信服的分析。而且，利用这些价值判断，他所能处理的问题其实非常有限。因此，基于这些理由，麦乐怡对波斯纳的指控可以说是说服力有限。指控不成立！

4. 结论

在本章一开始，强调了本章的主要要求对象之一，是法学研究者，尤其是对经济分析有兴趣、不了解或排斥的法律学者。因此，在结论中，也针对他们，归纳出本章分析的几个重点。

首先，自从 1776 年亚当·斯密发表《国富论》(*The Wealth of Nations*) 以来，经济学这个学科的发展非常快速。当然，因为原先的研究主题都和商品劳务有关，所以经济学往往和价格货币密不可分。可是，自 1960 年开始，经济学者慢慢以经济学的分析工具探讨政治、社会和其他领域的"非经济行为"。这时候，经济学不再只是一些"研究主题"，而是隐含一套"分析方法"。本章里强调，经济学的"分析方法"可以分成两类：一是行为理论，二是分析逻辑。在法律经济学里，过去多半是着重"行为理论"。可是，经济学的行为理论，往往就是新古典的"理性选择模型"；对法律学者而言，效用、极大化、均衡这些观念并不容易了解，也和他们所面对的问题有一段距离。相形之下，由"分析逻辑"的角度阐释经济分析，可能反而比较容易使法律学者接受。

其次，本章是从两个方面来阐释经济分析的逻辑。一方面，以 A-A′ 的对照来反映经济分析的结构；另一方面，指出在 A-A′ 的后面，隐含的是"相对"和"其他可能"这两个较抽象的概念。而且，以伊斯特布鲁克和波斯纳的实际论述为例，说明这两位法律经济学者论述中的经济逻辑。

最后，在上述的分析中也一再强调，A-A′ 的架构隐含一点重要的启示。不论是 A 所隐含的各种 B 和 C，还是用来衬托 A 的 A′（以及 A′ 所对应的各种 B 和 C），都反映了分析者的判断和取舍。因此，分析者必须有意识地思索这些 B 和 C 以及 A′ 和 A″ 等等；并且，分析者必须为这些选择提出不只是能说服自己、同时也能说服别人的解释。如果能做到这一点，显然可以使经济分析、法律的经济分析，或法律的分析更为严谨且具有说服力。这么一来，对于我们所面对的问题，我们不一定能找到最好的答案，但是，我们所掌握的，至少是找答案的方式里比较好的一种！

参考文献

Bhagwati, J. N.,"Directly Unproductive, Profit-seeking (DUP) Activities," *Journal of Political Economy*, 90(5): 988–1002, 1982.

Kuran, Timur, *Private Truths and Public Lies: the Social Consequences of Preference Falsification*, Cambridge, MA: Harvard University Press, 1995.

Malloy, Robin P., "Is Law and Economics Moral?-Humanistic Economics and a Classical Liberal Critique of Posner's Economic Analysis," in Malloy, Robin P., and Evensky, Jerry, eds., *Adam Smith and the Philosophy of Law and Economics*, Netherlands: Kluwer Academic Publishers, 1994.

Weber, Max, *Economy and Society*, Berkeley: University of California Press, 1968.

第二篇　经济分析的智慧结晶

第五章 只缘身在此山中？——初探体系和理论

1. 双城记

1989 年 11 月 9 日，柏林围墙倒塌，不久，第二次世界大战后分割的东、西德，重新合而为一。东、西德统一之后，引发出很多问题。其中之一，是如何处理彼此对峙时所发生的一些冲突。当柏林围墙还在时，东柏林这边戒备森严，凡是东德人想越过边境去往西德，格杀勿论。二十多年来，也确实有一些民众在企图越界时被卫兵当场射杀。

一旦东、西德合并，德国法庭起诉开枪的卫兵，理由是：卫兵除了执行上级的命令之外，还要遵守层次更高的道德戒律；开枪射杀自己的同胞，违反这种基本的道德戒律。当然，起诉卫兵的主要理由，是对他们定罪之后，才能往上发展，追究下达命令的上级。在世人的眼中，这又是人类历史中令人唏嘘的插曲之一。不过，对于社会科学研究者而言，这一连串的官司，却凸显出许多重要的问题。其中，最重要的问题之一，是当两个不同的价值体系相会时，彼此能不能理直气壮地、臧否对方的是非?

价值体系之间冲突的情形，所在多有。另一个知名的例子是林毅夫的际遇。林毅夫，本名林正义，在台湾的宜兰出生长大。当他在台湾大学读完一年之后，投笔从戎，转读陆军官校。在军方刻意培养之下，他毕业后不久就被派往金门最前线的马山连担任连长。然后，在某个夜黑风高的晚上，靠着两个篮球，他游泳到对岸。他改名为林毅夫，经过辗转发展，到美国芝加哥大学读书，取得经济学博士学位。回到大陆之后，在北京大学任教，成了著名的经济学者。

2002 年，他的尊翁在宜兰过世，他希望回台湾奔丧。但是，根据台湾地区的有关规定，他还是当年"叛逃"的军官，一旦回到台湾，将被拘捕起诉。经过来回的折冲，林毅夫终究没有成行。对他个人而言，无疑有深深的遗憾；对于两岸的华人而言，当年的林正义和后来的林毅夫，也具体而微地反映了大时代里的悲欢离合。他的际遇，还是价值体系之间的冲突。

这一章的重点就是要探讨"体系"这个主题。除了阐明体系的意义之外，还将描述如何分析体系——也就是"理论"的内涵、结构和功能。

2. 体系的样貌

柏林围墙和林毅夫的事例，反映出不同的体系之间，往往有价值上的扞格冲突。不过，东、西德和海峡两岸是明显而且庞大的体系；每一个人的生活里，事实上都是处于很多不同的体系之中。

2.1 参与者

由自己的生活经验里，最容易体会到体系（system）的概念。以我的生活为例，由早上起床开始，就经历了一连串不同的体系。

早上起床后，吃过早餐，陪孩子到学校。我是在"家庭"这微观体系里活动，同时也是以学生家长的身份在另外一微观体系里举止。然后，我要到自己任教的学校，可能是骑单车、坐出租车或坐捷运。因此，我又是在三个小体系里进出：单车族、出租车族、捷运族。

到了研究室之后，打开电脑，处理电子邮件，马上又置身在一个涵盖全球的网络体系里。上课前，我到教员休息室，泡一杯咖啡；碰到其他院系的同仁，闲聊几句。这时候，我是处在"社会科学院"这微观体系。进了教室，和同学们论证学理，同时还分心斟酌，要不要制止同学上课吃东西？——这是师生关系的体系。

中午时分，到学校附近午餐。这是标准的消费行为，我又处在市场经济这微观体系里。下午，在研究室里处理不同的事项：和出版商联系出版事宜，我踏进了出版界这微观体系；和学术界之外的朋友联系，这是社会关系的体系；接到电话，受邀到另一所大学报告论文，这是经济学界的小体系；接到国外期刊的退稿信，这又是国际经济学界的大体系。傍晚，又穿越不同的体系（单车、出租车、捷运），回到自己的家；对大部人而言，这是最熟悉也最重要的体系。

因此，由早上起床开始，到晚上上床为止，每一个人都进出了许多不同的体系；由"参与者"的角度着眼，每一个人都不自觉地参与了一连串彼此连接、重叠但又不完全一致的体系。

2.2　旁观者

除了"参与者"的体验之外，由"旁观者"的角度，也可以勾画出体系的诸多样貌。打开一份台北市的《中国时报》，马上走进了一个多彩多姿的大千世界。各个不同的版面，也就反映了不同的体系。

《中国时报》的版面，共分成十四大项，每一大项就是一个特定的体系：政治、财经、股市、社会、国际、大陆、地方、论坛、科技、生活、影视、运动、旅游、焦点。其中，论坛版包括社会、专论特稿以及读者投书；地方版，可以再细分成台湾北中南等地方版。

台湾地区的另一大报《联合报》，在版面的安排上，虽然名称不同，但是和《中国时报》相去不远。香港地区的主要媒体之一《明报》，在版面的结构上要简化一些;《明报》主要的版面是：港闻、中国、经济、国际、体育、副刊、影视。不过，虽然结构简单，虽然香港人口只有六百万，和台湾的二千三百万有一段距离，可是，《明报》每天有60—80页，要比台湾的两大报多。这是因为《明报》的照片多，体育新闻（赛马和英国足球新闻等）多，报道影视明星的新闻也多。以小见大，台湾和香港的读者，每天观察大约相同的体系，却萃取不同的信息内容。

相形之下，美国的《纽约时报》和英国伦敦的《泰晤士报》又有不同的风貌。《纽约时报》，分成三大类：新闻、评论和专题（features）。在新闻部分，除了一般报纸有的版面之外，特别辟有华府新闻、教育和讣闻；专题部分则包含了艺术、书籍、电影、旅游、纽约导览、餐饮、家居和园艺、时尚、字谜、漫画、学习网络。《泰晤士报》，风格上和《纽约时报》比较接近；着重所在，是对一个现代社会的读者公民，提供其所需要的各种信息。在专题方面，则特别辟有个人理财、汽车和法律等版面。

因此，对一个报纸的读者而言，读不同的报纸等于是旁观了不同的景观；各种景观所强调的特色不同，读者所得到的印象自然也有差别。无论如何，由报纸的内容、栏位版面的安排可以清楚地感受到各种大小不一的"体系"；各个报纸呈现不同的体系，而读者也有各自偏爱的体系。

由参与者和旁观者的角度，固然可以体会到"体系"的意义；可是，为什么要探索体系呢？如果想分析一微观系，又该如何着手呢？图5.1呈现出体系以及参与者和旁观者的差别。

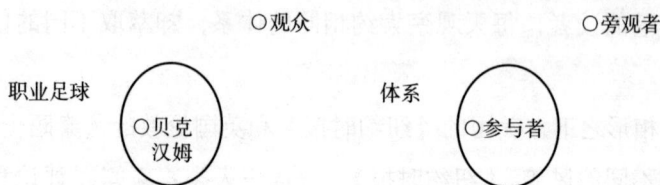

图 5.1　参与者和旁观者

3. 掀起体系的面纱

自然科学和社会科学，显然是探讨不同的体系。自然科学所分析的体系，是由原子分子等物质所组成；社会科学所研究的体系，是由万物之灵的人所组成。虽然探讨的体系不同，可是在本质上可以说都是基于同样的出发点。

一方面，是为了"兴趣"（interest）。由旁观者的角度，社会科学家对于人们所面对的体系充满了好奇，如果能了解各种体系的来龙去脉，能满足智识上的兴趣。另一方面，是为了"实利"（interest）。由参与者的角度，如果能掌握各微观系的脉络曲折，就可以趋吉避凶、自求多福。因此，为了抽象的利益也为了实际的利益，都值得对各种体系一探究竟。

3.1　解构体系

要分析体系，不妨以一场球赛为例。世界杯足球赛，全球瞩目。不过，不论是预赛、复赛或决赛，抽象来看，这微观体

120

系主要有几个因素。

"组成分子"（participants）是参与这微观系的人，包括球员、裁判、队职员、观众，还有转播球赛的人员、卖门票和黄牛票的人，等等。如果把范围扩充，这微观体系还包括球员所属的各个球会、球员的经纪人和媒体同业，等等。"游戏规则"（rules of the game），是这微观体系运作的方式。球赛的规则，是显而易见的规则。此外，还有大大小小的其他游戏规则。譬如，世界杯抽签的方式、会前赛分区的规定、名额的设定、举办国的选拔方式，等等，还有转播收益如何划分、门票如何预售、如何修改 PK 规则，等等。

除了组成分子和游戏规则之外，这微观体系还有重要的一点："价值"（value）。价值，由参与者的角度来看，就是利之所在。在足球赛这个特定的体系里，主要的价值是赢球。除此之外，当然还有很多不同的利益，包括名誉、地位、国际地位、民族自尊，乃至于最实际的孔方兄——金钱。因此，在一微观体系里，往往同时存在许多不同的利益。各个参与者，追求各自的利益；利益，是驱动行为的力量。

记者在报道新闻时，强调五大要素：人、事、时、地、物。同样地，在描述和分析某一微观系时可以由三大要素着手：组成分子、游戏规则、价值。表面上看来，这三个要素纲举目张，很容易掌握，其实，不然。即使有这些要素为基础，要精确地捕捉一微观体系的脉动，并不容易。

3.2　困难所在

主要的困难，可以从三方面来观察。首先，开放的体系通常不容易掌握，封闭的体系容易掌握。在一个开放的体系（open system）里，组成分子、游戏规则和价值都可能不断地变化。因此，通过观察不见得容易归纳出其中的脉络。相反地，封闭的体系（closed system），目标比较明确，容易辨认体系里的来龙去脉。

譬如，如果有一个旅人，站在伦敦、香港、纽约、上海或台北最热闹的十字路口，他看到人潮熙来攘往、行色匆匆。可是，他面对的是一个开放的空间；组成分子可能一闪即逝，如过眼烟云。游戏规则也不明确；价值也只有模糊的轮廓——每个路人各行其是，各奔前程。在这个开放的体系里，不太容易界定体系的三个组成要素。

相对地，农业社会里的一个小村落，是典型的封闭体系。组成分子固定，游戏规则是彼此交往互动；价值就反映在守望相助、互通有无、敦亲睦邻这些观念上。人类学家所作的很多田野调查，都是对某个封闭体深入生动的描述。

其次，大的体系不容易掌握，小的体系容易掌握。以人际关系为例，一个人和其他人的关系可以看成是一个同心圆，由里往外扩散。距离愈近，关系愈紧密；距离愈远，关系愈疏远。和自己关系最近的，通常是家人亲戚，这是个小体系，脉络分明。相对地，是同心圆最外层的陌生人，自己和千千万万个陌生人构成一个大的体系。要描述这个庞大无比的体系，困难可想而知。

最后，重复出现的体系容易掌握，不重复出现的体系不容易掌握。如果一个摄影家利用一年的时间环游世界，在每一个落脚的地方待上一天，然后用镜头捕捉当地的景象。一年之后，他的作品集展现了各地的风貌，可能很吸引人；可是，这些照片只是浮光掠影。因为他在各个地方停留的时间太短，不可能有深入的了解。相对地，世居当地的老香港、老上海、老台北，对于当地的风土人情，就可以如数家珍。因此，不重复出现的体系就像偶尔出现的过客，可能有表面的印象，但是不容易有深入的了解。

简单地说，小的、封闭的、重复出现的体系容易掌握；大的、开放的、不重复出现的体系不容易掌握。在考虑眼前的情境时，社会科学研究者会自问：自己所面对的体系，到底是哪一种？

4. 理论的空间

在很多学科里，都分成"理论"（theoretical）和"应用"（applied）这两大范围。数学、物理、化学和经济学等等，都是如此。理论偏重学理思维的探讨，应用则是把理论和实际结合。不过，在比较粗浅的层次上，"理论"（theory）是对于某种现象的解释。

只要利用一些例子，就可以说明理论的意义。自然科学里，地球中心论和天体运行说都是理论；关于人类的起源，《创世记》和进化论，显然是两种截然不同的理论。社会科学里，亚当·斯密的《国富论》(*The Wealth of Nations*) 是理论，罗斯（John Rawls）的《正义论》(*A Theory of Justice*) 也是理论。在《万历十五年》这本书里，黄仁宇提出一种观点：一旦社会具有"数字管理"的能力，就可以逐渐发展出资本主义和现代社会。这也是一种理论，和其他关于资本主义的理论彼此竞争、各擅胜场。

4.1 理论是工具

站在街角的旅人，眼前走过各式人等，男女老少、高矮胖瘦都有。可是，只要用"人"这个概念，他就可以涵盖所有在眼前移动的生物。同样地，百货公司里有千奇百怪的商品，令人眼花缭乱、目不暇接。可是，对于所有的交易，可以简单地分成顾客和商人、买方和卖方。

显然，概念是一种工具，帮助人们面对环境，因应不同的情境。理论的作用也是如此。对于不同的现象，理论可以一以贯之。也就是说，由表面上看来不同的材料里，归纳出彼此之间的共通性。提炼理论的工作，除了有智识上的兴味之外，也有非常具体的功能。具体而言，在社会科学里，理论有三大好处。

首先，理论可以解释社会现象。无论是基于参与者或旁观者的身份，人都会面临许多不同的情境。有了理论，在认知上就可以以简御繁，解释（explain）这些不同的社会现象。譬如，

124

现代社会里，双职家庭愈来愈多、离婚率愈来愈高、结婚的年龄愈来愈晚、子女数愈来愈少、日常的电器用品愈来愈多、钢琴和小提琴等才艺班愈来愈多、亲子班也愈来愈多，等等；这些是不同的社会现象，但是背后的原因却可能是一样的。理论能解释社会现象，能回答"为什么"这个问题。

其次，理论可以预测。牛顿（Isaac Newton）的万有引力定律，适用于各种物体。由十层楼的阳台抛出一个乒乓球，球会慢慢飘落到地面；一旦有人丢出一颗苹果，即使不能准确论断最后的落点，但是每一个人都可以预测苹果不会飞上天，而会往下掉。

同样地，在社会科学里，理论也有同样的功能。双薪家庭的子女，会少于单薪家庭的子女。这是一个小理论，但是也有预测的价值。当都会区愈来愈多、愈来愈大，就可以根据这个小理论来预测：都会区里，双薪家庭会增加，因此整个社会的人口可能会由成长而平缓、而逐渐减少。

最后，理论可以指点迷津，帮助人趋吉避祸、自求多福。理论既然可以解释，又可以预测，自然而然地就有助于人们在行为上因应。譬如，根据理论，预测家庭的子女数将会减少。因此，每个家庭里的宝贝，都是父母捧在手上的小公主小王子。聪明的商人就会为这些金童玉女着想，推出一系列商品；照顾了这些宝贝，也就照顾了自己的荷包。还有，无论中外，偶像歌手的年龄愈来愈小，十多岁的少男少女纷纷成为异性"杀手"——他们的背后，其实都有唱片公司精心策划，希望能满足和偶像们同年龄的消费族群。

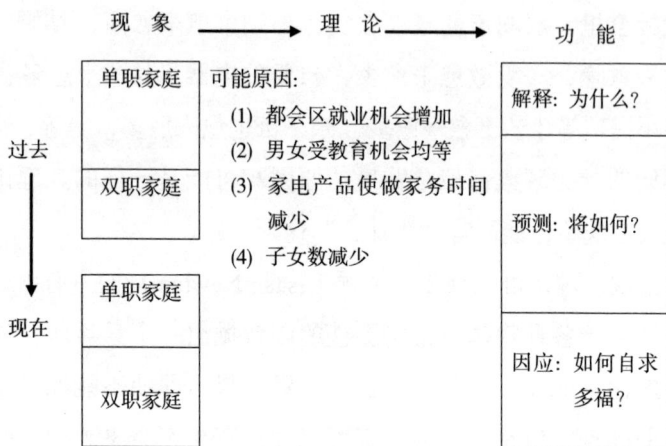

图 5.2　理论的功能

4.2　大小理论

理论有大有小，大的理论适用的范围广，小的理论适用的范围窄。传统智慧（conventional wisdom）里，有很多洞悉人性、观察入微、鞭辟入里、一针见血的结晶；抽象来看，这些传统智慧都是大小不一的理论。

譬如，"会叫的白狗，不会咬人"是一个小理论；"会叫的狗，不会咬人"是一个比较大的理论。还有，"天下没有不散的筵席"是一个小理论，"久病成良医"也是一个小理论。同样地，"顾客永远是对的"是一个小理论；相形之下，"天下没有白吃的午餐"虽然也是一句箴言，却有非常广泛的适用范围。

无论理论大小，都有解释、预测、指点迷津的功能。当然，由此也可见，理论有大有小，那么，在诸多各式各样的理论之间，如何来评估高下呢？

126

5. 什么是好猫？

有人认为，善解人意的猫才是好猫；有人认为，皮毛滑润、色泽光亮的猫才是好猫；还有人认为，不论颜色，会抓老鼠的猫才是好猫。显然，评估好坏的量尺，有许多种。那么，由社会科学的角度来看，有哪些评估的尺度呢？

自然科学里，往往可以做实验，然后检定理论是不是成立。可是，众所周知，社会科学里往往不容易做实验。差别之一，是在自然科学里，参与实验的原子分子不知道自己在做实验。在社会科学里，参与实验的人往往知道自己正处于实验之中，行为取舍可能就和平时不同。因此，社会科学里，要检验理论是不是成立就变得困难许多。既然如此，而社会科学里又有很多不同的理论，那么，在诸多彼此竞争，甚至是彼此冲突的理论之间，怎么判断各个理论的好坏高下呢？关于评估理论的好坏，不妨以两位诺贝尔奖得主的观点作为参考。

弗里德曼（Milton Friedman），是家喻户晓的经济学者。对于理论的取舍，他的立场非常鲜明独特，而且广为人知。他认为，理论（模型）的主要功能在于预测；能预测准确的，就是好理论。这表示，在"解释、预测、指点迷津"这三种功能里，他认为最重要的是预测。不过，预测的主要目的，往往还是在指点迷津，以便有因应的对策。所以，他的基本立场，还是在于理论的实用性。

譬如，如果有一个理论模型，能精确预测未来油价的走向，那么，不管这个模型有五个方程式或十个方程式，都是好的理论。相反地，如果有一个理论模型，含有一百个方程式，对于油价过去的轨迹，也能作完整的描述和解释。但是，一旦要预测未来的油价，这个巨细靡遗的模型却失之千里，在弗里德曼的眼里，这就不是一个好的理论模型。

相形之下，科斯（Ronald Coase）对理论的看法，可以说是别具一格。科斯的一生，发表了70余篇长短不一的论著。在绝大部分的论著里，他都不用数学，而是以优美的散文来论述。这和其他绝大多数的经济学家相比，是绝无仅有的异数。他认为，理论的作用，是可以作为思考的基础（theory serves as a base for thinking）。也就是说，在面对社会现象时，理论可以帮助人们整理思绪，解释眼前现象的意义，并且掌握现象背后的来龙去脉。

譬如，在都会区里，双职家庭多、子女数少……这些现象，表面上看来当然不同。可是，如果用一个小理论来解释——养育子女的成本上升时，父母就会少生一些子女——就可以贯穿这些不同的现象。都会区里，房价贵，所以一般家庭里，空间较小；同时，都会区里，就业的机会多，所以双职的家庭较多。空间小加上是双职家庭，都使得照顾子女的成本上升。东西贵了，就少买一些。牛奶面包如此，金童玉女也是如此。因此，借着一个小理论，就有助于组织思绪、理解社会现象。在"解释、预测、指点迷津"这三种功能里，科斯显然强调解释的重要性。

两位诺贝尔奖得主各有所重，那么该如何取舍呢？也许，兼容并蓄、兼采其长是比较好的做法。站在旁观者的立场，是带着兴味（interest）来观察社会现象的；这时候，理论的功能重在"解释"。站在参与者的立场，是希望能自求多福地追求实利（interest）；这时候，理论的功能显然就重在"预测"和"指点迷津"。

　　传统智慧里，各个珍珠般的结晶，往往各有所重。譬如，"不听老人言、吃亏在眼前"，重点是在解释；"书到用时方恨少"，重点是在预测；"吃亏就是占便宜"，重点是在指点迷津。到底什么是"好猫"呢？追根究底，也许还是"情人眼里出西施"——当然，这又是一个小理论。

6. 经济学的体系和理论

　　经济活动，显然涉及很多大小不同的体系。划分体系的方式有很多种。譬如，以规模的大小为标准，家庭是很小的体系，其次是社区城市，再次是整个社会国家，最大的是国际经济（和以后的星际贸易？）。或者，以产业的种类为标杆，三百六十行就隐含了三百六十个大小不一的体系。

　　无论划分的方式如何，传统的经济学就是以探讨这些经济体系为主。经济理论，就是对经济体系里的活动作有系统的分析。或者，换一种说法：经济理论探讨经济体系，而经济学就是经济理论的总和。

　　根据这种简单的描述，事实上可以推演出一些重要的体会。首先，在人类的活动里，经济活动只是其中的一部分；经济体系，只是众多体系之一。要深入了解人类活动和社会现象，不能只关注经济体系，也必须探究其他非经济的体系。

其次，对于经济系里的组成分子、游戏规则，经济理论提炼出许多原理原则。这些原理原则，或许也有助于了解其他非经济的体系。其实，这正是近几十年来经济学发展的趋势。利用经济理论，经济学者们去探索政治、法律、社会、宗教、历史等体系。

再次，一旦进入其他的体系，可能就要面对不同的组成分子、游戏规则和价值；这时候，在经济体系里成立的理论，可能就要作适当的调整和修正。譬如，经济体系里，有货币这种明确的量尺、共同的媒介，可是，在法律社会政治等体系里，就没有类似的量尺和媒介。希望运用经济理论一以贯之时，必须步步为营、知所进退。

最后，经济体系和其他体系并行不悖，经济理论也和其他学科的理论共存共荣。一方面，不同学科的理论之间各擅胜场、互别苗头；另一方面，不同学科的理论就像一副副不同的眼镜，彼此之间可以取长补短、互通有无。

7. 结语

这章一开始，提到东、西德和海峡两岸的例子。在两个明显不同的价值体系之间，往往出现矛盾和冲突。不过，这种冲突扞格的现象，不只出现在两个不同的社会之间，在同一个社会里就包含了许多彼此之间颇有歧异的体系。

在 2003 年年初，一位服兵役的年轻人，受完新兵训练后，被派往金门的某个班哨。部队里，对新兵欺生、找碴儿，甚至凌虐，似乎依然是某些军事单位的陋习。结果，这个班哨班长退伍的当天，年轻人举枪射杀了他的直属主管，可想而知，这个不幸事件的余波将荡漾许久。

这章的内容，主要有两部分。一方面，是介绍体系的意义，指出体系的结构：组成分子、游戏规则和价值；而且，经济体系是诸多社会体系的一环。另一方面，是说明理论的含义和作用。理论是归纳出社会现象的规律，理论可以发挥解释、预测和指点迷津的功能。

对于每一个人来说，同时是很多体系的参与者，也同时是其他许多体系的旁观者。如果能掌握好的理论，在旁观者的身份里，对于社会现象可以知其然并且知其所以然；在参与者的身份上，消极的可以趋福避祸，积极的可以增添自己的福祉。

参考文献

Coase, Ronald H., *The Firm, the Market, and the Law*, Chicago: University of Chicago Press, 1988.

Demsetz, H., "The Problem of Social Cost: What Problem? A Critique of the Reasoning of A.C. Pigou and R.H. Coase," *LawRe-*

view of Law and Economics, 7(1)：1–13, 2011.

Granovetter, M. S., "The Strength of Weak Ties," *American Journal of Sociology*, 78（6）: 1360-1380, 1973.

Rawls, John, *A Theory of Justice*, Cambridge, MA: Harvard University Press, 1971.

第六章　基准点和经济分析

1. 导言

1991 年诺贝尔经济学奖得主科斯，在发表获奖感言时提道："我对经济学的贡献，在于强调研究经济体系时，应该注意某些特质。这些特质有点像切斯特顿（G. K. Chesterton）小说里那位邮差，因为太平凡而不起眼，所以人们对他视若无睹，几乎忘了他的存在。"在本章里，也将讨论一个类似的概念。因为它无所不在，所以经济学者似乎视为理所当然，也几乎都略而不谈。

具体而言，这是指"基准点"。基准点可以当名词（benchmark）用，也可以当动词（benchmarking）用。如果是名词，这是指一个参考坐标或指标；如果是动词，这是指根据某个基准点，烘托出其他的事项。无论是作为名词或动词，借由一些例子，可以稍微反映经济论述里和一般生活里的基准点。

微观经济学里，消费者透过效用极大化，追求自己的福祉；消费者的取舍，显然是相对于他的现况。现况，是选择的基准点；而不同的现况，隐含不同的基准点，也通常意味着不同的选择。经济分析里，一贯强调"效率"（efficiency）；而效率，显然是相对于目前的资源禀赋（endowment）或所得分配（income distribution）。对于这个隐而不显的基准点，经济学者通常略去不谈；其他学科的学者则认为，必须先厘清这个基准点本身是否合理，是不是可以作为讨论的起点。科斯的两篇经典之作，也反映了隐而未现的基准点。在 1937 年的论文里，他把市场机能当作基准点，然后考虑以厂商来运用资源，是不是更有效率。在 1960 年的论文里，他先标明"交易成本为零的世界"（the world of zero transaction costs），然后再以这个作为基准点，探讨交易成本为正时的情况。在经济论述里，基准点显然几乎无所不在，但是却经常隐而不明。

经济论述之外，在一般人的生活里，基准点更是无处不有。譬如，刻板印象（stereotyping）的做法，所在多有，因为能大幅降低行为成本。还有，"拇指法则"（rule of thumb），就是以既定原则为基准点，以因应眼前的情境。此外，任何价值判断，包括美丑善恶、是非对错等等，显然都意味着运用了某种基准点。这些"行为上的基准点"（behavioral benchmarks）和论述时"理论上的基准点"（theoretical benchmarks）相呼应。由这些俯首可拾的例子，可以看出基准点确实无所不在。然而，经济学的文献里，却似乎没有太多相关的探讨。本章尝试以"基准点"为焦点，进行有系统且深入的分析。

探讨基准点，至少有两种重要的含义：一方面，对经济学者而言，标明立论的基础，可以更清楚地意识到本身论述的基础所在；将使论述更为完整，因而更有说服力。另一方面，对政策制定者而言，经济分析通常隐含政策建议；对一般社会大众而言，经济分析则意味着一种"世界观"（a worldview）。无论是政策制定者或一般社会大众，凸显经济分析的基准点，能更清楚地阐明经济分析的意义以及和他们之间的关联。

在性质上，本章是"定性"（qualitative）而不是"定量"（quantitative）的分析。波斯纳法官曾言："经济分析的精髓是智慧而非技巧（The heart of economics is insight rather than technique）。"基准点，可以说是经济分析的技巧，也可以说是经济分析的智慧。从下面的论述里，希望可以阐明这一点。以下将讨论"理论式基准点"的意义，然后针对"行为式基准点"加以分析。接着是合论，尝试勾勒出"基准点的理论"（a theory of benchmark）。进而引申"经济学的世界观"（economics as a worldview）的观点，论证"以经济分析为思考基准点"（economics as a benchmark）。最后，是结论。

2. 理论式基准点

在社会科学的论述里，基准点是很重要的一环；在经济分析里，当然也不例外。然而，无论是经济分析或其他社会科学，基准点却经常隐而不显。这里将举例，以呈现许多论述所涉及的基准点。

对经济学者而言，"均衡"（equilibrium）有非常重要的地位。诺贝尔奖得主贝克（Gary Becker）认为，经济分析是由三大要素所构成：稳定的偏好、极大化和均衡。在性质上，"均衡"这个概念，隐含了两层意义。一方面，均衡是相对于稳定的偏好，以及资源的限制等起始条件（initial condition），根据这些主观条件（偏好）和客观条件（资源禀赋），再通过行为上的极大化，形成均衡。因此，这些主客观条件，是达成均衡的基准点。另一方面，一旦达成均衡，就可以考虑：当条件改变时，均衡将如何变化。这是"比较静态分析"（comparative static analysis），而均衡本身显然是这种分析的基准点。此外，经济分析里，成本是非常重要的概念。成本，主要是指机会成本。一种资源的价值，取决于"机会成本"（opportunity cost），也就是被放弃的各种可能用途里，价值最高者。可见，在经济学家的眼中，一种资源的价值，不是来自这种资源本身，而是"相对于"其他的运用方式。机会成本，显然隐含了基准点的概念。

其实，除了均衡和成本之外，许多经济论述都直接或间接地涉及某种基准点。如极大化（maximization）、最适（optimality）、效率（efficiency）等，都是以现状（status quo）为基准点；通货膨胀率（inflation rate）、失业率（unemployment rate）、经济成长率（growth rate）、汇率（exchange rate）等等，也都是借由某种基准，界定相对的比例或变化。水平组织的效率，是相对于垂直组织的效率；信息不对称下的情况，是相对于信息完整时的情况；次佳方案当然是相对于最佳方案。基准点几乎无所不在，但是似乎一直没有得到特别的垂青。

除了经济分析之外，在其他社会科学的论述里，基准点也

136

常常浮现。社会学的文献中，韦伯（Max Weber）的"理想型"（ideal types）就是不折不扣的例子。在韦伯的笔下，这个概念至少有两种用法。首先，如果行为者是完全理性的，而且只考虑到经济上的利害，就像是经济理论中的描述，那么，行为的后果，可以看成是社会现象的"理想型"。其次，在论述时，研究者可以先标明一个特定的立场。这个立场，或许完全符合他自己的信念，或许和他的信念刚好相反。无论是哪一种情形，这个特定的立场，就是一种"理想型"。韦伯对"理想型"的用法，第一种很接近经济分析里"完全竞争"或"最适情况"等概念；第二种用法，则很接近法学里的道德哲学或"法原则"（doctrines）。无论是哪一种用法，韦伯的"理想型"就是如假包换的基准点。先标明某种特定的形态，作为论述的起点或者对照比较的参考坐标。

在法学研究里，基准点的身影更是无所不在。譬如，在《正视权利》（*Taking Rights Seriously*）这本名著里，杜尔肯（Dworkin）认为："以权利为核心的理论，最根本的观念，就是个人享有某些权益，不会被任意侵犯。"他强调："简单地说，以权利为核心的理论，认定权利不是法律或风俗习惯的产物，而是独立的指标；而且，能以这些指标为准，来评估法律或风俗习惯。"而且他指出："如果赞同以权利作为理论的核心，至少会支持下列的两个基本观念（之一）。第一个观念虽然模糊但是强韧无比，就是'人的尊严'。第二个观念为一般人所熟悉，是'政治上的平等'。"杜尔肯认为，人的尊严和政治上的平等，是两个简单自明的概念。任何以权利为核心的理论，都应该会接受这两个概念。无论是基于道德哲学、政治信仰或其他考虑，人"应该"享有某些权利。这些权利超越法律、典章制度或其他的价值；这些权利，是思索法律、典章制度或其他价值的起点。因此，杜尔肯所揭示的基本原则，成为他建构权利理论的基准点。

此外，在法律的实际运作里，各种法原则（doctrines）更是处理官司和判决的依据。譬如，韩氏法则（Hand's rule）、完全责任（strict liability）、最后明显机会原则（the last clear chance rule）、合理注意原则（the reasonable person rule）、若非原则（the but-for criterion）、可预见原则（the foreseeable criterion）等等，在性质上都是基准点。不过，杜尔肯式的法学理论和各种法原则之间，有一种既微妙又重要的差别。杜尔肯的理论，是立基于他所信奉的道德哲学，是一种应然式（normative）的基准点；而各种法原则，往往是由历代判例所归纳出的经验法则，也就是一种实然式（positive）的基准点。

由以上的诸多例子可以看出，在经济学以及其他社会科学里，许多论述都直接或间接地采用了某种基准点。辨认出论述之下的基准点，有助于掌握论述本身的意义。还有，从基准点的角度，往往能烘托出各种论述之间的共通性，且凸显学术争论的关键所在。有两个例子可以作为明证。譬如，科斯1974年发表的论文，名为《商品的市场和言论的市场》（*The Market for Goods and the Market for Ideas*）。他认为在商品的市场里，有供给需求，也有竞争和特殊利益；在言论的市场里，也是如此。因此，他是以商品的市场为坐标，衬托出言论出版广播电视等活动的性质。罗森（S. Rosen）援用科斯的架构，认定在学术的市场里，奥国学派（Austrian School）经不起市场的考验，已经被淘汰出局。易格（L. Yeager）反唇相讥，认为奥国学派固然人少势弱，可是，在牛奶的市场里，一元一票，票票等值。在真理的市场里，不是一人一票，票票也不等值。他强调，在美术、音乐和学术的领域里，从来就不是以"数量"来决定质量的高低。在评估奥国学派时，罗森和易格显然是援用不同的参考坐标作为比较的基准。

在2004年推出的网络期刊《经济论丛观察》（*Econ Journal Watch*）里，有一场关于大象的争议。柯梅尔（M. Kremer）和墨孔（C. Morcom）在2000年《美国经济论丛》（*American Economic Review*）发表论文，探讨大象的保育措施。根据特定的假设，他们建议：只要政府掌握充裕的象牙，能随时投入市场、稳定价格，宣示效果之下，就足以有效抑制非法猎杀大象的行为。迪阿勒西（M. De Alessi）提出质疑，认为两位作者的模型，根本是立基于脱离现实、天方夜谭式的假设；他们所得到的政策建议，更和现况相距十万八千里或更远。原作者强调，他们的贡献，是在学理上有新见；批评者则认为，他们的理论和现实相去太远。显然，学理和现实，是两个不同的参考坐标。

由此也可见，经济学者和其他社会科学研究者本身的活动，也牵涉到许多不同的基准点。他们撰述论著时，是在前人的"基础上"，往前推展；在评审别人的作品时，则是考虑和其他论述"相比"，受审作品所含有的增值到底有多少；不同的学术期刊，更是以不同的"尺度"筛选适合的文稿。每一个环节，都涉及明确或模糊的参考坐标——基准点。

总结一下，这里以举例（而不是列举）的方式，描述了理论式基准点。除了经济学之外，在其他社会科学里，基准点也屡见不鲜。而且，无论是论述本身、论述之间的论对，乃至于评估论述的价值，都和基准点有关。借由"基准点"这个简单的概念，有助于掌握学术活动（特别是社会科学、经济学）的性质和意义。

3. 行为式基准点

在日常生活之中，无论是在经济或其他范围里，基准点更几乎是无所不在。事实上，每一个人只要稍微沉思一下，就会发现基准点和自己的行为密不可分。这里也借由一连串的事例，阐明基准点和各种行为之间的关联。

最明显的例子，就是每个人日常作息的"常轨"（daily routines）。早上起床后，穿衣、盥洗、冲澡；早餐的内容、进餐的速度；上班上学时，开车或步行经过的路线；和同事朋友打招呼的表情、动作；交谈时的腔调、语言等等。对绝大部分的人而言，所有的这一切，大概都循着某种固定的轨迹，习以为常，日复一日，年复一年。遵循常轨，是一种说法；换一种说法，这些常轨是日常行为的依据，是生活作息所依恃的参考坐标。形成这些大大小小的常轨，就和贴标签一样，可以大幅降低行为的成本。降低行为成本，当然有助于追求福祉、增加效用。

生活里有各式各样的价值判断（譬如，今天午餐的点心很好吃，昨晚的肥皂剧很好笑，明天要去看一个难缠的家伙），而每一个价值判断，无论是美丑善恶、是非对错，显然都隐含着某个基准点——即使是中性的判断（下午的演讲普普通通），也是相对于某个参考坐标。事实上，人通常是在做了价值判断之后，才会采取某种行为。譬如，贴标签，往往有负面的含义，因此，面对一个喜欢贴别人标签的人，自己会根据这种判断，在态度上可能就有所保留。显然，行为和价值判断有关，而价值判断又必然涉及基准点。可见，行为几乎必然与基准点有关，而且理所当然。

不过，虽然基准点和行为息息相关，要明确地掌握行为时所依恃的参考点，不一定容易。从经济学者和心理学者一系列的研究里可以看出端倪。诺贝尔奖得主卡尼曼（D. Kahneman）和托维斯基（A. Tversky）曾做过许多实验，探讨认知与行为之间的关联。其中著名的实验之一，是分别问两组人一个问题。问题的背景是：因为某种瘟疫，可能使600人感染而死。美国正考虑采取两种措施之一以因应。对于第一组的人，问题是："如果采取A措施，200人将得救痊愈。如果采取B措施，有1/3的机会，600人都得救痊愈；也有2/3的机会，没有任何人会得救。这两种措施里，你赞成采取哪一种？"对于第二组人，问题是："如果采取A措施，400人将不治死亡。如果采取B措施……（和第一组问题相同）。"本质上，这两种陈述所描述的其实是同一回事，然而，受测者的反应却大不相同。第一组赞成采取A

措施的人，要远多于第二组。卡尼曼和托维斯基以"框架效果"（framing effect）来解释这种现象。框架，意味着某种参考坐标，也就是某个基准点。

而"终极戏局"（Ultimatum），可以测试决策者的策略和胆识：甲把10元分成两份，一份留给自己，一份给乙。面对给自己的这一份，乙决定要不要接受。接受，两个人各得自己的那一份；不接受，戏局结束，两个人都空手而归。对乙来说，有比没有好，锱铢必较；甲知道乙的处境，所以可以狮子大张口，鲸吞到口的肥肉，只分一点点肉末给乙。可是，根据实验结果，一般人似乎都有相当的正义感，会分成相去不远的两份；而修过经济学的学生，所分成的两份却有相当的差别。这似乎意味着，经济学使人变得比较自私。然而，对于实验结果，却可以有不同的解读。因为，修过经济学的学生，比较能体会这个实验的游戏规则，知道重点所在，和是否自私无关。两种解读，反映在阐释实验结果时，援用了不同的基准点。

在探讨就业问题时，理所当然地，经济学者利用"效用极大"（utility maximization）的模型来分析。一个想找工作的人，会透过搜寻，萃取信息，设法谋职。在经济学者的眼里，这是一个具体明确的经济问题，找工作的人，是一个不折不扣的"经济人"（an economic individual）。然而，社会学者格兰诺维特（M. Granovetter）认为，每一个人都活在社会网络之中。他利用"镶嵌"（embeddedness）这个概念，描述想找工作的人，会如何透过自己的人际网络，寻找工作机会。人际网络是一种可以利用的资源，同时也是一种局限活动范围的限制。无论如何，格兰诺维特是由"社会人"（a social individual）的角度，来探讨人的（经济）行为。经济人和社会人的观点，意味着找工作的人，在决定行为举止时，是运用了不同的参考架构。

类似的概念，也反映在人的其他行为上。四十年前，社会心理学者米尔格拉姆（S. Milgram）和萨比尼（J. Sabini），在地铁里做了一个有趣的实验。在纽约，特别是在布朗区（Bronx），地铁座位先到先占，几乎是约定俗成、天经地义的事。然而，当学生假扮成乘客，向坐着的乘客说："对不起，我能不能坐你的位置？"（"Excuse me，may I have your seat？"）竟然有68%的乘客让出座位。该怎么解释这种现象呢？在生活里，多的是帮别人忙的经验，譬如借个火、借过、借手机、问路等等。因此，当别人开口要座位时，面对这个突如其来的问题，很多人不是想到"先到先坐"这个游戏规则，而是以"帮别人忙"这个念头来因应。"先到先坐"和"帮别人忙"，显然代表着两个不同的行为依据。当然，如果经常碰到有人要座位的情况，乘客们可能就会有不同的反应。

关于行为式基准点，最后一个例子是投票行为。在大范围的选举里，选民有几十万，甚至数百万，自己的那一票成为最后决定胜负的关键，机会微乎其微。可是，去投票要花时间，看政见要耗费心力。成本明确，效益几乎为零，那么，为什么每次选举，还有那么多的人会去投票？这就是著名的"投票谜思"（voting paradox），经济学和政治学中皆有详尽的探讨。对于许多选民而言，"影响选举结果"是去投票的诸多原因之一。在选情紧绷的时候，这个因素可能是重要的考虑。可是，在一

143

般情况下，其他的考虑，可能才是选民脑海里浮现的理由。对许多人而言，平日会按时缴税、驾车时会遵守交通规则，也乐于助人；在自己的心目中，对自己有着不错的自我形象。而选举时去投票，就符合自己的自我期许。"选举输赢"和"自我形象"，显然是影响行为不同的基准点。

总结一下，上述论述探讨了生活中、行为上的诸多基准点。由这些事例里，可以体会到，行为和基准点密不可分。由基准点来了解行为，可以勾勒出不同行为、不同情境背后的共通性。辨认出特定行为所涉及的基准点，才能真正掌握影响行为的关键因素。

4. 合论：基准点

前文分别提到了理论式和行为式基准点。很明显地，基准点无所不在。不过，关于基准点这个概念本身，前文并没有深入地着墨。在此，将尝试分析基准点这个概念。有几个重要的问题值得琢磨：怎么界定基准点？基准点所发挥的功能到底是什么？强调基准点这个概念，对于经济理论又有什么好处？

追根究底，基准点的意义，其实非常简单明确。基准点，就是指一个参考坐标、标杆或对照比较的依据。几乎任何人、事、物，都可以成为基准点。最明显的例子：0和1不同，两者可以互为基准点；0和0一样，两者也可以互为基准点。这两种比较，只是反映了相同或不同的对象，是中性的，并不涉及价值判断。不过，一旦基准点和行为有关，通常就涉及价值判断。譬如，如果这些数字是每周超速的次数，或每周捐款给慈善事业的次数，0 和 1 的相对差别，就隐含某种价值判断。

在性质上，基准点是一种工具（tool）。通过这种工具，人们可以有效地因应环境，自求多福。这种工具，未必能解决所有的问题，但是却能使生活简单许多。利用各式各样的基准点，人们可以更有效地面对环境，消极的除弊，积极的兴利。两者，都有助于人这种"聪明动物"（clever animals）的生存和繁衍。而基准点的形成，有许多不同的来源。行为式基准点，主要是人在成长、社会化的过程里，逐渐学习和内化而成。譬如，卡尼曼和托维斯基发现，在面对"损失"（loss）和"利得"（gains）时，人通常有不同的反应。虽然都是相对于"现况"（status quo），损失和利得却未必像 –5 和 +5 一样是在同一个维度（dimension）上。相对于现况，"损失"意味着手中的资源会减少，就像到口的肥肉又丢了；相对于现况，"利得"意味着手中的资源将会增加，就像把藤上的葡萄采到口袋里。前者的感觉，由有到无，是具体的；后者的感觉，由无到有，只是一种期望，是抽象的。到口的肥肉丢了，自己的责任大；采不到藤上的葡萄，未必是自己的责任。两相对照，"损失"对自己的意义较"利得"来得明确。和行为式基准点相比，理论式基准点则是（经济学等）专业领域里，由论述中逐渐累积而成。无论来源为何，都是在发挥工具的作用，帮助行为和论述。

既然基准点是一种工具，也就具有一般工具的特性。常用的工具，比较娴熟；不常用的工具，比较生疏。昂贵重要的工具，小心收藏维护；平常普通的工具，不妨因陋就简。也就是说，对于基准点的运用，也符合成本效益的考虑。譬如，日常生活作息的常轨，是常用的基准点，所以应付裕如；一旦面临新的工作或生活环境，没有熟悉的基准点可以依恃，举止动作自然容易杂乱无序。还有，自己执着的信念或所在乎的伦常关系，是影响行为重要的依据，因此，行为上些微的差池，都会引发浓厚的自责或罪恶感。这种自我设限的奖惩机制，目的就是要维护精致珍贵的工具。相反地，对于无可无不可的原则或人际关系，即使自己行为逾矩，情绪上也不会有太大的起伏。现象不同，但是道理相通。

厘清基准点的定义、性质和功能，有非常明显的好处。具体而言，无论是行为式或理论式基准点，都可以借由两个问题来检验：在形成判断、采取行为或进行论述时，采用的是"哪一个"（which）基准点？还有，"为什么"（why）采取这个基准点，而不是其他基准点？

就行为式基准点而言，基准点的汲取，主要是透过社会化和人生历练而来。也就是说，这些五花八门、大小不一的基准点，是根据"经验方程式"而来。可是，一旦面临这两个问题——哪一个基准点？为什么？——等于是要为自己的决策提出一种合理化的说辞。因为，对同一个情境而言，可以援用的基准点有很多。为什么选的是这个，而不是其他的？若能说出一番道理，等于是为自己的决策和行为，提出一种"因果关系"（causal relationship）的解释，"因为"有某种考虑，"所以"采用了这个基准点。

譬如，在工作上受了委屈，怎么办？要据理力争呢，还是要委曲求全？如果采取的基准点是"吃亏就是占便宜"，或"退一步海阔天空"，或"天将降大任于斯人也"，选择委曲求全当然合情合理。相反地，如果采取的基准点是"马善被人骑"，或"士可杀不可辱"，或"争千秋也争一时"，选择据理力争也就理直气壮。因此，第一步，是厘清"采用了哪一个基准点"；第二步，则是问"为什么"。无论最后选择如何，稍稍自省，总可以找到自圆其说的理由。譬如，因为人浮于事，妻小嗷嗷待哺，又上有高堂父母，所以采用一种基准点；或者，因为事浮于人、事业上有靠山，所以援用另一种基准点。

通过这两个问题，不但能辨认出决策和行为的基准点，还为决策及行为提出解释。更深层的意义还有两点：首先，既然有诸多可能的基准点，而且各有各的相关条件，那么，人可以、也应该提醒自己，要有意识地选择较好或较合理的基准点。经常思索"是什么、为什么"这两个问题，有助于提升思维决策的理性。理性程度提高，长远来看，当然有益于决策的品质。其次，能够回答"是什么、为什么"这两个问题，也就是能解释"因果关系"。抽象来看，掌握因果关系，也就意味着面对变化时，具备了因应的能力。譬如，前面的例子：受了委屈，要如何因应？如果家里多了一个小孩，负担加重，自己就更有理由忍气吞声、培养韧性。如果自己将转业或荣升在即，大可以直道而行、义无反顾。检验行为式基准点，有助于增加行为者的理性。

就理论式基准点而言，同样也可以问"是什么、为什么"这两个问题。对于经济学者来说，回答这两个问题，也有一些重要的含义。首先，经济学者分析的对象，是人的行为。而且，这是指人在真实世界里的行为，而不是想象的、存在于经济学者脑海中的行为。科斯提醒经济学者，要深入了解"生产的制度性环境"（the institutional structure of production）。其实，更广泛来说，这是指"行为的制度性环境"（the institutional structure of behavior）。无论是探讨找工作、投票、玩益智游戏、面对突如其来的情境，乃至于一般的行为，经济学者都必须试着掌握真正影响行为的基准点。

其次，明确地处理"是什么、为什么"这两个问题，可以使论述的意义更完整清晰。无论是其他的经济学者，或其他的社会科学研究者，可以更清楚地了解论述的基础、依据和相关的理由。在沟通论对时，也就可以避免鸡同鸭讲、牛头不对马嘴、各说各话的差池。检验理论式基准点，有助于增加论述的解释力，以及对其他学者的说服力。

总结一下，基准点，在性质上是一种工具；既然是工具，也就受到相关成本效益的影响。掌握这种工具的性质，能提升行为的理性程度，也能增进论述的威力。

5. 以经济分析为基准点

前面先介绍了理论式和行为式基准点，然后再由"工具"的角度，阐释基准点的性质、意义和形成的过程。以下，将延伸前面的分析，并且加入新的考量。具体而言，下文将论证，经济分析可以，而且值得成为社会大众思维举止的基准点。

在经济学文献里，已经有许多讨论，认为经济分析隐含一种"世界观"。经济学的世界观（the worldview of economics），像是一副眼镜，透过经济分析的镜片，认知社会百态，并且作为因应取舍的基础。因此，在这层意义上，经济分析是一种工具，而且可以广泛地应用到生活的各个领域里。以经济分析作为思索行为的依据，主要是基于几种原因。首先，众所周知，1960 年以来，经济学者扩充研究范围，在科斯、布坎南、贝克和诺斯等人的领军之下，经济学者大举进入法学、政治学、社会学和史学的领域里，而且成果辉煌。经济学者能大幅扩充版图，当然也就意味着：经济学的分析架构，能运用在很广的范围里。

其次，对于学术活动，孔恩（T. Kuhn）清楚地指明：历代的学者，都援用当时引领风骚的典范。不过，当学术环境里主客观的条件改变之后，典范也会随之递移。同样地，海伯纳（R. Heilbroner）也论证，历史上处于不同时期的人们，对"未来"有不同的认知和憧憬。此外，盖尔布莱兹（J. Galbraith）指出，历史上主导社会的"权力"有明显的变化。从兽力、到机械、到以说服为主，是权力形式的变化。处于不同时期的人，无论在思想或行为上，当然也会受到不同的影响。因此，在不同的自然、物质和人文条件下，人们会发展出不同的世界观，以作为思索和行为的依恃，显然合情合理。

再次，一般社会大众，往往以"经验方程式"因应环境。而强调基准点，检验"是什么基准点"和"为什么采取这个基准点"这两个问题，有助于辨认因果关系，对于思维举止的理性程度，有明显的帮助。

最后，毋庸置疑的，工业革命之后，生产方式的改变，使量产（mass production）成为可能，再加上科技不断地进展，经济活动像滚雪球般不断膨胀扩大。在21世纪初，经济活动和市场已经成为主导人类生活的最重要因素（之一）。地球上绝大部分的人口，无论衣食住行，都直接、间接受到市场的影响。而且，市场、交易、成本效益的因素，更慢慢渗入生活的各个层面。经济活动的思维，正不知不觉地蚕食鲸吞并影响人们的思维。

结合上面几点因素，在市场经济主导的环境里，把经济分析当作安身立命、生活处世的世界观、参考坐标、基准点，显然有积极正面的意义。这种立场，可以由两方面来考量：在实证（positive）上，这种趋势已经是不争的事实。21世纪初的人，特别是生活在资本主义体制里的人，在思维方式上，显然和农业或游牧社会里的人不同。这是事实，而且是自然形成的。在规范（normative）上，经济学者们普遍相信，通过经济分析，有助于做较好的决策，能提升资源运用的效率。因此，不只是政策制定者，如果一般社会大众也能具有经济学的世界观，理性思维的程度将增加，资源运用的效率也当然会水涨船高。和追求"财富极大"这个目标相比，"增进思维品质"显然是另一个明确、可以追求、值得追求的目标。

如果要以经济分析为基准点，下一个问题当然是：什么样的经济分析，可以成为一般社会大众仰仗依恃的工具？关于这个问题，至少有两个明确的方向，可以作为讨论的起点。首先，是贝克念兹在兹的经济分析，他认为：稳定的偏好、极大化、均衡这三个概念，能构成强而有力的武器，可以义无反顾地攻城略地。然而，这三个概念，往往和数学模型密不可分；对一般人而言，很少在日常生活、思索举止时用上数学。而且，对社会大众来说，也无从体会且掌握这三个概念。贝克的武器，可能是专业经济学者的利器，但是不太容易和一般人产生联结。

其次，是与贝克相反，另一个极端。贝克的架构，是一种由上而下的方式，以简驭繁，以基本马步和核心招数，反复运用。相对的是一种由下而上式的剪裁方式。前文曾经指出，在行为和判断时自问"是什么、为什么"这两个问题，可以辨认出个别情境的因果关系，以及所对应的利害考量。而且由各种不同的情境里，可以得到诸多"点的智慧"（point-wise wisdom）。累积足够的智慧之后，自然会慢慢归纳出背后的共同性，最后得到一以贯之的逻辑。新药上市、投票行为、找工作、终极游戏等研究，都具有类似的特质，虽然情况不同，但都凸显了各种情境下，行为者所援用的参考坐标，以及其所牵涉的利弊得失。因此，经由这种方式所归纳出的分析和判断，是另一种可能的思维架构。

除了这两种极端之外，经济学的世界观，当然还有很多其他的可能。其中之一，是在这两者之间的一种折中。目前许多《经济学原理》教科书里，多半都开宗明义，以条列的方式，列举经济分析的主要结论。这些结论，是经济分析的智慧结晶。如果能进一步修饰遣词用字，避免经济学的专有名词和术语，而且进一步强调且阐明，这些智慧结晶，不仅适用于经济领域，也能广泛地运用在其他领域里，那么这些由历代经济学者所累积沉淀出的精髓，事实上可以成为一般人思索判断的参考坐标。

最后，当然是推展的问题，如何使经济学的世界观，成为一般社会大众安身立命、自求多福的参考坐标？在资本主义社会里，一般人由本身的经验，会自然而然地琢磨出某些经验方程式。不过，就专业的经济学者而言，至少有两点具体的做法，可以作为着力点与出发点。第一，在大学及学院里，除了经济系学生之外，还有很多非经济系的学生也修习经济学。对他们来说，经济学是通识教育的一部分，他们将来不会以经济金融为专业；经济学里"知识"的部分，重要性较低。相形之下，了解诸多"事实"，比不上萃取经济分析的思维方式。因此，在这一类的课程中，经济学者可以试着减少"经济学"的比重，而增加"经济思维"（economic way of thinking）的分量。

第二，在经济学者之间，也值得花时间，尝试勾勒出"经济学世界观"的容颜。具体而言，针对这个主题，可以通过研讨会、期刊专辑，或是学术团体年会论坛等方式，提出观点和交换意见，希望能引发注意，使"经济学世界观"这个题目，本身成为一个值得投入气力心血的园地。日积月累之后，经济学者之间会慢慢形成某种共识，也就是主流意见。这时候，经济分析会包含两个重点：关于"经济活动"的部分，以及关于"经济思维"的部分。对于经济专业人员，前者比较重要；对于人数更多的一般社会大众，后者的重要性显然要大得多。

6. 结论

本章一开始，引用科斯的一段话，他认为，"交易成本"有点像小说中那位邮差一样，因为无所不在，反而让别人视而不见。契斯特顿的小说和邮差这位人物，是科斯用来烘托"交易成本"这个概念的基准点。同样地，本章以科斯的引言揭开序曲，也是利用一个大家熟知的故事作为立论的基准点、出发点。

可见得，基准点确实无所不在。可是，也许就是因为几乎无所不在，反而没有得到太多注意。由本章以上的叙述可以看出，人的行为几乎都和基准点密不可分，那么，有没有与基准点无关紧要的情形呢？试想，在读或看《罗密欧与朱丽叶》时，读者和观众沉醉在故事情节的起伏里。"经验"本身是重点，和基准点无关。或者，更俗气的例子，吃麦当劳的汉堡时，口腹感官那种"真实的感觉"是重点，也和基准点无关。因此，似乎至少在某些领域里，基准点不是那么重要。不过，是吗？恐怕也未必。

《罗密欧与朱丽叶》的故事很感人，不就隐含着和其他故事、其他情节相比，这个故事特别动人吗？在感受且认知眼前这个故事时，不是以过去累积的经验为背景（基准点）吗？而且，今后再读或看其他的爱情故事时，《罗密欧与朱丽叶》这个故事本身，不又成为一个对照比较的依据吗？同样地，吃麦当劳汉堡的感觉，不也是和吃其他汉堡的感觉互相辉映竞争吗？可见得，"经验"本身，并不是客观存在、独立于人之外；经验的意义，是由人所赋予决定的。眼前的经验是由过去累积的经验来阐释的。同时，眼前的经验，也将成为资料库的一部分，在阐释未来的经验时，成为烘托对照的基础。还有，同样的《罗密欧与朱丽叶》，初看的人和看过一百次的人，感受不同。眼前的经验一样，但是两种人的"资料库"不同，对经验的阐释也就不同。基准点的重要，可见一斑。

在经济分析里，许多概念都有操作性的内涵，譬如，极大化和均衡，都可以借数学来界定。相形之下，基准点是一个比较单纯的概念；不过，在实际的运用上，基准点是一种慧见，同时也是一种技巧。是慧见，因为经济分析通常会得到条件式的判断（conditional statement）。因此，标明条件所在，也就是立论的起点非常重要。同时，基准点也是一种技巧，借由检验"是哪一个基准点"以及"为什么是这个基准点"这两个问题，可以提升思维的品质，也可以使论述的意义更清晰完整。

本章主要的论点，可以总结如下。首先，对经济学者和一般社会大众而言，基准点都很重要。为了简化叙述，基准点可以分成两类：理论式基准点和行为式基准点。其次，（经济）学者论述时，是以现有的成果为基础，往前添增新见。论述与论述之间的争议，往往是因为援用了不同的基准点。最后，人的行为，通常隐含"认知、思维、反应"的过程。无论是哪一个环节，都是以过去累积的经验为基准。一般人所在乎的因素，可能和学理上想当然尔式的判断不同。抽象来看，基准点是一种工具，在工具的选择、运用和维护上，都受到成本效益考量的影响。还有，一般人的世界观，是经验方程式，而经济分析，则隐含行为方程式。经济分析所隐含的世界观，经过适当的剪裁和包装，确实可以作为一般人思维判断的依据。

和其他社会科学（这个基准点）相比，经济学有着帝国主义般的骄气和霸气。然而，和其他世界观（这个基准点）相比，经济学的世界观可能有相当的说服力。显然，在理论和实际上，基准点都很重要！

参考文献

McChesney, F. S., *Money for Nothing: Politicians, Rent Extraction, and Political Extortion*, Cambridge, MA: Harvard University Press, 1997.

Kahneman, Daniel, and Tversky, Amos, "Prospect Theory: An Analysis of Decision under Risk," *Econometrica*, 47 : 263-91, 1979.

Kuhn, Thomas S., *The Structure of Scientific Revolutions*, Chicago:

University of Chicago Press, 1962.

Milgram, Stanley, and Sabini, John, "On Maintaining Urban Norms: A Field Experiment in the Subway," Baum, Andrew, Singer, E. Jerome, Valins, Stuart, eds., *The Urban Environment*, Hillsdale, N.J.: Lawrence Erlbaum Associates, 1978.

第七章　经济学 012

1. 导言

　　经济学和其他社会科学之间，是很有趣的对比。一方面，社会科学里经济学被视为"社会科学之后"，享有特别的地位；而且向外攻城略地，又被称为"经济帝国主义"。其他政治、法律、社会等学科，似乎都没有类似的地位或自我期许，也没有类似惹人憎嫌的形象。另一方面，经济学者似乎普遍认为，经济分析隐含一种特殊的视野，可以称为"经济学的世界观"（the worldview of economics）。在政治、法律、社会等学科里，似乎很少有类似的用语。

　　关于经济学的世界观，经济学者之间还没有共识；不过，却已经有很多具体的表达方式。最简单的，是一言以蔽之，用一句话来捕捉经济分析的精神。弗里德曼（M. Friedman）的说法——"天下没有白吃的午餐"——脍炙人口。同样地，莫迪里阿尼（F. Modigliani）的提醒——"不要把所有的鸡蛋，放在同一个篮子里"——也广为人知。此外，布坎南的名言——"官员不是天使"——虽然知名度较低，但是稍微琢磨，也能勾勒出经济学的神韵。如果把经济学看成是一座金字塔，三位诺贝尔奖得主，等于是从不同的角度，归纳出这座金字塔的精神。

这几位诺贝尔奖得主，画龙点睛似的，用一句话来阐释经济分析。除了这种做法之外，目前在畅销的经济学教科书里，也都纷纷以"十大智慧"或"十二大结论"的方式，在书前扉页或首章里列出经济学的重要结论。几乎所有的作者，都会提到这些概念：稀少性、成本效益、比较利益、机会成本、均衡、效率。这些重要的概念，既归纳出经济分析主要的内涵，也展现了经济学世界观的特殊视野。

本章希望以另一种方式，呈现出经济分析的核心精神。具体而言，通过四个简单的定理，希望能烘托出经济分析的智慧结晶。因此，与"一言以蔽之"以及"十大定理"相比，这是介于其间的做法。归纳出这四个智慧结晶，主要是基于两种考虑。首先，这四个结晶必须符合经济分析的主流，也就是符合绝大多数经济学者众议佥同的部分，而不是自说自话、只此一家式的呓语。其次，这四个定理，必须能呼应一般人的生活经验。也就是除了经济学者、经济系的学生之外，一般社会大众也能从这四个定理中体会到经济分析的精髓，并且能在生活和工作当中运用。波斯纳曾经强调，经济学的精髓是慧见而非技巧（"The heart of economics is insight rather than technique."）。因此，经济学的精髓，应该能和一般人的生活经验相呼应，而为一般人所运用。

强调四个定理和一般人之间的关联，主要是呼应"经济学隐含一种世界观"。经济学者普遍深信，由经济分析的角度，可

以有效地解释社会现象；而且，通过经济分析，可以提升资源
运用的效率。可是，经济学者所诉求的对象，一向只是政策制
定者（decision makers）。如果政策制定者能接受经济分析，公
共政策的效率可望大幅提升。然而，政策制定者，数目毕竟有
限；而且，他们真正面对的利弊得失，可能不是经济学者所认
定的，因此未必会接受经济学者的传教。比较平实的做法，反
而是希望一般社会大众，都能具有"经济学的世界观"。如果一
般社会大众，都能接受并且运用经济分析，在提升资源运用的
效率上，效果可望更为恢宏。

最后，是关于本章章名"经济学012"里的数字，有两种含
意。一方面，经济学012，类似于"经济学ABC"。这是指经济
学的入门，也就是经济分析最根本、最重要的部分。另一方面，
经济学012，是指利用0、1、2这三个数字，希望能反映经济
分析的核心精神。

2. $0 > 0$

2.1 理论

经济分析的第一个智慧结晶，可以用两个大小不一的圈圈来
表示。这个关系意味着：对人来说，大比小好，多比少好。用
文字来表示，这是指"人是理性（rational）和自利（self-interest-

159

ed）的"。

就经济学者而言，对于"人是理性和自利的"有两种立场：一种是强势，另一种是弱势。强势的立场，认为人确实如此；这两种特质，平实而精确地反映了万物之灵的人。弱势的立场，认为这只是一种假设，便于分析；由这种假设出发，可以发展出一套强而有力的分析架构。采取强势立场的经济学者，可以援引《自私的基因》作为例证：具备了理性和自利的特质，使人类有较强的竞争力；在大自然物竞天择、适者生存的铁律下，得以存活和繁衍。当然，即使在经济学界，对于这种强势的立场，也还有许多争议。不过，这些争议主要是学理之争，和一般社会大众无关。

和一般社会大众有关的，不是这种立场有没有意义，而是这种立场好不好用。因为，"人是理性和自利的"是一种立场，"人有时理性自利、有时不然"是另一种立场；当然，还可以有其他各式各样的立场。如果把"人是理性和自利的"看成是一种假设（working hypothesis），人未必真的如此，但是以这种假设作为出发点，比较好。那么，这种弱势的立场，好在哪里？

判断理论的好坏，至少有两种尺度。诺贝尔奖得主弗里德曼（M. Friedman，1953）曾表示，好的理论具有好的预测能力；另一位诺贝尔奖得主科斯（R. Coase，1988）认为，理论的好处，是能组织思维、帮助思考（theory serves as a base for thinking）。这两种尺度之间，有一点微妙的差别：弗里德曼强调，最好能事前预测得准；科斯主张，最好能事后解释得通。对于专业经济学者而言，弗里德曼的立场可能比较重要，因为，经济学者最好能事前预测将有通货膨胀，央行才能早为之计。可是，对社会大众而言，理论的重要性，在于能帮助他们理解社会现象，进而有效地因应。所以，如果由"人是理性和自利的"这个假设出发，比较能解释各种社会现象，这就是一种好的假设。科斯的立场，显然比较能呼应一般社会大众的需求。

经济学者认为人是理性自利的，然后用一种"效用函数"（utility function）来代表人，而后再对效用函数加上一些限制，来反映这两种特质。一旦可以用函数来代表人，经济学（者）就可以利用繁复多变的数学，来分析人的行为和社会现象。数学的精确简洁，似乎相当程度上意味着"客观性"（objectivity）。然而，追根究底，无论是理性或自利，都是一种"主观的"（subjective）概念。

理性，是表示人能思索，而且会思索。喝醉酒的人、住在精神病院的人、脑部先天或后天受损的人，因为不能思索，所以被排除在外。他们的行为，由生理学家或心理学家来分析，可能更适合。除了这些人之外，其他的人都是理性的，也就都是经济学（者）分析的对象。自利，是表示人会设法追求自己（所认定）的福祉。对于"自利"，常有的质疑是，人"应该"是利他的。可是，如果接受"人应该是利他的"这种原则，那么一个人如何处理不同关系的交往呢？和家人相处、和亲戚相处、和好朋友相处、和陌生人相处，这些关系的亲疏远近，难道不是反映出"自己"这个因素的重要性？也就是说，一个人会根据自己（利害）的考虑，而决定"利他"的程度。而且，"应该"代表的是一种束缚，也就是限制了行为上自由取舍的空间；一旦把这种束缚形成内在的一种规范（我应该诚实），那么遵守规范本身也隐含自利的成分（因为我说了实话，所以我心里很坦然）。不过，更关键的问题是，为什么人会为自己加上一些束缚，为什么人要自绑手脚？——除非在某种意义上，是对自己有利的。

如果一般人的行为都是理性自利的，那么什么是不理性、不自利的呢？理性自利的假设，会不会成为一种铺天盖地、无所不包的套套逻辑（tautology）；既然涵盖（解释）了所有的行为，也就等于什么都没有解释。对于这种质疑，每个人只需要自问：眼前有两个选择，去看电影或留在家里看电视。经过思索，决定去看电影。因此，"看电影"，是被选择、被观察到的行为；"看电视"，是被扬弃、观察不到的行为。对于这个行为者而言，看电影是自利的；和看电影相比，看电视就是（比较）不自利的。因此，"不自利"的可能性确实存在，但是在行为上却观察不到。

2.2 事例

人理性自利的特质，大多表现在行为上，就是日常所见的诸多现象：大家都希望住宽敞而漂亮的房子，希望薪水多事情少；买水果的时候，会尽量挑选大的、新鲜美味的。人会有意识或无意识地，选择对自己比较好的举止，希望能增进自己的福祉。（因此，前面的符号 $0 > 0$，事实上是一种简化的表达方式。住处的噪音，当然希望愈小愈好。）

不过，在根本上，理性自利是主观的观念。因此，对于有些行为，必须从"当事人"而不是"旁观者"的角度来解释。譬如，当义工，是使自己得到满足喜悦；德瑞莎修女（Mother Teresa）的行谊，是追求且实现她自己所设定、所愿意追求的目标。吸食毒品的人，即使知道长期的后果，但是，眼前立即的满足，胜过了遥远还没有出现的未来。自杀的人，可能是眼前的生活太过辛苦，因此选择一个解去重担的方式。自焚和引爆身上炸药的人，为了追求某种圣洁的目标，甘愿从事异于常人的举止。然而，对于自焚、冲到火场里或跳进急湍里救人的人而言，他们绝大部分并不知道将面对的风险和苦楚。如果他们侥幸重生，下一次再面对同样的情境，可能会有不太一样的取舍。这有点像小朋友希望一直看卡通片和吃巧克力，而一般成年人不会。虽然都是基于理性自利，成年人和小朋友有不同的资料库，也就会有不同的抉择。

在某些情况下，有些人的行为似乎违反大比小好、美比丑好的通则。曾经有人指证，市场卖蛋的摊子前，众人都挑大的，但是就有人专挑小的，看起来奇怪，其实很容易解释。这是卖早点或茶叶蛋的小贩，选小的有道理。此外，有一位经济学博士曾经表示，他买水果时，有时候故意不选大而漂亮的，而都挑些小而丑的。追问之下，他表示有两种考虑：一是别人都选大而美的，他希望不同流俗；还有，选小而丑的时候，他认为自己"吃亏就是占便宜"。仔细斟酌这两点理由，显然是高度的理性自利。（当有人说"吃亏就是占便宜"时，重点是在前面的"吃亏"还是后面的"占便宜"？）而且，他提到，他只是"有时候"选小而丑的水果，当他买房子和找配偶的时候，不知道会不会特别选小而丑的。

一般社会大众往往认为，理性和感性、理智和情感是彼此冲突的，而且人同时具备这些特质。然而，在经济学者眼里，情感和理智并不冲突；情感，是受到理性的驾驭。法兰克（R. Frank）解释：有些人说谎话时，会脸红。这等于是放出一种信号，告诉其他人自己在说谎话。诚实的品牌一经建立，通常对自己有利。理智驾驭情感的做法，可以借着一个更世俗的例子来反映：男女朋友，第一次约会和第十次约会时，表露的情怀（喜怒哀乐、用字遣词）通常不同。除了"边际效用递减"的原因之外，最合理的解释，是第一次约会，犯错的成本高；第一次犯了错，可能就不会有第十次。因此，第一次约会时，要小心翼翼，好好控制自己的情绪。

事实上，人理性自利的程度，往往超过一般人的想象。经过长时间的演化，人的理性自利，是由一种更高层次的理性自利所雕塑。对于经常出现的状况，人们有充分的能力来处理；对于偶尔出现，甚至数十年才出现一次的情境，人们就不具备适当的思维能力来因应。原因很简单，对于难得出现的情况，无须耗费资源、长期维持对应的理性。因此，一般人碰上火灾车祸，往往惊惶失措；消防队员和救护车人员，却能从容因应。性质上，这和人"理性自利"的结构若合符节。对于一个社会而言，有条件维持消防队和救护车；对于一个人而言，却未必如此。人，是理性自利的。

3. 1+1<2

3.1 理论

理性自利的人,在人际互动之后,到底会呈现出什么样的景观?对经济学者而言,至少在智识上,这是很有兴味的问题。

芝加哥学派著名的标志之一,是"存在即有效率"(whatever is, is efficient)的立场。然而,市区之瘤(ghetto)、贫穷陷阱(poverty trap)是有效率的吗?因此,张五常等经济学者,提出修正的意见:存在,是(环境里)限制条件下的效率。然而,关于竞租(rent-seeking)、贪污等等现象,是诺贝尔奖得主诺斯(D. North)眼中的低度均衡(low equilibrium)。用"效率"来描述这些现象,几乎扭曲了文字的正常含义。因此,比较平实而有说服力的立场,是不直接触及效率与否的问题,而着重在分析和解释。当一加一小于二时,可以先不作价值判断,而试着解释为什么两个理性自利的人,加在一起之后,总和会小于二。存在不一定合理,存在一定有原因。

对每一个人而言,因为是理性自利的,所以都会选择对自己合情合理的行为;但是,加总之后,结果却不一定好。也就是说,由个别理性(individual rationality)出发,不一定会导致群体理性(group rationality)。这是经济学的重要体会,而且反映在诸多研究里。哈定(G. Hardin)研究草原的悲剧(tragedy of the commons),奥尔森(M. Olson)研究集体行动的逻辑,莱比凯(G. Libecap)研究油田合并和公海渔场,欧斯壮(E.

Ostrom）研究地下水等共有资源（common resources），现象虽然纷杂不一，但是基本上得到相同的体会。经济学者的贡献，就是阐释在宏观现象（macro phenomenon）和微观基础（micro foundation）之间，这两者的联结可能非常脆弱。

在这些现象里，关键是公共物品（public goods），也就是搭便车（free-riding）的问题。在另外一些现象里，问题的关键是信息。信息经济学是 1960 年之后才大放异彩的研究领域。由信息的角度着眼，看起来特殊的做法或奇怪的现象，往往可以得到一针见血的解释。诺贝尔奖得主斯蒂格利茨（J. Stiglitz）的一篇论作，可以为代表。

在 1991 年的论文里，他指出：因为信息不对称（asymmetric information）或信息不完整（imperfect information），经济活动可能呈现出三种现象。第一，即使有人想买、有人想卖，交易或市场不一定会出现。这和诺贝尔奖得主阿克洛夫（G. Akerlof）所探讨的柠檬市场精神相通。第二，即使有交易，做法和性质可能很特别，譬如会采取限价或限量。诺贝尔奖得主史卡斯（M. Spence）分析的劳动市场，有类似的特性。第三，为了克服市场上的限制，非市场的机制（non-market mechanism）可能应运而生。但是，即使出于善意，这些非市场的机制，往往是有害无益的（dysfunctional）。

当然，经济学者并没有解答所有的谜题，很多挑战还有待克服。譬如，选举时，自己的一票会成为胜负所系，机会微不足道；而且，去投票要耗费时间气力，为什么还有这么多人去投票呢？这是有名的"投票谜题"（voting paradox），经济学者也还没有找到令人满意的答案。不过，存在不一定合理，存在一定有原因。经济学（者）的责任，就是以人的理性自利为出发点，试着找出那个由个别行为过渡到整体现象的环节。

3.2 实例

对于千奇百怪的社会现象，如果能"以理解之"，就可以不诉诸情感、以情绪起伏为因应。

在社会学的文献里，对于贴标签的做法，期期以为不可。贴标签等于是为别人戴帽子，对被戴的人不公平，如果事后发现戴错了，自己也不好受。然而，由经济学的角度来看，在面对环境时，人所能掌握的信息有限，贴标签的做法，可以大幅降低行为的成本。而且，抽丝剥茧来看，贴标签意味着三个步骤：先看到人、事、物，再赋予意义，然后在行为上因应。由这个角度来看，人在日常生活里，事实上时时刻刻都在"贴标签"。看到迎面而来的人，我们假设只是行人，而不是突然亮出匕首行抢的恶客。而且，很多时候，人只会面对眼前的人、事、物一次，而未必会重复交往；无论将来会不会再交往、有没有机会调整或修正自己的判断，应付眼前的情境最重要。而贴标签，就有助于处理眼前的状况。存在不一定合理，存在一定有原因。

公共物品的问题，在生活里也所在多有。譬如，职棒职篮或职业足球季后决赛，长长的队伍排队买票。突然，有人插队，而附近没有警察，也没有维持秩序的人力。如果插队的人身材瘦小，一定有人要他排到后面去；如果插队的人壮硕有力、面

167

露凶相，很多人会想：只要有人出声，自己一定愿意帮腔；可是，自己不愿意当第一个出声的人。原因很简单，第一个开口的人，要承担全部的成本，但是别人也得到好处。因此，成本高而效益低，自己何必当傻瓜。

或许很多人会认为，无论插队的人身材如何，如果自己在场，一定会出声制止；在欧美法治上轨道的社会，更是如此。然而，插队只是面对害群之马的例子之一而已，在每个人生活的周围、工作的场所，不都有一些违反法令的作为或是令人侧目的言行吗？那么，有多少人是持续地、不畏成本地当"告密者"？如果仗义执言、摘奸发伏很容易，《时代周刊》不会以揭发安然（Enron）不法的三位会计和秘书作为封面人物、以英雄视之。因此，对于距离远的不公不义，容易正气凛然；对于身边的不公不义，容易瞻前顾后。这还是基于成本效益的考虑，因为人是理性自利的。

另外一个例子，是现代人结婚的年龄愈来愈晚，特别是在都会区里，无论男女单身贵族愈来愈多。为什么？传统农业社会里，夫妇为伴侣，因为环境使然，所以生活起居、食衣住行育乐，都以彼此为伴、福祸相依。相形之下，现代都会区里，男女都有很多机会接触不同的朋友，因此，慢慢地，他们发展出不同的"功能组合"（functional combinations）。考试，有一群朋友，一起准备考试；工作，也有工作上的朋友，彼此交换信息；吃喝玩乐，还有另一群对味的朋友，共度快乐时光。不同范围的活动，有不同的伴侣。都会区的条件，让"伴侣"的意义迥异于往昔，呈现了高度的专业化（specialization）和分工

（ division of labor ）。

最后，东方社会里，除了血缘关系之外，同村、同乡、同县和同省的故旧，往往成了生意往来上重要的网络。和"自己人"做生意，有话好商量，不容易出问题；有了问题，也可以寻求人际网络的奥援。除了这些关系之外，认干爸妈的做法，显然有类似的功能。干爸干妈，和西方的教父教母类似，但也有差别。东方的干爸干妈，几乎等于亲生的爸妈；发挥类似的功能，也享受类似的礼遇。至于为什么是干爸干妈，而不是干叔干婶？答案很简单，爸妈的作用大，叔婶的作用小。要找工具，当然要找比较好的工具。存在的不一定合理，但存在一定有原因。

4. 1+1>2

4.1 理论

探讨某种情况不合理、不效率、不理想的目的之一，自然是希望得到合理、效率、理想的情况。然而，好价值的出现，是有条件的。

由经济分析里，得到最重要的体会之一是：交易，合则两利，一加一大于二；而且，通过自愿性的交易，资源会自然而然地流向价值最高的使用途径。不过，自愿性的交易，只是整个经济活动的一个环节而已。长年浸淫在经济学中的科斯，他所发表的诺贝尔演讲词的题目，是"生产的制度性环境"（the institutional structure of production）。他提醒经济学者在研究厂商时，不能只把焦点放在厂商本身的行为上；毕竟，厂商的举止，是受到法令规章、风俗习惯以及其他因素影响的。要真正了解厂商，不能自限于生硬冰冷的生产函数，而必须到真实世界里去认知真正的厂商。不过，虽然科斯一再强调实证研究的重要，他自己却很少做田野调查。他的名作之一《经济学里的灯塔》（*The Lighthouse in Economics*），是根据图书馆的史料写成。

科斯的体会，可以和诺斯研究制度及经济史的心得结合。经过长期的分析和思索，诺斯认为：使一个社会走上繁荣富强之路的，不在于这个社会有多少的天然资源、资本或技术，而在于这个社会有没有一套好的典章制度。如果有好的"制度矩阵"（institutional matrix），就可以提供健康良善的环境；经济活动蓬勃发展，一般人也能享受鲜美的果实。因此，根据诺斯的体认，可以把科斯的想法，进一步扩充为"经济活动的制度性环境"（the institutional structure of economic activities），或"人类行为的制度性环境"（the institutional structure of human behavior）。也就是，期望得到好的结果，必须有对应的环境，好的环境，才能支持好的结果。这种体会，事实上隐含一种特殊但明确的分析方法。

无论是经济活动或其他领域，如果眼前的现象重复出现，表示是处于均衡（equilibrium）。无论均衡是大或小，都值得往下降一层，试着辨认出支持均衡的主要条件。如果是高度均衡

（high equilibrium），那么这几个条件，就是支持这个好均衡的支柱。一旦这几个条件变化或消失，原来的状态也可能跟着改变。如果是低度均衡，这几个条件就是维持不理想状态的支柱。然而，除非手中握有足够的资源，能扭转或改变其中的某些条件；否则现况不理想，还是会延续下去。

这种分析方法，是一种"逆推式"的思维方式，和经济学教科书以及一般的分析方式稍有出入。一般的做法，是借着定义式，直截了当地列明某种结构的各个部分。譬如，在研究宏观经济时，所得为消费和投资之和（Y=C+I），是最简单的结构。然后，加上政府（G），再加上贸易（X-M），就反映了整个经济的主要结构。当然，这是经济学经过长期的观察分析之后，所归纳出的体会。然而，在面对一般社会现象时，通常并不是这么明确、直截了当。因此，至少在观念上，特别是希望把经济分析带给社会大众时，值得点明"逆推式"的思维过程。

借由一个例子可以反映这些论点的含义。科斯在1959年提出，最好用拍卖的方式，分配广播和电视所用的频率。当时，这个建议，被认为是象牙塔里蛋头学者的天方夜谭。经过几十年之后，美国政府不但以公开拍卖的方式分配电波波段，对于污染权，也采取类似的做法。拍卖的做法有诸多优点，为政府带来可观的收入是其中之一。几十年前，支持这种做法的条件付诸阙如；几十年后，人的观念、相关的配套措施纷纷就定位，科斯的建议，水到而渠成。好价值的出现，不会凭空而来、从天而降。

4.2 运用

一加一大于二的内涵，可以借由更生活化的实例来反映。如果一个人希望自己的办公室很整洁，这是小小的一种价值；要雕塑出好的结晶，并不困难。只要每天花十五分钟收拾清理一番，就可以有整洁的办公室。稍微复杂一点的情形，是一对配偶希望彼此感情融洽、水乳交融。和一个人的情形相比，所牵涉的价值已经复杂一些；不过，要支持这种价值，也不算太困难。两个人除了照顾好自己的事之外，多为对方着想，多帮助对方，夫妻感情好，还算容易。再想象一个大家庭，有八个人住在同一个屋檐下，他们要相处得和睦愉悦，恐怕就要困难一些。然后，再想象一个二十人的公司或机关，一个两百户的公寓大厦，一个两千户的社区，一个六百万人的大都市，一个五十亿人口的地球。随着人数的增加、规模和幅员的扩大，支持好价值的条件，显然愈来愈困难。

因此，好价值的出现，的确需要相关条件的支持。好价值的层次愈高，所需要具备的条件愈复杂。这种体会，有一些具体的含义；对个人或社会而言，都是如此。就一个人来说，要面对许多面向：工作、家庭、健康、交友等等，而每一大项，都还可以做进一步的细分。无论如何，每一个人都可以自问，在这诸多面向里，自己最成功、最满意、最春风得意的是哪一个（或哪几个），为什么？是哪些因素使然，可以在这一个（或这几个）面向上随心所欲、如鱼得水？

辨认出自己的强项和弱项，一方面，验证了 $1+1 > 2$ 的体会；另一方面，则是提醒自己，可以有意识地做一些取舍。因为，弱项之所以成为弱项，一定有主观或客观的条件使然。如果经过分析，发现自己所能掌握的有限，不足以扭转颓势，那么，在维持一个基本的水平之后，也许就不值得再多费精神气力在这个范围里。所腾出的心力时间，也许就可以转移投注到强项或其他的方面。

对一个社会而言，"好价值／支持条件"的体会，也有很明确的启示。以麦当劳和美式民主为例，刚好可以阐释其中的道理。和可口可乐一样，麦当劳（McDonald's）畅销全世界，人见人爱。目前，麦当劳的分店，遍布六大洲，在121个国家里，有超过31 000家分店。麦当劳进入第三世界和发展中国家之后，产生一个明显的冲击。因为麦当劳有标准作业程序，对卫生质量的需求、座椅设施的安排，乃至于招呼顾客的方式，都对当地传统的餐饮业，带来正面的影响。因此，麦当劳这个因素，悄悄地引发了许多地区餐饮业的变化；好的价值，正慢慢形成并扩散。

相形之下，美式民主所造成的，却是一个迥然不同的景象。"二战"之后，许多非洲国家纷纷脱离殖民统治，宣布独立；独立建国之后，就效法美式民主，进行选举和代议。然而，不过几年的时间，不是出现强人政治，就是陷于长期内战之中。美式民主，在美洲支持了世界超级强权之一；在其他地区，却似乎格格不入，甚至成了动乱的渊薮，原因其实很简单。美式民主，隐含一套典章制度，也隐含对应的思维观念；经过数百年的发展，在美国已能正常运作。然而，在其他地区，传统的政治形式，可能是部落、世袭或贵族当道；无论在典章制度或人

173

的思维观念上，都和美式民主有相当的距离。勉强移植，水土不服，自然很快就变形走样。

两相对照，麦当劳和美式民主的际遇，刚好呼应"好价值／支持条件"的关系。餐饮业的营业方式，相对而言是一个小的、单纯的价值；麦当劳的入侵，刚好提供一种刺激和诱因，促使好的价值慢慢出现。一个社会政治运作的方式，是层次高、涉及面广，极其复杂的一种价值。美式民主，经过长期的孕育灌溉，能在美国发光发热；然而，在其他的土壤里，要在短时间里绽放出鲜艳的花朵，却不容易。好价值的出现，是要有条件的。

5. 0 ~ 0

5.1 理论

经济分析里，有很多重要的概念，譬如均衡、极大化、效率等等，不一而足。不过，如果征询经济学者，哪"一个"概念，最能捕捉经济分析的精髓，相信绝大多数的经济学者都会同意，"成本"是最核心的概念。而成本的内涵，其实可以借两个圈圈来反映。用文字表示，这是指：一件事物的意义，是由其他事物所衬托而出的。

在 1969 年出版的一本小书里，布坎南对"成本"的概念，提出了一种新的阐释，很有启发性。他认为，当一个人面对决策时，假设脑中出现两种可能：去看电影、留在家看电视。如果决定去看电影，看电视的可能性就消失。换一种说法，去看电影的"成本"，就是看电视；然而，被放弃的选择，是观察不到的。因此，他认为，成本是一种主观的概念，而且只在脑海里出现。布坎南的论点，精致地阐明了"机会成本"（opportunity cost）的概念；再往前推一步，就是"一件事物的意义，是由其他事物所衬托而出的"。无论是人、事、物，本身没有必然、客观的内涵；或者，更极端的立场是：事物本身是空洞的，所有的意义，都是被人所填充、所赋予的。人在面对一件事物时，是有意无意地，从脑海中唤醒相关的、类似的事物；然后，以这些其他的事物，来认知眼前所面对的事物。

　　如果没有类似或相关的事物，人将无从认知且体会眼前的事物——即使把这个新生事物归类为"无从认知"，那么无从认知的内涵，也是相对于其他可以认知的事物。例子一则，足以说明：如果世界上只有帕瓦罗蒂（Luciano Pavarotti）会唱歌，其他人能不能判断，他唱得好或是不好？如果其他人都不会唱歌，又没有鸟叫虫鸣或鸡犬之声，别人将无从认知帕瓦罗蒂的举止。就是因为在其他众多的声音、大大小小的歌星和声乐家的衬托之下，才显现出他歌喉之美、技巧之精、身价之高。（波斯纳法官曾表示：如果某种资源只有一种用途，其成本为零。初听之下，不容易体会；稍稍琢磨就可以发现，他只是以一种特殊的方式，点明了"机会成本"的精义而已。）

这个论点，值得稍作引申。一般人认为，草木鸟兽，就是草木鸟兽；而喜怒哀乐，就是和悲欢离合呼应。可是，经济学（者）的思维，并不是如此。任何一种情境（人、事、物），都可以有很多不同的解读；采用了其中之一，就等于是放弃（或排斥）了其他的解读。被扬弃的诸多可能意义之中，最接近的那一种，就反映了眼前情境的意义（价值）。这是经济分析的特殊视野，也是这个学科的精神所在。当然，这种视野的性质如何、好坏如何，是相对于其他的视野——一件事物的意义，是由其他事物衬托而出的。

既然事物的意义是衬托而出的，这也就意味着，事物的意义是相对于某种参考坐标。接着的问题当然是：在众多可能的参考坐标里，选的是哪一个参考坐标？还有，为什么选的是这一个参考坐标，而不是其他？（譬如，在美食家或运动迷的眼中，帕瓦罗蒂的意义又是如何？）无论对经济学者或一般人而言，都时时刻刻在作价值判断。对于自己所作的价值判断，最好能找到足以说服自己、说服其他人的理由，来回答这两个问题。

借由另外两个例子，可以反映这些考虑的意义。在经济分析里，效率和公平往往是彼此冲突的价值：效率涉及饼的大小，公平隐含如何切饼。在这两种价值之间，如何调和或取舍，显然必须标明理由：在哪些情形下，饼的大小比较重要；在哪些情形下，如何切饼比较重要；而在哪些情形下，两者又是同样重要。取舍的理由，就是决策时所依恃的参考坐标。同样地，在分析法律问题时，效率和正义往往代表不同的思维：效率还是关于饼的大小，而正义则经常与基本权利密不可分。很多时候由这两种视野出发，会得到同样的结论；但是其他时候，两种视野却会导致不同的推论。无论是哪一种情形，对于效率和正义的论述，都是立基于背后的信念，也就是所依恃的参考坐标。

5.2　应用

和前面的三大定理相比，第四大定理的体会，最有操作上的含义。对于经济系的学生和一般社会大众而言，都是如此。

首先，追根究底，价值是主观的，而人又是决定一切意义的主体。因此，"一件事物的意义，是由其他事物所衬托而出的"意味着，一个人可以有意识地选择"其他事物"来烘托事物主体。也就是说，人可以主动选择要借由哪些成分来填充事物主体的内涵。虽然眼前的景观现象，似乎是客观存在的；人的经历，也似乎是具体真实的。然而，事物和经验的意义，最后还是由自己来决定；而自己所依恃的，是自己所信奉仰仗的价值体系。可是，价值体系，本身也是被选择的一种变量。因此，一个人可以主动检视自己的价值体系，有意识地选择自己所愿意接受、所愿意托付的参考坐标。譬如，人生的态度，可以看成是一道光谱：一个端点是积极进取，另一个端点是守成谦让；介于两者之间，是很多其他的可能性。在这道光谱上，人可以选择对自己而言最好的位置；而且，当主观客观的条件变化之后，还可以定期地省察检讨，是不是值得调整参考坐标的位置。

177

其次，两个圆圈的结构，可以更具体地以 A-A′ 来表示。A，是某种人、事、物，简写成 B_1，B_2；C_1，C_2（各种面向简化为 B 和 C，利益和成本；而且，只凸显两种 B 和 C 也是简化）。A′，是对照的人、事、物，简写成 B_3，B_4；C_3，C_4。A-A′ 的结构，可以表示成：

A：B_1，B_2；C_1，C_2.
A′：B_3，B_4；C_3，C_4.

这个结构，隐含好几层的意义。第一，对任何人事物或任何决策而言，都有很多的面向，而这些面向，通常是利弊掺杂。第二，A 的意义，不是由本身的成分和特性所决定的；A 的意义，是由类似的、相关的 A′ 所决定的。同样地，一项措施的好坏，是相对于其他的替代方案。第三，如果经过斟酌，决定选 A，那么将得到 B_1 和 B_2 的好处，也将承担 C_1 和 C_2 的缺失；然而，选了 A，就得不到 A′ 所隐含的 B_3 和 B_4，但是也避免了 C_3 和 C_4。A-A′ 的结构，是以具体而精致的方式，同时反映经济分析所隐含的"选择"（choice）和"取舍"（trade-off）。而且，在 A 和 A′ 之外，当然还可以有 A″ 和 A‴ 等等。所以，A-A′ 的排列，也意味着 A′ 是其他可能性中价值最高的。这表示，A′ 是 A 的机会成本。第四，如果 A 是现况、目前的措施或现有的产品，A′ 就是潜在的，还没有被攫取和实现的状态、措施、产品。一个好的政客，就是要推出新的"政见组合"，能比目前的做法更吸引选民。一个好的企业家，就是要琢磨出不同的生产流程或产品特色，能比目前的流程更有效率，或比现有的商品更讨消费者的欢心。在审核专利申请时，usually 用两点指标来评估是否为"发明"：和现有做法"不同"，而且"比较好"。"不同"（different）和"较好"（better）的要求，正呼应了 A-A' 的结构。A 是现况，A' 是等待被发现和攫取的"其他可能性"。

除了智识上的兴味之外，经济分析也有非常务实的企图，提升资源运用的效率是其中很重要的一环。然而，经济学教科书以及学术期刊里，探讨效用或社会福利极大的分析方式，和决策者以及一般社会大众之间颇有一段距离。相形之下，A-A' 的结构，提供了一个简洁明确的技巧，既反映了经济分析的核心精神，又可以直截了当地操作运用。A-A' 的思维方式，可以和其他的思维方式比较、竞争。竞争力专家波特（M. Porter, 1980，1985）强调，对一个企业而言，要面对五种竞争力，而其中最重要的就是能不断地找出"其他的可能性"。一件事物的意义，是由其他事物所衬托而出的！

6. 结论

在经济学的文献里，曾多次出现"经济分析的世界观"这种说法。经济学者似乎也都认为，经济学确实隐含一种特殊的视野。然而，到底什么是"经济学的世界观"，却似乎少有讨论。这一章里，就尝试借由四个定理，勾勒出经济学的世界观。

具体而言，第一，$0 > 0$，表示"人是理性和自利的"，这也是经济分析的起点。第二，1+1<2，表示"存在不一定合理，存在一定有原因"，对于不合理、奇怪的社会现象，无须作价值判断，而可以先试着找出这种现象存在的原因。第三，1+1>2，表示"好价值的出现，是有条件的"；要有好的、理想的状态出现，必须有对应的支持条件。分析社会现象时，可以试着辨认出主要的支持条件。第四，$0 \sim 0$，表示"一件事物的意义，是由其他事物衬托而出的"。任何人、事、物的意义，都是由其他相关的、类似的人、事、物所烘托而出的。而且对于目前的做法，可以试着琢磨出更好的替代方案。因此，这四个定理的次序，也反映了经济分析的推论过程。由个人的特性为基础，再探讨经济活动以及社会现象的特性，最后归结出经济分析的特殊视野。

抽象来看，$0 > 0$，是经济分析的基础。1+1<2 和 1+1>2，分别代表不好和好的情况。对于两者，都可以由经济分析的基础出发，试着提出解释。$0 \sim 0$，一方面反映（机会）成本这个核心概念，另一方面可以利用 A-A′ 来操作运用。以 0、1、2 这三个符号，归纳出经济分析的精义，主要是基于两种考虑：对经济学者而言，这四个定理，代表四个智慧结晶；而这四个智慧结晶，既呼应经济学的核心思维，也符合经济学者的判断。此外，以 0、1、2 表达的这四大定理，简单明确，能为一般社会大众所接受和运用。英国皇家经济学会前会长艾历克·凯克斯爵士（Sir Alec Cairncross）曾说："对于公共政策而言，经济分析最有用的，其实就是几个简单的观念而已。"其实，不只对政策制定者是如此，对一般社会大众而言，也是如此。

最后，还有一个问题，一直没有处理。所谓经济学的世界观，到底是盲人摸象式的"一种"特殊视野，还是类似1+1=2举世皆然式的世界观？前面曾经提到，对于"人是理性和自利的"，可以有两种解读：一种是，人实际上是如此；另一种是，人未必真的如此，但这是务实有利的出发点。关于经济学的世界观，也可以有这两种立场。首先，无论是一言以蔽之式、十大定理式，还是本章所提出的四大智慧结晶，都是由经济分析归纳而出的。所以，在性质上，这些都是由经济学而来，反映经济学的特殊视野，是盲人摸象式的"一种"观点（a perspective）。其次，自1960年以来，在贝克、布坎南、科斯和诺斯等经济学者的领军之下，经济学者已经大举进入社会学、政治学、法学和史学的领域，而且成果丰硕。利用经济分析，确实可以探讨经济之外其他领域的问题。

此外，对一般人而言，平常所运用的价值体系，就是美丑善恶、是非对错等观念。一般社会大众的世界观，是社会化过程中所吸收的风俗习惯和传统智慧，是一种"经验方程式"；相形之下，经济分析所隐含的，是由探讨人类行为所得到的"行为方程式"。四大智慧结晶，就是由经济分析的行为方程式推导而来，简单平实合理，事实上可以作为价值体系的基础。因此，基于这些考量，虽然是由经济分析所归纳而出的，"经济学的世界观"其实已远超出经济学的范畴。经济学者所掌握的，是一种有说服力的世界观（a worldview），而不只是"经济学的世界观"（the economic worldview）而已。

科斯曾说，经济学家就像卖瓦罐器皿的小贩一样，四处推销他们的产品。因此，追根究底，经济学者所推出的世界观，好坏如何，当然要和其他的世界观一较短长——一件事物的意义，是由其他事物所衬托而出的！

参考文献

Hardin, Garrett , "The Tragedy of the Commons," *Science*, 162: 243–48, 1968.

Hirshleifer, Jack, "The Expanding Domain of Economics," *American Economic Review*, 75（6）: 53–67, 1985.

Mankiw, N. Gregory, *Principles of Economics*, 8th ed., Cengage Learning, USA, 2018.

Swedberg, Richard, *Economics and Sociology*, Princeton, NT: Princeton University Press, 1990.

第八章　法学和经济学里的基准点

1. 导言

　　法学、经济学、政治学和社会学，公认是社会科学的主要领域。这四个领域之间的互动，本身就是有趣的研究课题。社会和法学结合，是"法社会学"（law and society），经济学和政治学结合，是"公共选择"（public choice）。

　　这四个学科之间的交流，最成功的无疑是法学和经济学；而且，主要是单向的接触，由经济学伸向法学。以经济分析的架构，探讨法学问题，称为"法律的经济分析"（law and economics）。经济学能长驱直入法学，过去认为是经济学有一套强有力的分析架构——行为理论（behavioral theory）。可是，如果这个观点成立，经济学进入政治学和社会学等领域，应该同样成功才是。然而，实情并非如此，经济学向外扩充发展，以对法学的冲击最大，成果也最丰硕。

　　因此，除了经济学的行为理论之外，其他的因素显然也很重要。抽象来看，法学和经济学这两个学科之间，在研究主题上非常类似。因为，经济学里分析消费者和生产者、供给和需求，都是一对一、利益直接冲突的对应关系（bilateral relations）；而法学里原告和被告、两造之间的关系，也是一对一、彼此利益冲突的互动对应。

此外，法学和经济学之间，还有另外一种共同点。经济学里，效率（efficiency）是主要的考虑；经济分析的潜在目的之一，是希望能提升资源运用的效率。也就是说，经济学（至少某一部分）有浓厚的实用性，和公共政策关系密切。法学里，正义（justice）是最高的价值；法学研究的主要目的之一，是希望能提升正义的刻度。换言之，法学研究也有非常浓厚的实用性，和司法制度、公共政策，乃至于社会大众都关系密切。相形之下，社会学和政治学，探讨的问题和社会大众息息相关；可是，这两个学科的本身，却偏重在描述和分析。社会学者及政治学者的研究，和具体的公共政策之间，往往有一段距离。

探讨四个学科之间的交集和联集，显然是饶有兴味的课题。这一章里，将以法学和经济学的分析方法为焦点。具体而言，本章将深入解析这两个学科论述时如何运用"基准点"（benchmarks）。探讨法学里和经济学里的基准点（benchmarks in law and in economics），有几点明确的含义。

首先，界定一个学科，可以由"研究主题"（subject matter）和"分析方法"（analytical approach）两方面着眼。抽象来看，法学和经济学都分析一对一、利益互斥的关系。这是由"研究主题"上得到的体会，对了解法学和经济学都有帮助。同样的道理，法学和经济学在"分析方法"上的共同性，显然也值得探讨。

其次，分析时以基准点为依据，可以称为"基准点分析法"（benchmark analysis）。运用基准点分析法时，至少要回答两个问题：采用了"哪一个"基准点？"为什么"采用这个基准点，而不是别的基准点？借着回答"哪一个"和"为什么"（which and why）这两个问题，可以烘托出论述的性质以及潜在的优点和缺失。探讨法学和经济学里的基准点，能帮助厘清两者论述的相同和相异之处，希望能增进彼此的了解，并且有助于化解法律学者和经济学者之间的某些争议、某些误解。

最后，探讨法学和经济学的分析方法，是由方法论（methodology）的角度认知这两个学科。除了对这两个学科有更完整的了解之外，也希望能间接地呈现出经济学及法学和另外两个学科（政治学和社会学）的差异。借着对照和比较，希望能对这些社会科学有更周全清楚的认知！

2. 基准点分析

这里将先介绍基准点分析法，作为以下论述的基础。也就是，抽象来看，这里的内容是以下论述的基准点。

基准点分析，必然涉及基准点（benchmarks）。基准点，是参考坐标（reference framework）、前提（premises）、基础（basis），大体而言，可以分为理论上的基准点（theoretical benchmarks）和行为上的基准点（behavioral benchmark）。

行为上的基准点，隐藏在人的各种行为之下。进入房间，顺手开灯，是因为光线太暗，不足以阅读和行动自如。房间里的光线，是开灯这个动作的基准点。对于陌生人、同事、朋友、亲戚、家人、配偶等等，一个人会有不同的表情动作、遣词用字，这是因为脑海里已经形成不同的基准，然后根据基准而举止表达。还有，对于初识的人，往往不自觉地形成初步印象——贴标签（stereo-typing）——作为自己行为因应的"基础"，原因很简单，这可以降低行为的成本。

理论上的基准点，性质上无分轩轾。先设立一个标杆，作为论述的基础。两个例子可以清楚地反映理论上的基准点。韦伯（Max Weber）是著名的社会学者，在论述中，他多次引用"典型"（ideal types）的概念，而且作不同的阐释。不过，无论用法如何，典型是论述的起点，是对照的基础。另外，自然科学里，真空、地表大气压力、海平面等，是比较的基准。同样地，长、宽、高和体积、重量、时间等度量衡等，都是抽象的概念，要具体操作，必须选择某种指标。英制和美制的度量衡等，显然是不同的基准点。

无论是行为上或理论上的基准点，有一些共同的特性。基准点，是行为或论述的依据，因此，在性质上，都是"工具"（tools）。利用这种工具，可以降低行为或论述的成本；或者，换一种说法，利用这种工具，可以提升行为或论述的效益。此外，基准点是参考坐标，本身是中性的，不含价值判断。但是，援用基准点时，往往不自觉地加入其他因素——特别是在社会科学里——因而形成价值判断。譬如，唐朝时，以丰腴（胖）为美；21 世纪初，以骨感（瘦）为美。胖瘦本身是中性的，但是美的量尺，却隐含或掺杂价值判断。所以，杨贵妃是古典美人，而不是摩登美女。

总结一下，基准点分析，强调基准点的重要；在社会科学里，还特别要注意基准点所隐含的价值判断。

3. 经济学里的基准点

这里将探讨经济学里的基准点，以举例而不是列举的方式，呈现经济学的论述方式。一方面，是具体表明经济分析里的基准点；另一方面，则是提供材料，为下文——法学里的基准点——架设背景。

3.1 消费者理论

经济论述里，广泛地运用基准点，但是，引用时通常隐晦不明，而这也往往造成法律学者的误解。消费者理论，是典型的例子。

消费者理论，可以很简要地如此描述：消费者的偏好（preference），是既定的（given）；消费者面对的限制条件，主要有两项：本身的所得和市场价格。根据他的偏好，在限制条件之下，希望得到最大的效用（utility）。由这个过程可以推导出消费者的需求（demand），这是个别需求（individual demand）。把众多的个别需求加总之后，就得到市场需求（market demand）。另外，个别厂商的供给（firm supply），汇总之后得到市场供给（market supply）。供给和需求相会，得到市场的均衡（equilibrium）。这个过程，可以利用图8.1来反映。

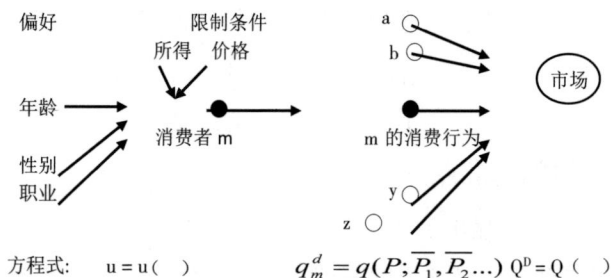

方程式：　　$u = u(\ )$　　　　$q_m^d = q(P; \overline{P_1}, \overline{P_2}...)$　$Q^D = Q(\ )$

图 8.1　消费者理论基本结构

消费者是经济分析的基本单位，也是经济理论的起点——基准点——这是方法论上的个人主义（methodological individualism）。相对于消费者，可以有更大或更小的分析单位：家庭、职业团体或产业，是更大的分析单位；组成个人的"多重自我"（multiple selves），是更小的分析单位。消费者的偏好，当然会受到各种因素的影响。消费者的偏好如何形成，可以由短期（人的一生或更短）或长期（世代之间或人类的演化）来探讨。不过，在分析消费者行为时，特别是对商品的消费行为，最好能略去次要的因素，把焦点集中在最重要的因素上。而且，掌握了所得和价格对消费的影响之后，可以利用同样的分析架构，进一步探讨其他次要的因素。

188

也就是说，在消费者理论里，消费者的诸多特性（基本权利、历史文化、价值体系等）都隐身幕后。对很多问题而言，这些因素都非常重要（譬如，消费者和厂商产生纠纷，消费者该有多少权利）；然而，在建构基本理论时，不值得把问题弄得太过复杂。抽象来看，假设消费者偏好是给定的，意味着消费者有行为上的自主权，会根据本身条件（偏好和所得）和客观限制（价格），选择对自己有利的行为。换言之，人的行为有目的（purposive action），有其规律性，是可以分析的。

总结一下，这里说明了经济理论是以"消费者"为分析的起点，以及这么做的原因。也就是说，回答了"哪一个"基准点和"为什么"是这个基准点的问题。

3.2 效率

经济分析里，效率（efficiency）是非常重要的概念。对个别的行为者而言，效率的含义，就是通过选择取舍，争取对自己较有利或最有利的情况。因此，消费者追求效用最大（utility maximization），厂商追求利润最大（profit maximization）。在个别行为者之上，自然而然涉及群体；对于群体而言，也可以由效率的角度着眼，评估利弊得失。

效率最基本的定义，是帕累托标准（Pareto criteria）：如果调整某一种状态，不会伤害到任何一个人；但是，可以使一个或一个以上的人获利，这就是效率上的增进。如果没有任何变动，能符合这两个条件，现状就是"有效率的"。关于帕累托标准，经济学文献里有诸多探讨；至于效率和法学问题的联结，可以借一个实例来反映。

科斯在 1960 年的经典之作里，所举的例子发人深省：炸鱼薯条店（Fish and Chips）搬到新址，气味浓郁，邻居认为侵权，告到官府。那么，谁是谁非呢？由因果关系的角度着眼，炸鱼薯条店是"因"，邻人不满是"果"，因此，前者的行为，引发后者的结果。这么看来，似乎是炸鱼薯条店的不是！

然而，科斯指出，两者的行为，其实互为因果；由因果关系角度着眼，未必有说服力。他提出另一种指标（也就是效率的指标），来评估两者之间的争议——由社会产值（the value of social production）的角度来评估。如果炸鱼薯条店搬进住宅区，气味恼人，造成房地产价值下降，当然不好；可是如果搬进的是商业区，提供餐饮服务，会增添商业活动的价值。因此，由效率的角度，其实可以评估和处理群体行为所引发的纷争；而且，这种分析和法学论述，并不冲突，结论也无分轩轾。

以效率为尺度，可以明快地考虑群体行为、人际关系、社会现象所隐含的意义。不同的法律和不同的裁决，等于是不同的游戏规则；由效率的角度，可以琢磨这些游戏规则的内涵。

4. 法学里的基准点

法学，是一门学科，有智识上的兴味，但是，法学也有非常务实的一面。操作司法体系、解释法律、处理官司，都依恃

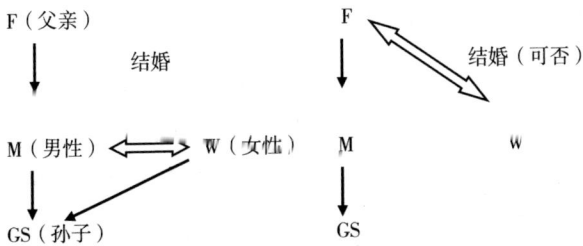

图 8.2　三代关系图

人际关系的演变，依序如次：首先，男士和女士（M 和 W）结婚，而后生下一男孩。其次，两人关系恶化，结果离婚。然后，父亲和媳妇产生情感，决定共结连理。他们写信给内政部，征询是否可行。内政部回信表示，根据英国的习惯法，如果儿子（M）已经过世，而且原先婚姻关系没有生下子女，则父亲和媳妇可以成婚。两人不满回复，向法院提出告诉，认为英国政府的决定违反《欧盟人权公约》。

关于这件官司的是非，可以试着列出相关的考虑因素；各个因素，都是烘托这件官司的基准点。（1）两人的自由意志；（2）直系血亲的利益和态度；（3）亲友们的想法；（4）社会大众的认知；（5）现存的婚姻制度和亲属关系，以及可能造成的冲击——是不是乱伦？（6）对未来男女关系的影响；（7）英国习惯法的传统；（8）《欧盟人权公约》的相关规定；（9）政府的立场；（10）教会的传统。

如果容许两人（F 和 W）结婚，祖父和孙子的关系（F 和 GS），变成继父和养子的关系。而且，对父亲（F）而言，两人所生的子女是儿子（M）的弟弟、妹妹；对女士（W）而言，两人所生的子女，是孙子（GS）的弟弟、妹妹。以小见大，对其他亲友而言，衍生的困扰可以想见。然而，英国法院作成判决，并且明示：容许两人成婚，会对他人（特别是 M 和 W 的儿子）造成相当的考验，甚至是折磨；不过，两位成年人，有权追求自己的幸福，这是《欧盟人权公约》的基本精神。也就是说，法院斟酌所有其他的坐标，最后以两位当事人的利益为判决最重要的基准点。

由经济分析的角度着眼，会采取"向前看"（forward looking）的立场，评估判决对未来的影响。这时候，双方当事人本身的意愿，在权重上可能就会降低。因为，社会上有许多特立独行的当事人，有千奇百怪的言行举止——人和海豚结婚，还不算极端。性质使然，法律是保守、变化迟缓的部门；现存秩序的稳定和制度的延续，重要性往往要超过扩充个人自由的考虑。另外，如果英国没有加入欧盟，不受《欧盟人权公约》的约束，法院也很可能引用英国习惯法的传承，认同内政部的立场。

这件官司的后续发展，当然引人注目。而且，即使法院最后判决两人不得结婚，两人也可能实质上共同生活，甚至生下子女。当然，这已经超出法律的范围。还有，在不同的社会里，因为历史经验和文化背景的差异，法院显然很可能作出不同的判决。也就是说，面对同样的问题，不同的社会很可能援用不同的基准点。

6. 比较分析

法学和经济学里的基准点，至少可以从三个角度作比较分析。

6.1 行为上的基准点

无论行为是经济、政治、社会领域或法律领域，都直接间接涉及基准点，只不过，所依恃的基准点有明白隐晦之分，也有性质上的差别。

经济领域里，消费者和生产者都根据自己的现况（status quo）——拥有的资源、面对的限制、价值判断——选择行为举止。行为者拥有的资源和面对的限制，是明白的基准点；价值判断和思想观念，是间接的基准点。

相形之下，法律的领域里，一般人以及原告被告，也是根据自己的现况，选择行为举止；不过，绝大部分的行为，都随风而逝，也就不会形成纠纷。在法院里出现的官司，是占极小比例的例外。官司的内涵，就是争讼双方都认定自己的行为有理——根据法律或风俗习惯，或契约条款，或彼此协议；认知上所依据的基础，就是基准点。

经济行为和法律行为涉及的基准点，有明显的异同。表面上看，经济行为涉及具体的物质（所得、价格、商品等），而法律行为涉及抽象的权利（可否结婚、可否说话等）；然而，在本质上，其实是相同的——都涉及人运用物品或行为取舍的权利。

6.2 理论上的基准点

经济分析和法学研究，采用不同的基准点，反映了学科之间的差异；因为关心的主题不同，也发展出不同的分析概念、专有名词等等。

经济学者分析的重点，是经济活动所呈现的均衡（equilibrium）和均衡时的价格及数量。隐含的假设，是参与经济活动的行为者，彼此所拥有的权利是明确的、没有争议的——消费者的权利，是口袋里的钞票；生产者的权利，是工厂里的货品。根据自愿性交易，市场最后会达到均衡。相形之下，法律学者分析的重点，是争讼双方各"应该"拥有哪些权利。对权利最后的切割，是法律学者和司法体系关切的重点。因此，经济学者和法律学者分析时，着重点不同。

经济学者，通常不会质疑行为者的起始条件（消费者口袋里有多少钱、生产者有多少产品）；而且，最后均衡的价格和数量，是由那一只看不见的手所决定的。法律学者念兹在兹的，就是行为者的起始条件（消费者有多少权利，生产者又有多少权利）。因为，争讼最后的裁决，就要看双方各拥有哪些权利和有多少权利。而且，在判断起始条件时，法律学者是依恃自然法、哲人语录、法条或法原则等。可见得，在理论上，经济学者和法律学者援用不同的基准点，只不过，经济学论述时，对基准点的援用较隐晦；相形之下，法律学者对基准点的援用，明白而直接。然而，本质上，他们都是采取基准点分析法。而且，在经济学的效率和法学正义之间，事实上有相当的关联。

关于效率和正义这两个基准点，比较重要的有几点：第一，效率，是经济学者引用的尺度，以作价值判断；正义，是法律学者引用的尺度，以作价值判断。因此，在性质上，效率和正义都是参考坐标（reference framework）。效率有高低不同的刻度，正义也有高低不同的刻度。经济上追求效率，法律上追求正义。两者之间，可以试着作一联结。

第二，正义这个概念，出现得很早，人类原始社会就发展出正义这个概念，用来处理人际关系的冲突和纷争。相形之下，效率这个概念，是 18 世纪工业革命之后才逐渐得到重视。工业革命之后，量产（mass production）使市场规模扩大；经济活动的深度和广度都迥异于往昔。怎么运用资源较好，显然需要一个量尺，成本效益——效率的另一种表达方式——就是评估的量尺。

表面上看，正义是处理人际关系（human relations），效率是处理资源分配（resource allocation）；本质上，正义和效率这两者，都是概念，也都是工具（conceptual tools）。人类社会发展出这些概念，以处理特定的问题。

第三，联结正义和效率的方式之一，是归纳出两者的共同点。抽象来看，正义是处理权利（rights）该如何配置，譬如，员工和雇主之间，各应该有或可以有哪些权利。抽象来看，效率也是处理权利的问题，譬如，员工和雇主之间，各拥有哪些权利，可以使生产过程、劳资关系、公司价值等等更为理想、更有效率。因此，正义和效率，是以不同的语言（terms）和概念，处理同样——权利——的问题。

第四，正义和效率，都是概念，也都是工具。这些工具的形式和内涵，当然不会一成不变，而会受到时空条件的影响。环境里的各种条件，会充填和雕塑出不同的样貌（configurations）。原始社会里（部落、游牧民族等），对于意外、伤害等侵权行为（torts），往往以完全责任（strict liability）来处理。因为环境里的资源有限，这么处理（操作"正义"），程序成本较低。"杀人者死，伤人及盗抵罪"，是同样的逻辑：社会动乱，明快的程序正义，要比精致的实质正义重要。

工业革命之后，生产规模扩大，资本家的利润如滚雪球一般。这时候，资本家/企业家在经济上有主导地位，员工和消费者相对居于弱势。有产阶级在经济上的力量，自然而然通过政治过程，影响司法的操作。因此，工业革命后，有相当长一段时间，一旦雇主员工或是厂商消费者之间发生争议时，权利通常界定给雇主和厂商——环境里的条件，雕塑了效率和正义（经济和法律）上的权利。

20世纪中叶之后，在资本主义社会里，中产阶级已然形成，通过一人一票的游戏规则，把经济上的力量转换为政治力量，进而影响法律的结构。有关产品瑕疵的官司，逐渐由"过失责任"（contributory negligence）变为厂商的"完全责任"——环境里的条件，雕塑了权利的实质内涵，也赋予效率和正义新的样貌！

6.3 比较分析

基准点的特质之一，是与时俱进，随着环境里条件的变化，会接纳和采用不同的基准点。两个实例，可见其余。首先，在极区雪地里生活的爱斯基摩人，长久以来发展出"弃逝老者"（senilicide）的做法：因为极区生存条件恶劣，族人必须以小团体移动、捕猎维生；年纪大的长者，没有生产能力，但是要耗费食物。所以，为了生存和繁衍，世世代代都这么做：把老者留在雪地里，再留下少量的食物，让老者自然逝去。当极区的生活条件改善之后，爱斯基摩人也自然而然改变了这种做法。

其次，美国宪法里明确规定，对违法的罪犯不得采取"残忍而不寻常"的惩罚（cruel and unusual punishments）。这个概念，是量刑时重要的依据——基准点。然而，这个概念的内涵如何，显然受到环境里相关条件的影响。经过长期的摸索尝试，美国最高法院发展出另一个概念——变迁量尺（an evolving standard），用来操作"残忍而不寻常"这个概念。变迁的量尺，表示惩罚的具体做法是与时递嬗。

一个具体的例子，足以反映曲折。死刑，不适用于未成年人，为现代文明社会所奉行不渝。可是，成年人和未成年人的分际，又怎么划分呢？有两种力量，朝两个相反的方向拉扯。一方面，社会愈发展，资源愈丰富，对妇幼的照顾愈无微不至。因此，对于未成年人，有更多的包容。未成年的岁数，可以往上增加。另一方面，社会愈进步，信息愈充沛，儿童心智发展愈快，愈早具有行为自主的能力；而且，犯罪的年龄，有日益下降的趋势。因此，未成年的岁数，可以往下减少。就美国而言，两种力量拉扯的结果，是未成年的年龄，往上微调：过去，犯罪时未满十六岁的犯人，基于"残忍而不寻常"的量尺，不适用死刑。在 2005 年，美国最高法院递出判决，犯罪时未满十八岁的犯人，不适用死刑。可见，"残忍而不寻常"是量刑时的基准点。而"变迁量尺"，又是阐释"残忍而不寻常"的基准。这个量尺的内涵，则是由时空环境里的条件来充填、决定。

这两个实例，巧妙地反映了基准点的特性，也巧妙地连接了经济学和法学。爱斯基摩人，面对生存和繁衍的考验，曾经采用"弃逝老者"这种游戏规则（风俗习惯）；美国最高法院，对于"残忍而不寻常"这个概念，随着时空条件的变迁，而作出与时俱进的阐释。环境里的主客观条件，雕塑了人的思维观念以及所发展出的游戏规则。

7. 尾声

诺贝尔奖得主布坎南（James Buchanan），曾在论述中表示：对于公众事务，众人偏好多不相同。这时候，重点也许就不在于试图说服对方，而是试着找出一种方式，以处理彼此的歧异。也就是，注意的焦点，可以由"结果"（outcome）转移到"程序"（procedure）上。

布坎南的体会，对法学和经济学的研究，也很有启发性。对于法学问题，经济学者和法律学者，往往有不同的解释。两者的差异，可能在"结果"，也可能在"程序"。要增进彼此的了解、对话，乃至于合作互惠，显然可以先试着在"程序"这个环节下功夫，先试着由分析方法上，体会彼此的相同和相异之处。

　　这一章，就是由分析方法烘托经济分析和法学研究的异同。主要的结论，是两者都广泛地采用"基准点分析法"——即使两者援用不同的基准点，也为基准点提供不同的说辞！

参考文献

Dworkin, Ronald M., *Taking Rights Seriously*, Cambridge, MA: Harvard University Press, 1977.

Greenhouse, Linda, "Supreme Court, 5-4, Forbids Execution in Juvenile Crime," *New York Times*, 2 March, 2005.

Posner, Richard A., *Cardozo*, Chicago: University of Chicago Press, 1990.

Ostrom, E., *Governing the Commons: The Evolution of Institutions for Collective Action*, Cambridge: Cambridge University Press, 1990.

第三篇　法学和经济学

第九章 公地、逆式公地和两者之间

1. 导言

经济学的文献里,"草原的悲剧"或"公地的悲剧"(tragedy of the commons)广为人知。海勒在 1998 年提出"逆式公地"(anti-commons)后,引发诸多后续的研究。如果把财产权的结构看成一个光谱,逆式公地的概念,等于是在这个光谱上标出一个新的坐标点。一方面,经济和法律学者由此注意到一种过去受到忽视、新的财产权结构;另一方面,通过对照和比较,对于光谱上其他的点,可以有更为清楚而深刻的体会。

对于逆式公地的探讨,已经有许多可观的成果;然而,本章将论证,关于逆式公地的概念,其实还有许多混淆不清的地方。重要的原因之一,是在海勒的论文里,对于性质不同的问题,都以逆式公地这个概念来涵盖。具体而言,莫斯科店铺大门深锁和印第安保留地多人持有,虽然都隐含资源未尽其用;然而,店铺不得开张,是管制体系的问题,是资源(店铺营运的权利)还没有得到司法体系的认可和支持。印第安保留地不能有效利用,则是因为共同持有人太多;财产权界定的本身,则是清楚明确。问题的表象也许类似，但是根本的性质却并不一致。因此，本章的第一个目标，是希望厘清逆式公地的意义，并与公共经济学理相关的概念（如共有资源和竞租）相结合。

其次，在探讨逆式公地的文献里，布坎南和尹容（Buchanan & Yoon）2000年的文章具有里程碑的地位。他们率先提出具体模型，论证公地和逆式公地的对称性。然而，文中所提出的模型，主要是观念上的论对，在现实社会里不容易想象。本章将说明，分析公地和逆式公地的模型，如果利用布坎南和塔洛克（1962）经典著作里的架构，将更为真实、更有说服力。最后，公地和逆式公地，是财产权光谱上两个特殊的点。这两个点，都意味着资源运用的效率不佳。然而，在光谱上，事实上还有其他的点。大千世界里，公地和逆式公地其实是少数特例，而不是常态。原因很简单，资源运用不理想，就意味着有改善的空间；而改善的空间，就隐含着有利可图。因此，聪明的企业家和竞租者，总会试着挣脱困境，自利利人。

具体而论，在真实世界里，即使是在莫斯科，还是有许多店铺照常营业。而且，本章将论证，挣脱逆式公地束缚的方式之一，是利益均沾，让众多管制者都有甜头，人人有好处，一路过关斩将。因此，在公地和逆式公地之间，这可以说是一种介于两者之间（the in-betweens）的现象。不像公地或逆式公地，资源并没有耗损或弃置；但是，资源运用的情况，并非最佳（first-best），而是次佳（second-best）。此外，本章将利用真实的数据，描绘"两者之间"的样貌（configurations）。通过探讨"两者之间"的现象，不但有助于厘清逆式公地的性质，而且有利于探讨相关的政策含义。

简单地说，本章有三个主要的论点：第一，逆式公地的概念所涵盖的诸多现象，性质并不相同，值得厘清。第二，布坎南和尹容的模型，不能有效反映真实的世界，和逆式公地的现象其实有一段距离；援用布坎南和塔洛克的模型，不但更恰当，也更有说服力。第三，真实世界里，"两者之间"的现象，在理论和政策含义上，有更多的关注，也有许多进一步探讨的空间。本章的结构如下：第2部分"逆式公地：现象和性质"将厘清逆式公地的意义，并且做适当的分类。第3部分"模型的是非"里，则是先指出布坎南和尹容模型的缺失，然后援用较早的布坎南和塔洛克模型。第4部分则是介绍"两者之间"（the in-between）的概念，并引用真实的事例来佐证，且进一步考虑相关的政策问题。最后，则是结论。

2. 逆式公地：现象和性质

无论是"公地悲剧"或"逆式公地"，这两个概念的来源，都是对真实现象的观察；而后，由现象萃取出理论上的体会。在海勒的文献中，有很多关于逆式公地的实例。这里先列举一些实例，而后分成两大类，再针对两大类别进一步地分析。并且，辨认出不同类别在性质上的差异，以及资源分配上所对应的问题。

在海勒的文章里，先提出莫斯科门窗紧闭的店铺；而后提到印第安保留区，土地为多人持有，经过几代继承之后，共同持有人可能有几百人之多。此外，也提到老旧公寓要改建，但是有些长期住户拒不同意。海勒和艾森伯格（Heller & Eisenberg）则提到生化科技里，专利之间可能有先后从属的关系；众多持有人如果不能整合，就无从把专利进一步地商业化或市场化。布坎南和尹容（2000）里的几个主要实例：要在一个停车场停车，可能同时需要得到两张（或更多）的许可；游乐区要取得营业许可，要得到不同管制单位的许可。还有，大楼／社区的管理委员会，运作上可能会陷入僵局。此外，中国台湾地区某些祭祀用地（宗庙、祠堂等）是共同持有。几代之后，共同持有人大幅增加；面对都市化，在改建、出售或变更用途时，往往有难以克服的困难。还有，大专院校某些系所的聘审委员会里，申请人必须经过三分之二或更严的尺度表决通过，才能获聘。因此，三分之一或更少的人，等于是形成否决权。这种做法，往往让某些系所长期无法晋用新人。

这些现象，都涵盖于逆式公地这个概念之下；然而，稍稍琢磨，其实可以简单地分为两类：第一类，基本的产权／权利，已经界定得很清楚明确，如印第安保留地；第二类，基本的产权／权利，并没有明确界定且得到司法体系的支持，如莫斯科未开张的店铺。以下，将以这种划分为起点，进一步探讨这两类逆式公地性质上的差异。

2.1 逆式公地和共有资源

第一类的逆式公地，是在基本的产权／权利上，已有明确清晰的界定。这个类别包括：印第安保留地、公寓／社区住户、祭祀公地。这些事例的共同特性是，涉及的人数往往比较多。当然，多和少是相对的概念，一块保留地／祭祀用地，可能为两百人共同持有；一个五楼公寓，可能有二十户住家。保留地／祭祀用地可以开发或出售，公寓大厦可以改建或出售，因此，都有潜在的利益，可以被攫取和实现。然而，因为涉及的人多，所以等于是面对提供"公共物品"（public goods）的问题。问题的关键是人多，这是集体行动的逻辑和难处（the logic of collective action）。

这种问题其实和"共有资源"（common pool resources，CPR）的问题，有一些共同点。文献上关于共有资源的讨论非常多，譬如莱比凯（G. Libecap）提到的美国加州外海的沙丁鱼渔场、德州石油开采公司，还有欧斯壮（E. Ostrom）提到的例子：捕鲸船如何分配猎物，美国西部地区如何分配水资源。处理共有资源时，有些成功，有些失败。（观念上，共有资源和草原的悲剧，似乎比较容易联结。然而，精确一点的描述是：共有资源被耗尽，就是草原的悲剧；共有资源被低度利用，或没有发挥潜在的效益，就可能是逆式公地。可见，无论是草原的悲剧、逆式公地或共有资源，本质上都有"公共物品"的成分。）

由此可见，第一类逆式公地和共有资源的问题，相同之处就是：有潜在的共同利益，可以合作攫取而互惠；然而，因为

211

人数多，所以协商沟通和践约（enforcement）的成本高昂。结果，许多潜在的利益，最终并没有被攫取和实现。因此，第一类的逆式公地，可以表示成"共有资源型逆式公地"（common-pool resources type anti-commons；CPR type）。由共有资源的角度，很容易掌握第一类逆式公地的性质以及问题所在！

2.2 逆式公地和竞租

第二类的逆式公地，包括海勒的莫斯科店铺、布坎南在意大利听到的游乐区开发案等等。根据两人的描述，在这些情境里，资源的运作需要得到很多单位的同意，只要有一个单位不核准，整个计划便受阻，就会产生资源弃置的结果。因此，等于是每个单位都有否决权，都可以排除任何人使用资源（exclusive rights）。和公地悲剧下人人可以使用资源，正好对称，结果也是资源运用的不效率。

海勒、布坎南和尹容的解释，只是表面上的理由，而更深刻且有趣的解释，是由竞租（rent seeking）的角度着眼。层层管制者，既有核准与否的权力，当然可以借机会要挟。因此，莫斯科的大街上，有些店铺没有开张营业，更合理的解释，是有权管制核准的单位太多，需索太多；对于潜在的经营者而言，要付的过路费太多，金钱和时间的成本太高，干脆不走这条路，另辟蹊径。海勒提到，大门紧闭的店铺不远处，在空地上往往有临时性的帐篷，生意鼎盛，人气旺盛！

简单地比较两种情况，就可以琢磨出曲折所在：在莫斯科的大马路旁开店，申请核准的过程里，要打点许多单位，耗费可观的人力物力；开始营业之后，这些单位可以经常找碴需索。相形之下，在空地的临时建筑物里营业，只要应付两种力量：管区警方和黑社会老大。只要按时孝敬黑道和白道，就可以开门营业赚钱。两相比较，在很多情形下，后者可能是较好的选项。对于管制单位的官僚而言，面对申请案件，基于自己的利益，当然要借机会要钱或其他好处。个个单位如此，等于是竭泽而渔，最后无渔可享。抽象来看，其实这正是"公地悲剧"——人人放羊吃草，最后草原消失，无羊可放！也就是说，至少在某些情形下，管制者人人需索，最后吓跑一些人，收贿的机会（共有资源）从此消失。

因此，问题的关键，是运用资源的条件（权利），并没有得到正式司法体系的支持；资源的运用，只能以没有效率、隐晦的方式进行，并且得到非正式司法力量的支撑。在文献里，事实上早有类似的讨论，只是没有援用"逆式公地"这个名词。有两个例子可供参考：苏托（de Soto）2002 的名著《资本的秘密》里，描述在秘鲁首都利马，因为注册登记的手续过于烦琐费时，所以许多经济活动都以地下经济的方式进行。诺斯描绘，西班牙在中世纪里，各种名目的税负太多，僧侣、学生和公务员变成吸引人的职业。

由此可见，这一类的"逆式公地"，本质上其实是竞租问题。由竞租的角度，更容易掌握问题的关键，在以下的论述里，将把第二类逆式公地称为"竞租型逆式公地"（rent-seeking type anti-commons，RS type）。

2.3 貌似而神异的逆式公地

前两个部分分别界定了"共有资源（CPR）型"和"竞租（RS）型"逆式公地。在这一部分将先比较两者性质的差异，而后，再归纳出两者外观上的共同点，作为之后分析的基础。

首先，重复前述的重要体会：共有资源型逆式公地，以印第安保留地为代表，产权的界定很明确。问题的关键所在，是资源为许多人共同持有。因此，虽然有潜在的利益可以攫取（例如，开发或出售），因为交易成本（协商和践约）太高，所以无法实现。问题的性质，是集体行动的特性和积累，是处理公共物品时常有的现象。竞租型的逆式公地，以莫斯科未营业的店铺为代表。问题的表象，是产权（经营店铺的权利）还没有得到公权力的支持，资源处于闲置或弃置的状态。问题的性质，是管制单位行政效率不高，是司法体系运作还没有上轨道。

两相比较且稍加思索后，就可以发现：随着经济发展，行政效率会慢慢增加，司法体系也会渐上轨道；竞租型逆式公地的现象将会逐渐减少，乃至于几乎消失不见。因此，这是一种阶段性的现象，在经济高度发展的社会非常少见。然而，共有资源型逆式公地，主要问题在于公共物品和集体行为的性质。无论经济发展的程度如何，问题的性质并不会改变。表象容或不同（保留地开发、宗祠用地出售、公寓大厦改建等等），问题的本质却是一致。

其次，海勒 1998 年的文章里，是以莫斯科店铺为逆式公地的典型。然而，公地店铺的（潜在）拥有者，是店主或承租户，而不是众多管制单位。众多管制单位，只有审查核准的权

214

利，它们并不拥有店铺（经营）这个资产。因此，以（逆式）公地这个名词来描述这种情况，事实上违反一般对财产／产权的用法。相反地，如果以本章上面的分析，把申请者的各种好处和贿赂，视为管制者们的共有资源，在专有名词的运用上，将更符合一般的用法。而且，也刚好可以呼应"共有资源型和竞租型逆式公地之间，彼此对称"。印第安保留地的众多地主，协商等交易成本高，无法有效运用共有资源（土地）；管制单位众多，协商等交易成本太高，无法有效运用共有资源（贿赂这块饼）。还有，贿赂这个"共有资源"，以公地（commons）来描述，更契合公地的精神。

再次，一个问题有很多面向，而概念的作用，是帮助分析问题。把逆式公地分为两类——共有资源型和竞租型——只是希望凸显不同的重点。事实上，两者之间彼此相通，互相涵盖。共有资源型的问题，也可以由竞租的角度来阐释：保留地开发，就是希望攫取且实现更多的经济租。相反地，竞租型的问题，也可以由共有资源来阐释：管制单位之间协商成本太高，各自需索，结果竭泽而渔，导致店铺铁门紧闭，潜在的财源耗竭。

最后，是关于两种类型逆式公地之间，在外观上的共同性（observational equivalence）。精确地说，在两个层次上，是形同而神异——外观相同而原因不同。第一个层次，是莫斯科店铺型的逆式公地。造成大门紧闭，至少有两种可能的原因：一是管制单位竞租，潜在的业者不堪其扰，另求发展；二是海勒和布坎南等人的看法，管制单位众多，个个都有实质上的否决权，申请程序耗时太久，业者另谋出路。在真实世界里，两者（或

215

两者的某种组合）各占有多少比重，当然是一个实证问题。第二个层次上，是共有资源型和竞租型的逆式公地，外观上都是资源低度利用，都是因为一票否决。海勒以逆式公地这个概念，囊括这两种现象，本身就是最好的说明。然而，如前所述，这两种现象外观上似乎类似，其实问题的性质不同：一个主要是共有资源的问题，另一个主要是竞租的问题。而且，精细一点的描述是：共有资源型逆式公地的问题，是资源运用较好、较有效率的情况"没有出现"——印第安保留地的例子；竞租型逆式公地的问题，是可用资源被耗竭，可贵资源"已经消失"——莫斯科店铺的例子。

3. 模型的是非

上面的分析中，将逆式公地分为两类：共有资源型（CPR type）和竞租型（RS type）。根据这种划分，在此将先评析布坎南和尹容（Buchanan & Yoon）的模型，指出潜在的缺失；而后，引用布坎南和塔洛克（Buchanan & Tullock）早先提出的模型，进而论证：较早提出的这个模型，其实更能捕捉逆式公地现象的精髓，包括共有资源型和竞租型！

3.1 布坎南和尹容模型的评析

对于逆式公地问题，布坎南和尹容（2000）最早提出具体的模型，具有指针性、里程碑的地位。他们的故事，基本如下：停车场原为一人所有，停车必须付费取得许可证（parking permit）。而后，停车场为两人所有，停车必须同时取得两人的许可（红色和绿色停车证），也就是两人都有否决权。两人在订最适价格时，成为特殊的均衡状态。而后，当有权发停车证的人数增加时，每人能收到的费用将降低，能收到的停车费总额也将下降，甚至趋近于零。相对地，公地悲剧里，牧羊的人增加，能吃到的草下降，最后草原消失。因此，他们认为，逆式公地和公地这两种现象，是一种对称（symmetric）的情境。

布坎南和尹容模型的优点是简单明确。然而，模型有一些潜在的问题，值得指明。首先，模型的关键，是有权发停车证的人数增加时，停车费的价格和营收下降。主导力量（driving force）其实是人数，而不是这些人具有否决权（veto power）。譬如，入场停车无须付钱，但是要经过起降的门槛，当门槛愈来愈多，出入所耗的时间增加。即使免费，最后愿意入场停车的人也会减少，乃至于趋近于零。在共有资源型逆式公地（印第安保留地）里，主导力量是人数增加时，协商成本快速增加。而且，共有资源型逆式公地的情境，是人数多，不容易经由协商而取得协议。每个人在取舍自己行为时，未必会把其他人的利益纳入考虑。结果协商不成，大家均蒙其害。然而，布坎南和尹容的模型求解时，是援用一种特殊的均衡概念，也就是每个行为者取舍时，都把其他人的举止纳入考虑。模型的解，是合作赛局（cooperative game）的最适解，大家会同蒙其利，而不是同蒙其害。因此，精确地说，对于共有资源型公地，布坎南和尹容的模型并不能捕捉其精髓。

其次，在布坎南和尹容的模型里，有权发停车证人数趋近于无限多时，停车证的价格趋近于零。可是，在任何一个给定的情形下，对车主而言，需要取得几张停车证、价格是多少，却是明确的信息。观念上，对车主而言，同时取得（simultaneously）或先后取得（sequentially），没有实质上的差别。然而，对竞租型逆式公地而言，店铺的屋主或承租户要取得营业执照，申请时所要面对管制单位的数目，可能明确，也可能不明确——申请过程中可能横生枝节，被要求必须符合额外的条件。无论如何，各管制单位的审核尺度，以及台面下所要求的"通行费"，却未必明确。而且，申请的过程往往是有先后次序的，前面核准通过，未必隐含后面也会审核通过。因此，过程中充满信息不对称和不确定性。

更重要的差别是停车场／证的例子里，有证就可以出入，没有裁量权（discretion）的问题。在店铺申请执照的情境里，申请人面对的事实上是双轨制：形式上，是法规上的审查；实际上，其实是审查者本身的好恶（和利益）。裁量的空间很大，也正是问题的关键所在。关于这一点，下面会有进一步的分析。重点是，在竞租型逆式公地（莫斯科店铺），主导因素是管制者人人要收过路费，人人有否决权。因此，仔细考虑对于竞租型逆式公地问题，两位作者的模型也不足以反映其核心。

简单地说，和真实世界里的逆式公地情况相比，无论是竞租型逆式公地，或共有资源型逆式公地，布坎南和尹容的模型都有一段相当的距离。（布坎南和尹容模型里的停车费，如果解释为管制单位所收的贿赂，模型的精神就接近"竞租型"逆式公地。但是，在他们的模型里，"经济租"只有当人数趋于无限大时，才会消失。在"竞租型"逆式公地里，只要索贿的官僚够多，"经济租"——贿赂这块饼——就可能消失。）

3.2 布坎南和塔洛克模型的应用

以模型来探讨逆式公地，必须能捕捉逆式公地主要的两点特质：对于资源运用，采取特殊的决策规则；资源运用的结果，是一种不理想、低效率的状态。

在布坎南和塔洛克（1962）这本经典之作里，作者在第六章介绍处理公共事务的游戏规则。图9.1是决策成本，图9.2是外部成本。横轴上的 N，是人数；$\overline{N}$ 则是群体的总人数。0 和 $\overline{N}$ 之间的数字，是表示表决规则所隐含的人数。譬如，$1/2\ \overline{N}$，表示简单多数决，$\overline{N}$ 则是全体一致决。

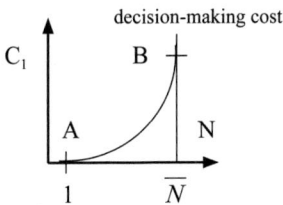

图 9.1 决策成本　　图 9.2 外部成本

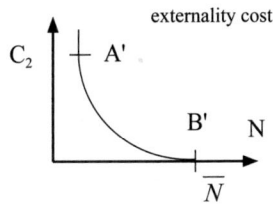

从图 9.1 可以看出，表决规则愈严，决策成本愈高；从图 9.2

可以看出，表决规则愈严，公共选择造成的外部成本愈低。利用图 9.1 和图 9.2，可以轻易而且清楚明确地标示出公地和逆式公地的情境。在图 9.1 里，A 点表示，任何一人都可以做决定，通过议案。这是"一人规则"（any person rule），而决策成本趋近于零。B 点表示，表决规则为全体一致决（unanimous rule），沟通协商的成本很高。在图 9.2 里，对应 A 点的是 A'；"一人规则"之下，任何人都可以运用资源，结果外部成本很高。图 9.2 里，对应 B 点的是 B'；"全体一致决"之下，不会通过不利于自己的决策，因此外部成本为零。

公地悲剧和逆式公地，就可以由 A 和 B 以及对应的 A' 和 B' 来表示。A 是一人规则，任何人都可以运用资源。也就是说，任何人都可以牧羊吃草，不受限制。结果，草原耗竭，悲剧造成，外部成本高昂（A'）。B 是全体一致决，所有人通过才能运用资源。也就是说，人人都有否决权，让资源无从运用。结果，资源原封不动，低度利用，正是莫斯科店铺和印第安保留地的写照。因此，关键所在，就是体会到：人人都有否决权，本质上就等于全体一致决。

由此可见，布坎南和塔洛克的模型，更适合用来分析公地和逆式公地的问题。逆式公地的特性，是人人都有排他权：人人可以排他否决，等于是全体一致决；而全体一致决，协商成本高昂，这点由图形中可以清楚地看出。而且，逆式公地的另一特性，是资源运用效率低落。图 9.2 显示，当表决规则是全体一致决时，不会有外部成本；资源不会被消耗，而是被闲置弃置。此外，布坎南和尹容的模型里，N 趋近于无穷大，才得到逆式公地的结果。在布坎南和塔洛克的模型里，N 可以是任何正数（10 或 20）。关键所在，是全体一致决隐含高昂的协商成本。布坎南和尹容的模型，似乎反而忽略了公共选择的智慧结晶；相形之下，布坎南和塔洛克的简单模型，事实上一针见血地捕捉了公共选择／共有资源／逆式公地的精髓。

进一步考虑，依前面的分类，把逆式公地分为"共有资源型"（CPR type）和"竞租型"（RS type），那么，共有资源型所对应的，就是图 9.1 的 B 和图 9.2 的 B′——每人都有否决权，就是全体一致决。相形之下，竞租型所对应的，就是图 9.1 的 A 和图 9.2 的 A′——管制者个个需索，结果"贿赂"的这个草原终至消失。根据这种解释，海勒所描绘的逆式公地，其实包含公地（RS type）和逆式公地（PR type）。而且，也就包含表决规则的两种极端："一人规则"和"全体一致决"。

4. "两者之间" 的故事

以下将先介绍"两者之间"的意义，再探讨相关的政策含义。

4.1 "两者之间" 的定义（Definition of the In–betweens）

无论是公地悲剧或逆式公地，都隐含着资源误用、耗损、闲置甚至耗竭。然而，真实世界里，这些并不是常态。以逆式公地而言，前面划分为两种类型：共有资源型和竞租型。而印第安保留地、宗族祭祀用地、公寓大厦改建，是共有资源型逆式公地的例子。然而，举世各国的各个都会区里，公寓大厦改建更新的例子，比比皆是。（海勒提到，有时会诉诸极端的手段，譬如，不愿搬走的老年住户，会"失踪"或"意外丧生"。）只要有利可图，只要法治环境差强人意，总有企业家会试着攫取且实现潜在的利益。

台北市仁爱圆环"财神酒店"旧址的例子，虽然有点特殊，却不算极端，也不少见。1975年，24层大厦落成，出售给306个持份的业主，原定计划是：公司将以五星级大饭店的形式对外营业，并且和几百个业主签约承租。然而，因为财务问题，建设公司垮台、倒闭，几经转手，都没能真正开业。结果，有近二十年的时间，大厦无人进驻，一片荒芜，成为都市景观中刺眼的一隅。然后，法院裁定解决方案，由几个律师事务所出面，和几百个业主（有些已经死亡、地址不明等等）一一联系并签约。经过漫长的过程，整合成功，终于完成产权重整。现在，大楼已经重新装潢启用，灯火辉煌。

前面曾指出，共有资源型逆式公地的问题，关键是公共物品，是集体行动的逻辑；问题的性质，和经济发展及司法体系没有直接的关系。相形之下，竞租型逆式公地的问题，关键是管制者人人想借机获利。人人伸手的结果，是竭泽而渔，是杀鸡取卵，莫斯科和利马的现象是代表性的例子。然而，即使在国家转型期，即使在发展中国家，不开张的店铺和地下经济，通常并不是居于主导地位。更多的情况，是设法克服处处刁难、人人伸手的层层关卡。

有些地方的情形，和俄罗斯类似，要开店营业、建筑施工等，必须向许多单位申请，得到核准之后才可以进行。有管制，就有上下其手的空间。因此，"雁过拔毛"（A wild goose flying over leaves behind some of its feather）这句成语，就成为指引行为的潜规则：申请各种许可时，向每一个有生杀大权的人，表达适当的礼数；一路送好处，一路过关斩将。结果，事情办成，皆大欢喜，大家都是赢家。然而，这种潜规则虽然广为人知，却不容易由行为上直接观察得到。送礼的人不会明目张胆、敲锣打鼓，收礼的人也不会签收记录、呈报上级。台面下的动作，不会摊在阳光下。可是，虽然直接的证据数字不可得，但透过间接的资讯，还是可以体会到雁过拔毛的痕迹。

通过层层审核关卡，需要打通关节；而打通关节，需要适当的工具。在真实世界里，这类工具往往隐含几种特性：首先，为申请店铺营业等等而打点的各个单位，涉及的利益有限：孝敬的利益不会是千百万之谱；比较常见的利益，是千和万之间。其次，负责审核的，多半是中低层公务员。用现金当润滑剂，违法而且难看。最好有其他的媒介，价值明确稳定。最后，媒介的流通性最好较高，收到手时不是现金，但是可以转换为现金。

因此，有一些消费品，就成了具有货币性质的"准货币"（pseudo money）或"半货币"（semi money）。用来打通关节，它们是非常好的工具：烟酒、各种提货券、超市储值卡、高尔夫球证、各种俱乐部的会员卡等等。当然，这些准货币之间，流通性的高低不同，也需要有回收变现的管道。(对于各种"准货币"的探讨，本身就是一个充满兴味和有挑战性的课题。)

高阳的《玉座珠帘》里描述，进宫请托的人，可以先到附近古董字画店里，依请托事项的重要性(价值)，决定要买哪些礼物送给官员。官员收到礼物之后，会依"行规"的价格，把古董字画送回店里变现。

总而言之，借着"准货币"和其他的润滑剂，商业和其他活动得以蓬勃发展。许多资源还是属于地下经济，像秘鲁利马的情形一样；但是，更多的资源浮上了地面，得到行政和司法体系的认可、支持和保护。竞租型逆式公地是个例外，而不是常态。常态是雁过拔毛，是在各管制审核单位都有否决权的情况下，一路过关；跨过全体一致决的门槛，在阳光下大展身手。

4.2 政策含义

众所周知，财产权的界定通常是不完整的，总有一些还保留在公领域。然而，德姆赛兹(H. Demsetz)明确指出，分析产权问题时，造成困扰的，往往是没有把问题界定清楚。如果财产权已经相对明确地归给个人，那么共有资源(公共物品)的问题，主要是协商沟通等交易成本过高。由以上的分析可以看出，共有资源型逆式公地，问题的关键正是如此。挣脱这种亘古困境的方式之一，是公共选择的慧见：对于资源运用/公共政策的结果(outcome)争执不下时，不妨把注意力转移到程序(process)上。借着大家都能接受的程序，来达到大家都能(勉强)接受的结果。

针对竞租型逆式公地，前面曾经指出：随着经济发展，行政体系和司法体系的效率会逐渐改善。雁过拔毛的现象会慢慢减少，乃至于几乎消失而成为偶发的个案。当然，经济发展是一个漫长的过程，有些经济体系可能长期处于低度均衡与恶性循环。关于这种情形，海勒的文章事实上已经指出一种出路：遵循正常管道申请营业许可，可能需索过多和耗时不赀。因此，干脆不此之图，而在附近空地上以临时建筑营业。这种情况下，只要应付黑白两道的税负（保护费），就可以正常营运。也就是说，挣脱桎梏的方式之一，是设法减少管制单位，以降低经济活动的进入障碍（entry barrier）和起始成本（start-up cost）。

这种做法，事实上见诸许多国家的公共政策。很多加工出口区和科学园区等，性质上就是如此：在特定的区域内，对法规松绑，减少行政干预，使经济活动更容易进行。最明显也可以说是最成功的例子是深圳。1970年深圳还是一片荒芜之地，1980年8月26日成立深圳特区。深圳既然是新成立的特区，官僚体系的包袱较小，结果经济活动快速发展。减少雁过拔毛的次数，效果显然很可观。2010年，深圳特区的面积，已经扩充为当初的4倍。产值更从1979年的2亿元人民币，变为2009年的200亿元人民币。30年内成长100倍，每年平均成长率是16.7%，持续30年。2009年，深圳每人所得是21 500元人民币，在大陆地区排名第二。当然，随之而来的还有贪腐现象的出现。2011年，深圳市委副书记、市长许宗衡，因为严重贪污而被起诉，判处死刑，缓期两年执行。根据官方的新闻报道，许宗衡贪污的金额，大概在20亿元（人民币）之列。总而言之，竞租型逆式公地的问题，要对症下药，关键是针对"竞租"，而不是文献上所强调的"排他权"（exclusive rights）。

5. 结论

在公共经济学的领域里，海勒关于逆式公地的探讨以及所引发的后续研究，无疑是一颗耀眼的明钻。由以上的分析可以看出，逆式公地的概念和公地环环相扣；而且，和共有资源（common-pool resources）及竞租（rent-seeking）等概念也密不可分。甚至，在学理上还可以论证，逆式公地的概念只是新瓶装旧酒，所描述的现象，其实已经涵盖在其他现有的概念之下，换一个新标签而已。

这种论点的是非如何，可以进一步探究，但不是本章的关键所在。本章的论述，是以"逆式公地"为出发点，希望厘清这个概念；并且，对于布坎南和尹容（Buchanan-Yoon）里程碑式的理论模型，在臧否之外，指出较早的布坎南和塔洛克（Buchanan & Tullock）模型其实更为贴切。

本章的结论，一言以蔽之，呼应海勒 1988 的标题《逆式公地的悲剧：由马克思过渡到市场的财产》（*The Tragedy of the Anticommons: Property in the Transition from Marx to Markets*），竞租型逆式公地，很可能只是过渡阶段的现象；共有资源型逆式公地，即使在最先进的市场经济里，也将是无从避免的问题；而

"两者之间"的现象，则是挣脱逆式公地的可能途径之一。

参考文献

Heller, Michael A., "The Tragedy of the Anticommons: Property in the Transition from Marx to Markets," *Harvard Law Review*, 111（3）: 621-688, 1998.

Heller, Michael A., and Eisenberg, Rebecca S., "Can Patents Deter Innovation? The Anticommons in Biomedical Research," *Science*, 280（5364）: 698-701, 1998.

Buchanan, James M., and Tullock, Gordon, *The Calculus of Consent: Logical Foundations of Constitutional Democracy*, Ann Arbor: University of Michigan Press, 1962.

Buchanan, James M., and Yoon, Yong J., "Symmetric Tragedies: Commons and Anticommons," *Journal of Law and Economics*, 43（1）: 1-13, 2000.

Hsiung, Bingyuan, "Commons, Anti-commons, and In-betweens," *European Journal of Law and Economics*, 43: 367-388, 2017.

第十章　也是断背山的故事——伦常变迁的法律经济分析

1. 导言

　　由古到今，无论中外，在大部分时候和大部分地区里，"家庭"都具有非常重要的地位。除了传宗接代之外，家庭还是主要的经济单位和社会单位。然而，在 21 世纪初，无论中外，"家庭"这个古老的组织，却面临了前所未有的考验。两个具体事例，可以以小见大。

　　贝克－波斯纳部落格（Becker-Posner Blog），主人是诺贝尔经济学奖得主贝克和法律经济学重镇波斯纳法官。由 2004 年 12 月开始，他们在部落格里定期发表评论，接受网友质疑，再提出响应。在 2005 年 4 月，两篇同时露面的文章里，贝克和波斯纳分别提到："性"（sex），过去一向富有很多社会功能（譬如生育、组织和维系家庭）；但是，当今美国社会，至少在有些角落里，性的诸多社会功能，已经渐渐被剥除殆尽。剩下的，只有很单纯的功能——男女（或男男、女女）之间，一种娱乐性活动（a recreational activity）而已。

2005 年英国《独立报》(*Independent*) 每周刊出的 "法律案件报告" (law reports) 里，有一则官司是关于公媳之间的婚姻。一对夫妇结婚生子之后，个性不合而离异。接着，公公和媳妇产生感情，决定结婚。英国内政部表示反对，根据习惯法 (common law)，如果原婚姻没有生下孩子，而且原来的男性已经过世，公媳之间才可以结婚。这对男女，向欧盟法院提起诉讼。法院认为，允许当事人（公媳）结婚，对于原先婚姻关系和亲属（特别是儿子和孙子），固然会带来很大的困扰；但是，公媳这一对男女，有权追求自己的幸福。即使儿子和孙子都还在，即使英国习惯法有明确的 "法原则"，英国法院最后裁决，依《欧盟人权公约》，婚姻有效。

长久以来，家庭都是社会的基石，是维系社会结构的重要支柱，连带的，伦常关系、男女之间的性，都有稳定而持久的内涵。然而，前面这两个事例，却硬生生地揭开一张面纱。一旦社会的基础开始崩解，人们何去何从呢？在面对争议性官司时，美国最高法院多次表明：考虑是非曲直时，最高法院的立场，是采取一个 "与时俱进的量尺" (an evolving standard)。当然，令人好奇，也引人深思的，是这个 "与时俱进的量尺" 受哪些力量的影响而与时俱进？还有，站在宪法守护神的立场，最高法院又要怎么操作这个量尺？

本章将以伦常关系为主轴，首先探讨伦常关系的性质、变化的轨迹；其次，是伦常和法律之间的关联；最后则是由论述中，希望能萃取出一些慧见 (insights)。

2. 伦常关系 ABC

这里将借着一些问题，自问自答；之后，再试着烘托出伦常关系的基本性质。当然，这一节里的论述，是从社会科学的角度着眼，和传统规范式、道德式的看法，可能有相当的差别。

2.1 问题 1："夏虫不可以语冰"是什么意思？

这句成语，有几种含义：第一，只在夏天活的虫，不知道冬天的冰是何模样，因此，和夏虫语冰，等于是对牛弹琴、问道于盲。第二，只在夏天活的虫，无缘认识冰，因此，对夏虫谈冰，超越了它的经验集、数据库（data set），无济于事，而且浪费时间气力。第三，只在夏天活的虫，无须具有冬天生活的配备，因此，肉体上没有厚皮厚毛，脑海里也不需要"冰"这个概念！

2.2 问题 2：露营五天，除了帐篷炊具等配备之外，要不要带冰箱冷气？

大概不要。杀鸡用鸡刀，割牛用牛刃；处理不同的问题，援用不同的工具。到郊外露营五天，不是长住，只需要简单的配备，能应付过去就好了。冰箱冷气等重装备，即使派得上用场，往返搬运架设，都耗费人力物力，考虑轻重，不值得。和前面"夏虫不可以语冰"相比，观念相通；差别之一，是由虫变成人。

2.3 问题 3：中小学里，有班主任和科任老师。在教育管理班级上，两种老师做法有何不同？

班主任老师，要负责整个班的成败；科任老师，和同学相处的时间较少，责任也相对较小。既然角色不同，在教育管理班级上，通常也就会采取不同的做法。班主任老师，会投入较多的心血，掌握较多的信息。科任老师，大概只要维持上课的秩序，其他方面，大可以放牛吃草。因此，科任老师，有点像新兵训练中心的班长，带兵带形：外观上，符合形式要件即可。班主任老师，却是像新兵下部队后的班长，带兵带心：为了长治久安，除了外观，还要注意内在的思维。

相对地，同学们对班主任老师和科任老师，态度不同；同样的道理，小兵在新兵训练中心和下部队之后，言行举止也不一样。相同的人，面对不同的环境（诱因），会有不同的取舍。

2.4 问题 4：交通警察和消防队员，在性情和人格特质上，有何不同？

十字路口的交通警察，通常一个人独立作业，既是单兵作战，就要培养出一个人面对问题、处理问题的能耐。相对地，消防队员在火场里，生死一瞬间，需要同舟共济、互通有无、生死与共。因此，灭火的弟兄们，彼此之间最好有手足般的情感。平时搅和在一起、喝酒唱歌瞎闹，其实有迹可寻。如果没有平日的厮混，就没有危急时的赴汤蹈火、为朋友两肋插刀。也就是说，交通队员和消防队员，在性情、能力、人格特质上，都有明显的差别。这种差别，有以致之；而且，领导统御时，也值得有意地雕塑不同的人格特质。

2.5　小结

　　人号称是万物之灵，其实只是大自然里的一种动物。既然生活在大自然里，也就要面对大自然里的考验。在面对生存和繁衍这两大考验时，人类慢慢地发展出一些器官、才情、思维。由这种角度了解伦常关系，比较平实。这里提出的四个问题，只是预备动作，为下文的伦常关系进阶提供背景。

3. 伦常关系进阶

　　上一节里，并没有直接处理伦常关系，而是借着几个问题和答案，烘托出人类的行为特质：面对环境的考验，会发展出和援用不同的工具，希望自求多福。这里，将以这种体会为基础，直接处理伦常关系。遵循的方式，依然是自问自答。

3.1　问题 5：为什么认干爸干妈，而不认干叔干婶？

　　在亲生的父母之外，认干爸和干妈，显然是希望能多得到一些照顾。比较起来，干爸干妈比较亲近，干叔干婶比较疏远。亲近带来的照顾多，因此既然要认，就认个较能发挥功能的工具！伦常关系发挥功能的例子，所在多有。传统文化里，大人会要小朋友叫长辈为叔叔伯伯；朋友之间，互称兄弟乡亲等等。

都是希望在人与人之间，能建立起类似伦常的关系，以享受伦常关系所带来的好处。

3.2 问题 6：一般人被批评，对朋友比对家人好，为什么？

答案很简单，对朋友不好，朋友就不再是朋友；相形之下，对不起家人，家人还是家人。得罪朋友的成本高，得罪家人的成本低。成本高的大错，少犯；成本低的小错，偶尔犯犯无妨。可见得，伦常关系的维系，也是受到成本效益考虑的节制。

类似的现象，所在多有，以两个常见的现象为例，可见其余。首先，众所周知，在外工作的职业妇女，一般而言，在家里的地位比较高——高，是指相对于先生和相对于婆婆。没有在外工作的家庭主妇，独立条件较弱，地位自然较低。相形之下，有自己工作和收入的妇女，如果婆婆和先生欺人太甚，有条件择良木而栖。

其次，子女成人之后，有些人和父母住在一起；有些子女离开家，在外地工作生活。一旦家里有资本性或花费较大的支出（帮父母买辆车，或送父母一对金戒指），往往是在父母身边的子女，负荷较重——"父母税"的税率较高。道理，其实还是一样：对于远方的子女，如果税率太高，就课不到税。

3.3 问题 7：买了抛弃式相机和莱卡（Leica）相机，维护上有何不同？

如果买的相机，是简便低廉的可抛弃式产品，想当然尔，不会特别再买一个防尘防湿箱。顾名思义，可抛弃式相机（disposable camera），设计的目的就是用完随手可扔。相对地，如果买的相机是精致贵重的莱卡，爱屋及乌，工欲善其事，必先利其器，自然会买一个防尘防湿箱。因此，杀鸡用鸡刀，割牛用牛刃。进一步的含义，是在照顾和维护鸡刀和牛刃时，会采取不同的做法。工具和配套措施之间，是一种连带呼应的关系。

3.4　问题 8：对不起父母时，往往会有罪恶感；对不起朋友时，却不太会有罪恶感。为什么？

父母和朋友之间的对照，有点像莱卡相机和可抛弃式相机。父母和朋友，都能发挥照顾奥援的功能——在家靠父母，出外靠朋友。然而，两者的重要性，特别是在传统、农业社会里，相去不可以道里计。

父母和子女之间，要经历养育、共同生活、养老等过程。在这个漫长的过程里，不同的阶段，父母和子女的相对地位不同，各自拥有的资源也不同。为了能圆满走过这个漫漫长路，最好有浓厚深重的伦常情怀。父母子女之间极其特别的伦常关系，重要的功能（之一），就是能有效处理彼此的合作互惠——子女年幼时，父母照顾；父母年纪大时，子女反哺。而为了支持和强化这种关系，就需要一些辅助性的配套措施。子女对父母的歉疚、懊恼、悔恨、亏欠的情怀，就是维系父母子女伦常关系的支持条件。因为这种伦常关系太珍贵重要了，所以要发展出一些做法，好好照料拂拭这种关系——就像莱卡相机太珍贵重要，要买个防尘防湿箱一样！

3.5　小结

这里明确地勾勒出伦常关系的性质：伦常关系，是一种工具性的安排（a tool-like arrangement），具有功能性的内涵（functional contents）。而且，为了能有效发挥作用，人类还发展出配套措施以支持伦常关系。

4. 伦常关系实证

对于伦常关系的性质，前文由经济分析的角度，提出工具性、功能性的解读。这种观点和一般人的认知之间有相当的距离；不但有争议性，而且有点离经叛道，简直是大逆不道。然而，真相到底如何，让证据来说话。这里再次运用问答的方式，探究在真实世界里，伦常关系确切的样貌（configurations）。

4.1　问题 9：21 世纪初的现代社会里，对父母而言，子女比较像消费品还是资本品？

养儿防老，一语道尽伦常关系的性质之一。在传统农业社会里，看天吃饭，没有劳保、公保、农保或全民健保，一旦有天灾人祸，只能自求多福。大家庭的功能，在生产、消费、储蓄和保险各方面，能充分发挥功能。在这种环境之下，子女是资本品，殆无疑义。现代社会里，农业部门的就业人口，只有 3% 左右；其他部门的经济活动，比较不受天气、气候的影响。

而且，在不同的部门里，有各自的公保、农保、劳保、全民健保；更不用说，还有各种商业保险。在生产、消费、储蓄和保险上，不再需要大家庭发挥功能。核心家庭兴起，有以致之；而在核心家庭里，通常最多只有一两位子女。对父母而言，子女是资本品的成分，已经大幅下降。继之而起的，是一起共享家庭生活、快乐时光。

子女性质的转变，从子女的数目上看得出来——农业社会里，男丁愈多愈好；工商业社会，多数家庭至多有两位子女。除此之外，有些家庭里，完全没有子女，取而代之的，是其他小狗小猫之类的宠物。当然，照顾小猫小狗也很麻烦，所以有些人干脆再进一步养机械狗和机械猫。

4.2 问题 10：现代社会里，到底谁是孝子？

在 1950 年到 1970 年这 20 年间，出生成长而后为人父母的人，往往自嘲为两代的"孝子"——他们遵循风俗习惯，孝顺自己的父母；同时，他们也全心全意地呵护、宠爱、取悦他们仅有的一两位子女。而且，在孝顺父母和子女之外，他们还要好好照顾自己。因为，当他们年纪大时，子女不太会照顾他们，他们必须自己未雨绸缪，早为之计。"孝子"的存在，并不是个案，而是普遍存在的现象。在各地中小学、补习班、才艺班之间穿梭接送子女的，就是这群"孝子""孝女"。而且，他们甘为犬马，不但不以为苦，还乐在其中。

4.3 启示

由这两个具体事证来看，伦常关系事实上已经迥异于往昔。前文提出十个问题和说明，由这些问题和说明，可以归纳出几点体会。

首先，伦常关系的变化，不是敲锣打鼓、喧嚣而至，而是悄然而至。对渺小的个人来说，并不见得会认知到这种转变。促使伦常关系的变化，是好几种力量交互运作的结果。在不知不觉之间，农业社会里奉行几百年、几千年的行为规范，滴水穿石般的由量变到质变。

其次，对一个个单独的家庭而言，当然不会有"天下兴亡，匹夫有责"之类的考虑。每个家庭面对的，是本身的利害，也就是本身的成本效益。因此，受到直接间接的影响，个别的家庭基于本身的考虑，选择只有一两个子女（或一两只小狗小猫），选择成为"孝子""孝女"，选择让子女成为消费品而不是资本品。个别的行为汇总之后，成为社会的趋势，成为举目皆是的社会现象。

最后，既然是个别家庭所作的选择，无论是主动被动，都是自主的决定，而不是政府或宗教等权威的规定。因此，小犬变成小狗小猫、资本品变成消费品的现象，即使奇怪，却是基于个别家庭地方分权式的决定。个别看来合情合理的决定，汇总之后，却可能出现奇怪的结果。然而，无论在"个别"（individual）或"宏观"（aggregate）这两个层次上，都不容易、不应该作价值判断。

原因很简单，在个别家庭的层次上，每个家庭面对的不是整体的利害，而是个别、本身的利害。因此，根据本身利害考虑所作的决定，在合情合理合法的范围之内，并没有可议之处。在宏观的层次上，宏观现象也许是奇怪的（小犬变小狗小猫、资本品变消费品、两代孝子）；然而，宏观现象，只是微观现象单纯的加总汇集。既然在个别层次上没有可议之处，在宏观层次上就更没有置喙臧否的空间。

4.4 小结

在这里，以具体的事证说明伦常关系已经和过去大不相同；同时，由所举的社会现象里，也归纳出几点平实的体会。下面的故事，是描述伦常关系诸多面向里，一个正在变化，而且样貌愈来愈清晰的面向。

4.5 故事：台湾社会 2010——老坛新酒的味道？

21 世纪初，台湾正经历一段特殊的岁月。在政治经济和社会各方面，都面对不同的考验。经济上，大致处于"横向整理"的局面，人均所得在 14000 美元左右，狭幅摆动，不上不下。政治上，还处于"灵魂搜寻"（soul searching）的阶段，党派之间的对立摩擦，变成每晚电视上的连续剧。

相形之下，社会层面的变化，似乎悄然隐身幕后；偶尔，报纸上的社会新闻，也会吸引大众的目光。几个特殊事件，为这段岁月留下脚注，成了难以褪去的记忆——1997 年，两名小学六年级的小朋友，由高雄离家出走，到台北游荡；1999 年，两名小学六年级的男女，午休时间在学校医务室小试（初试？）

云雨。2005 年，一个青少年、独子，向辛勤照顾他的单亲妈妈要钱，因为嫌钱太少，先把妈妈罚站，再拳打脚踢，结果妈妈报警寻求保护。

这些都是特殊事件，一叶不足以知秋，但是多少也反映了某些角落里的景象。不过，除此之外，台湾社会事实上正在慢慢蜕变。由社会科学的角度，值得试着琢磨这些变化的究竟。

根据统计资料，台湾的生育率持续下降。2004 年以后，每个家庭平均生 1.2 个子女。子女少，加上晚婚、许多男女保持单身，将来台湾小孩子和年轻人逐渐减少，是必然的趋势。这个趋势，当然有很多含义：超市里，奶粉尿布的品牌和数量将会减少；童装玩具，可能向精品和高价路线发展。还有，没有小犬，可是总希望有个伴，因此小狗小猫数目增加，宠物店和兽医，日渐兴隆。超市里，奶粉尿布留下的空间，可能由狗猫食品和宠物用品所取代。

这些发展，都见诸报纸杂志和统计资料；甚至，小犬变成小狗的事实，已经被写进教科书里。然而，有一个趋势正在酝酿成形，却似乎还没有引起太多的注意——子女成年后，不离开家，继续和父母住在一起。这种家庭正在增加，但是还算是新生事物，还没有对应的专有名词。勉强名之，也许可以称为"成人子女家庭"（adult children family）或"成人家庭"（adults household）。

成人家庭的定义，其实很简单：子女成年之后，还留在父母身边。因为和父母同住，所以经济上还依赖父母。这个趋势，可以借另一个现象来衬托：在大学生里，"延毕"的比例，已经上升到 10% 以上。明明四年可以读完大学，因为各种理由（考研究所、修辅系、增加人力资本、毕业找不到工作等等），所以延迟毕业。既然是学生、没有营生能力，延毕的费用当然由家长承担。如果家里有四五个孩子，需要经济收入，延毕的可能性显然很小；就是因为子女数减少，父母有能力负担，所以子女可以延长学习的年限，延后踏入社会的时间。

成人家庭，抽象来看，就是生命旅程上的延毕。子女成年后，离开家另立门户，已经是数十年来的常轨。然而，因为诸多因素，成人家庭正逐渐成为气候。

典型的成人家庭，大概有这些特征：父母属于战后的婴儿潮，本身有好几位兄弟姐妹；长大结婚后，两人各有各的工作，而且定居在都会区或附近。因为是双职、因为居住空间的限制、因为自己的成长经验，所以决定只有一到两个子女。以两份收入照顾两个子女，即使都会区生活费较高，也足以维持小康的生活。因此，在经济上和政治上，他们都是社会的中产阶级，是社会的中坚。

成人家庭的第一个转折点，是子女成人，当他们服完兵役或学校毕业后，回到家里待业。因为经济大环境使然，要找到待遇好的工作、能离家独立过活，并不容易。因此，留在父母身旁，一边准备各种考试，一边应聘各种工作。一转眼，三四年一晃而过，资历空白，要找到好的工作更困难。因此，离开父母，独立门户，更不容易。相对地，父母还正是壮年，薪资加上储蓄，有条件负荷两个成年的子女。

经过一番寻寻觅觅，最后的状态可能如此这般：子女终于找到工作，薪资不高，或者只是半职；赚的钱留下来自己用，其余衣食住行、水电瓦斯等等，还是由父母掏腰包。刚开始，父母可能还叮叮唠叨，久而久之，也习以为常；有子女在身边依赖自己，嘴上不讲，心里还是有一份喜悦。子女的需求，碰上父母的供给，成人家庭的均衡于焉达成。

在这种均衡之下，父母子女都有得有失。就子女而言，因为和父母住在一起，自己经济上的负担减轻许多；但是，因为不足以自立，所以可能有情感上的伴侣，但是不能结婚，更谈不上生儿育女。就父母而言，因为和成年子女住在一起，所以无须面对"空巢期"的难关；但是，子女经济上不能自主，却成了恒久的负担。

成人家庭的第二个转折点，是父母退休，渐渐老去。如果子女不在身边，父母自然而然住进老人院或赡养中心。可是，因为有子女在身旁，而且已经相处数十年，所以可能继续住在一起；由子女照顾父母的晚年，回到农业社会承欢膝下的场景。当父母过世，子女终于要面对社会的现实。然而，在父母的羽翼庇护下，他们已经度过了幼年童年青少年和成年的岁月，大概无法靠自己再进入社会、成为社会的主流。一言以蔽之，在成人家庭里，子女享受父母一辈子的呵护；相对地，父母也享受了子女一辈子的孺慕之情。当然，享受和忍受之间，可能仅是一线之隔。

因缘际会之下，在台湾地区，成人家庭为人类最古老的制度——家庭——注入新的内涵。旧瓶装新酒之后，气味如何、容颜如何，大家正拭目以待！

5. 时代的巨轮

前文的论述说明了，和农业社会相比，现代工商业社会的伦常关系已经有了非常根本的改变。然而，是哪些因素，造成这种石破天惊、天摇地动、改头换面式的变化呢？在这里，将先辨认出两种因素，然后再阐释相关的含义。这两种因素，一个是宏观层次（macro level）上的变化，另一个则是微观层次（micro level）上的变化。

5.1 宏观因素：工业革命

人类历史，以文字为标杆，大概有几千年到几万年。在这段岁月里，绝大部分的时候，是春去夏来秋收冬藏，年复一年，几乎没有什么改变可言。然而，18 世纪在英国诞生的工业革命（Industrial Revolution），却引发了一连串滚雪球式的巨变。

以一天 24 小时来看人类历史，工业革命前大概已经占了 23 小时 30 分钟；工业革命后到今天，两百多年的时间，大概只占了 30 分钟。然而，这 30 分钟里发生的事，无论就深度或广度而言，都超出了前面 23 小时 30 分钟的总和！ 而这一切的一切，追根究底，都肇因于蒸汽机的发明。之后，所掀起的滔天巨浪，直到今天，仍然冲击着传统社会的各个面向，伦常关系的变化，只是其中的一环而已。

工业革命带来的冲击，涉及诸多层面，和本章有关的，可以集中在两条轴线：直接的，对经济活动的影响；间接的，对家庭带来的变化。两条发展的轴线，可以简单地勾勒如下。蒸

242

汽机、铁路火车、轮船等等发明，原先只是技术上的变革；然而，在经济活动上，却使"量产"（mass production）成为可能。量产，使过去为少数人享有的纺织家电产品，变成一般家庭的必需品。市场的规模，大幅扩充；经济利润，激发了下一波的生产、消费、生产……的循环。电话、电灯、汽车、飞机等等，陆续问世，更进一步扩充市场的范围。21世纪初，地球五十亿人口里，绝大多数人的生计，都直接或间接依附在市场的网络上。当然，网际网络的发展，更是火上加油；市场的蔓延和扩大，还没有减缓的迹象！

和经济这条轴线平行发展的，是家庭这个古老的组织。而这条轴线的发展，脉络也一样清晰分明。原先，农业社会里，经济活动（农业生产）的地点，就在家的附近，日出而作，日落而息，指的是同一个地理位置。工业革命之后，工厂需要大量的人力，因此，一家之主，慢慢地离开生于斯长于斯的土地，走进工厂。工作的地点，已经离开了生活的所在。下一个时点，是女性也走出了厨房，离开了家庭，进入了职场。这时候，男女主人都离开了家。家，变成白天时空无一人的躯壳；晚上下班之后，男女主人下班回家，子女放学回家，房屋里才有人走动活动。

这三个时点——男女主人都在家、男主人出外工作、男女主人都出外工作——显然意味着家庭的结构、组成、伦常关系等等，都发生了深远的变化。而这一连串的改变，追本溯源，都是由工业革命所引发。

5.2 微观因素：社会革命

"二战"后，从 20 世纪 50 年代中期开始，女性大量投入职场。一个家庭里，过去只有一个人外出工作赚取面包养家（one bread earner），现在，有两个人出外工作，有两份收入。由统计数字上，可以明显地看出这种趋势。譬如，根据 1988 年的统计资料，美国有 54% 的已婚女性外出工作；双职家庭的比例，为 62%。

女性会大量走入职场，受到很多因素的影响："二战"伊始，大量男性走上战场；战后，阵亡负伤的男性，工作必须有人接手。然而，除了这些因素之外，有两方面的发明，产生不可忽略的影响：保险套和避孕药；洗衣机、烤箱、烘干机、洗碗机、微波炉等家电产品。有了保险套和避孕药，女性可以有效地控制生儿育女的时刻，可以无须一直怀孕分娩照顾幼儿。有了洗衣机等家电产品，女性可以大量缩短操持家务的时间。因此，这两方面的发明、推广和普及，都大幅提升了女性的自由度，让女性们由家庭主妇的角色中解放开来。她们走入职场，和男性一较长短，同时还能兼顾家庭。

当然，夫妻都工作的双职家庭，和传统男主外女主内的单职家庭，大不相同。当然，女性一旦在职场上找到立足之处，就未必会再受家庭和婚姻的束缚。当然，这一连串的发展，对家庭以及伦常关系，都产生根本、深远、无从逆转的影响。当然，时代的巨轮，轰隆轰隆地往前滚动，沿途所轧出的路径，未必是康庄大道！

6. 家庭变迁和法律的联结

前文论证了家庭和伦常关系的性质，描述家庭和伦常的演变，并且为演变的来龙去脉提出解释。可是，这些材料和法律有什么关系呢？这里就要建立起这个联结。首先，对于家庭和伦常变迁，将归纳出抽象的意义。而后，将进一步推论对法学论述和官司的启示。

6.1 伦常变迁的意义

回顾前文，首先，是伦常关系的 ABC，烘托出伦常关系的性质；其次，是伦常关系的进阶，描绘伦常关系的运作方式；再次，是伦常关系的实际状况，让证据来说话；最后，则是借着时代巨轮的滚动，为伦常关系的变迁提出来龙去脉的解释。由这个描绘和推论的过程，可以归纳出几点重要的体会。

首先，在农业社会和工商业社会里，伦常关系有不同的样貌（configurations）。然而，无论形式如何，都是工具性的安排，具有功能性的内涵。也就是说，伦常关系，能发挥某种功能，达到某种目的。

其次，伦常关系的变迁，反映环境的变化；然而，这也反映了，人是环境的动物，人更是成本效益的动物。面对不同的外在条件，人们会自觉或不自觉地，选择自己比较好的安排，希望能自求多福。连带地，支持伦常关系的配套措施，也就会与时俱进。

再次，21世纪初，家庭和伦常关系，已不再是一夫一妻式的定于一尊。单亲家庭、丁克族（DINK，double-income-no-kids）、单身贵族，都引领风骚、各擅胜场。抽象来看，这是由单一均衡（unique equilibrium），演变为多重均衡（multiple equilibria）。原来一夫一妻是主流价值，现在形成多元价值；主流价值的地位和独特性，已经慢慢模糊。对于法律而言，这种转变当然有非常重要的含义。

最后，延续上一点。一旦主流价值钝化，由单一价值变成多元价值，那么，人们内在的思维观念，外在的典章制度——支持主流价值的配套措施——显然会发生蜕变。这种蜕变，隐含两个问题：一方面，在单一主流价值的情况下，价值体系明确实在，好坏高下的价值判断，很容易取舍。然而，当主流价值退位，多元价值出现时，价值体系本身会调整重塑。在这个过程里，显然不容易有明确稳定的价值判断。

另一方面，多元价值之间，彼此竞争，也彼此冲突。在具体的事例（官司）里，一旦有两种（或多种）价值直接抵触时，司法体系该如何取舍呢？譬如，本章一开始提到英国的案例：公媳之间，是否可以结为夫妻？个人自主，是一种价值；传统伦常，是另一种价值。支持前者，是承认并支持多元价值；维持后者，是力保传统价值体系。司法体系，该如何自处呢？特别是，在大陆法系国家里，以法律条文为参考坐标；而法律条文，变动的脚步远远赶不上社会的递嬗，更不用说因特网的电光石火。

这两方面的问题，刚好就指向下面的联结：由伦常变迁到法律！

6.2 和法律的联结

伦常变化和法律之间的关联，可以借下面两个图形来反映：

图 10.1 的左右两边，呈现出伦常关系的今与昔。在传统社会里，一夫一妻是主流价值，具体明确。在 21 世纪初，伦常的光谱上，不再只有一个均衡点。除了一夫一妻加子女之外，有一夫一妻无子女、单亲家庭和单身贵族。而且，除了这些明显的多重均衡之外，社会上也有不少断背山们组成的伴侣或家庭。

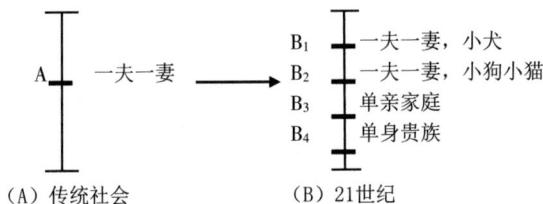

图 10.1 伦常关系的光谱

图 10.2 里，呈现了伦常均衡和配套措施之间的关联。在单一均衡的情况下，人的思维、风俗习惯、法令规章、典章制度等等，都以主流价值为中心。当单一均衡变成多重均衡时，各个均衡都需要一些辅助性的配套措施。

247

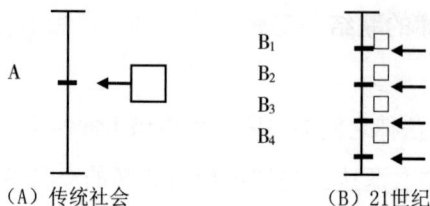

（A）传统社会　　　　　　　（B）21世纪

图 10.2　伦常关系和配套措施

　　由两个图形可以清楚地看出两个困难、彼此牵连的问题。第一，当主流价值定于一尊时，只有一个价值体系。当多元价值出现后，价值体系必须重组，在多重均衡之间，彼此很难分出高下。举个简单的例子：当主流价值为一夫一妻的家庭时，家庭纠纷，劝合不劝离；当多元价值形成时，劝合不劝离就不再是理直气壮、义无反顾。

　　第二，当主流价值为单一均衡时，这个均衡点和典章制度等配套措施之间，彼此密切配合，是一对一地呼应。当多元价值形成多重均衡之后，每个小均衡，需要一些辅助性的配套措施。就法律论述而言，原来只要一种法学论述（a grand theory）；现在，针对多重均衡，必须有好几个小的理论（multiple theories）。如何发展出各个小理论，小理论之间又要如何整合（integrate），能不能再形成一以贯之的一个大理论，显然都是法学理论上的课题。

248

7. 法律的经济分析：伦常篇

在大陆法系的国家里，处理官司纠纷的最高指导原则，是法律条文，而不是判例。但是，即使如此，对于条文的解释，还是有很大的空间。那么，家庭和伦常关系，已经迥异于往昔，面对这种巨变，在法律条文更动调整之前，司法体系如何自处呢？

由前面几节的论述，也许可以归纳出两点原则，以作为处理相关案件时的依据。原则一：面对大问题，采取保守立场；原则二：面对小问题，采取开放立场。具体而论，对于牵涉层面广、影响范围大的问题，最好保守一点，维护传统的主流价值。对于牵涉层面窄、影响范围小的问题，可以采开放、有弹性、自由放任的态度，容许和鼓励多元价值。

"大问题保守、小问题开放"的立场，听起来简单明确，但是操作起来却未必如此。什么是大问题，什么又是小问题呢？还有，介于两者之间，不大不小的问题又如何呢？不过，尽管有诸多困难，面对家庭和伦常关系的变迁，司法体系采取这种"双轨制"，有一些明显的好处。

双轨制的立场，等于是站在图 10.1 和图 10.2 两道光谱的中间。如果案件的性质比较接近左边的光谱，涉及的问题较严重，就采取保守的立场；相反的就采取开放弹性的立场。采取中间路线的好处，是犯错的成本较低，但是又不至于食古不化、抱残守缺。捍卫左边光谱的单一均衡，等于是捍卫社会价值体系的核心部分；在社会变迁的过程中，可以减缓脚步，避免带来巨变和阵痛。支持右边光谱的多重均衡，是让社会尝试不同的轨迹，兼容并蓄；而且，有机会慢慢雕塑，支持各个小均衡的配套措施。

而且，双轨制的采取中间路线，隐含微量、渐进的调整（incremental and piecemeal adjustment），这种变化，比较容易被现有的体制和人们所接受。社会由许多部门所组成，性质使然，司法体系是在社会较保守的部门，值得采取稳扎稳打的策略。活泼刺激跳跃大胆的做法，对现有体系冲决网罗的做法，比较适合社会其他的部门。

针对个案来分析，可以更清楚地体会"大事保守、小事开放"的意义。在这一小节里，将针对两个个案论述。具体而言，是比较"公媳结婚"和"父女乱伦"的案件。

"公媳结婚"，是前文提到的实例；"父女乱伦"，是台湾发生的实例。在图 10.1 里，在左边的光谱中，无论是公媳或父女的案例，显然都不是位于均衡点上。传统社会的主流价值，都不会接受公媳结婚或父女乱伦。然而，在右边的光谱中，公媳和父女的案例，是不是被容许而在光谱上有栖身之处呢？

就公媳结婚而言，一旦容许，对当事人的亲属（特别是原来的先生和已经出生的儿子），当然带来很大的困扰；将来在财产继承上，也有一些麻烦的环节要厘清。不过，有两点具体的理由，可以支持英国法院的决定，允许公媳两人成婚。一方面，在天平上，一边是公媳两人的福祉，另一边是双方的亲友。权衡之下，当事人的利益，要重于亲友们的利益。另一方面，在天平上，一边是当事人的福祉，另一边是英国其他的家庭、其

250

他的公媳、其他的婆婿等等的福祉。允许这一对公媳结婚，其他人会不会起而效尤呢？当然有可能。然而，其他的婚姻亲属关系，也有各自维系的力量。无论法院判决如何，对原有的各种力量，不会有太大的影响。

因此，允许这对公媳结婚，等于允许在图10.1的光谱上，有容纳公媳结婚的点；但是，至少目前来看，也仅是绝无仅有的点而已，而不是形成一个均衡。相形之下，父女乱伦的情形，要复杂一些。反对父女之间的性行为，有两点主要的理由：优生学的观点，怕生下体质不良的下一代；父亲在养育子女过程里，代理人角色混淆、利益冲突。

借着两种假设性的情况，可以厘清这两项考虑：一种情形，父女各为50岁和30岁；另一种情形，父女各为35岁和15岁。如果采取避孕或结扎，那么优生的问题不会出现，反对的理由也就不成立。然而，由两组不同的年龄结构上，可以清楚看出其他潜在的问题。如果允许35岁—15岁的父女发生性行为，立刻产生不当的诱因。有些父亲，开始想染指自己的女儿；特别是，处于失业、工作不顺利、离婚等情形的父亲，容易怠忽自己养育照顾女儿的责任，而追求本身生理的满足或情绪上的宣泄。

对于50岁—30岁的父女而言，父亲养育照顾未成年女儿的责任，已经完成，因此，角色／利益冲突的成分，已经降低。但是，微妙之处就在于，50岁—30岁的父女，是由35岁—15岁的父女演变而来。容许50岁—30岁的父女发生性行为，会产生不当的诱因。某些（可能数量不多）父亲，在女儿幼年

251

时，会设法诱发女儿对他特殊的依赖和特别的情愫。等女儿成年后，撷采果实。因此，允许父女性行为，对伦常关系的潜在冲击太大。21世纪初，还值得采取保守的立场，禁止这种行为，并且寓禁于罚。然而，法律的规定，毕竟只能处理人世间一部分（即使是绝大多数）的问题。恋父情结（Electra Complex）和恋母情结（Oedipus Complex）的故事，自古已有；父女和母子长相厮守的情形，也所在多有。精神上的契合和肉体上的结合，两者之间，有时候只是一线之隔！

当然，即使在未来的某一个时点上，开始容许父女和母子结合，也几乎必然会是从50岁—30岁开始，而不会是由35岁—15岁开始。原因很简单，相形之下，前者涉及的问题小，后者涉及的问题大！

8. 尾声

农业社会里，需要人手从事生产活动，因此，鼓励早婚，也鼓励多子多孙；相对的，当然就排斥和贬抑断背山。现代工商业社会，主导大自然的两大考验——生存和繁衍——已经退居幕后，家庭和生育的功能（重要性）降低；连带的，对单身贵族、断背山等等，也愈见宽容。由演化的角度来看，这种变化有以致之！

这篇文章，有两个重点：家庭和伦常关系的性质、演变以及和法律的呼应。论述的"内容"或许会有相当的争议；然而，论述的"方式"和"角度"，或许能为法学论述添增一些养分。毕竟，不只裁决案件时，值得援用"与时俱进的量尺"（an evolving standard），法学论述本身，也值得且应该与时俱进！

参考文献

Becker, Gary S., *A Treatise on the Family*, Cambridge, MA: Harvard University Press, 1991.

Benedict, Ruth, *The Chrysanthemum and the Sword*, Cambridge, MA: Riverside Press, 1946.

Buchanan, James M., "Choosing What to Choose," *Journal of Institutional and Theoretical Economics*, 150（1）: 123-35, 1994.

Frey, Bruno S., *Economics as a Science of Human Behavior*, Boston, MA: Kluwer Academic Publishers, 1992.

第十一章　零交易成本的两种风貌

1. 导言

由学术发展上看，科斯定理（Coase Theorem）像是一座喷泉，自从问世以来，不断引发后续的探索。这一章的重点，也和科斯定理相关。在性质上，可以说是为学术拼图贴上一小块瓷砖，弥补了一块小小的空白。具体而言，本章将针对"零交易成本"（或"交易成本为零"）这个概念，分析和比较两种阐释的方式。

众所周知，科斯定理可以表述为："如果交易成本为零，不论财产权最初如何界定，最后资源的配置会是有效率的。"对于"交易成本为零"，学者之间有热烈和持续的探讨。在真实世界里，交易成本不为零。因此，如何揣摩"交易成本为零"的情境，显然是智识上有兴味的挑战！

文献上，巴斯克特和艾尔奇在 1972 年提出了"单一主人"（single owner）的概念：机场（噪音）和附近居民之间，彼此权益冲突。可是，如果机场（和航空公司）为附近居民所拥有，就可以自己找到化解冲突之道。单一主人，是自己和自己说话，可以想象成是交易成本为零。对于科斯定理的现实意义，单一主人提供了一个明确的着力点。在探讨大陆法系的民法结构时，对于物权和债权的划分，可以追溯到"时间落差"（time gap）：如果交易"瞬时完成"（instantaneously completed），没有践约的问题（enforcement problem），自然也就不需要物权和债权这两个（工具性的）概念。交易瞬时完成，等于是在时间轴上，把交易前、交易时和交易后三个时段（对应搜寻、议价和践约成本），全部压缩为一瞬间。对于电光石火的这一瞬间，没有发生交易成本的机会，因此也就可以解读（或想象）成是交易成本为零。

单一主人和瞬间完成，等于是以两个不同的方式，描绘"交易成本为零"的情境。本章就是以这两个概念为焦点，锱铢必较地究其精微。这个智识上的探索，有几点意义（和趣味）值得稍稍叙明。首先，兼视而明，兼听而聪。既然这两个概念的主要功能，都是在描绘"交易成本为零"，经由比较对照，希望可以增添对这个特殊情境的体会。而且，理所当然，希望进一步能加深对科斯定理的了解。

其次，一件事物的意义，是由其他事物衬托而出的。借着彼此烘托，对于"单一主人"和"瞬间交易"这两个概念本身，也希望能有智识上的增值（value-added）。特别是，对于社会现象和公共政策，都希望能挖掘出新的智慧结晶。

最后，在社会科学里，科斯定理对经济学和法学都有巨大的影响，相形之下，在政治学和社会学里，对科斯定理的讨论却是凤毛麟角、屈指可数。而且，经济分析往外扩充的过程里，和法律结合的成果最为丰硕：法学和经济学之间的关联，本身就是智识上有兴味的课题。透过对单一主人和瞬间交易的探讨，对于这个课题，也许可以琢磨出新的、有意义的认知。

2. 概念溯源：单一主人与瞬间交易

这一节里，将针对单一主人和瞬间交易这两个概念，简单回顾来龙去脉；对于相关的文献，也分别稍作整理。

2.1 单一主人

单一主人的概念，源自科斯定理的文献，而后被广为援用。当然，这种因果关系不是必然；援用单一主人的技巧，未必需要知道这个概念。科斯的经典论文里，有许多权益彼此冲突的例子：牧场里的牛马，跑到邻近的农场里；糖果店的机器声，吵了隔壁的医生；上游工厂排放的废水，污染了下游工厂的用水，等等。科斯定理指明：如果"交易成本为零"，无论权利如何界定，资源的运用都会是有效率的。可是，如何想象"交易成本为零"的景象？

巴斯克特和艾尔奇最先提出：权益彼此重叠和冲突的双方，如果恋爱结婚，两人自然会考虑整体的利益，作出最好（最有效率）的取舍。他们所用的例子，是机场和附近居民：飞机起降的噪音，干扰附近居民的生活作息。可是，如果这些居民"同时拥有"机场和飞机，自然会调和各种权益，作出最好的安排。

"单一主人"的概念，巧妙地反映了"零交易成本"的世界，为科斯定理提供了操作性的内涵。这个工具性的概念，在法学里被广为援用：公司破产时，法院指定一位重整人，代表公司处理所有相关的利益，包括股票、债权人、员工等。而且，单一主人的技巧，也可以用来处理其他领域的问题。

2.2 瞬间交易

众所周知，诺斯（D. North）曾把交易成本分为三个时段：交易前（搜寻）、交易时（议价）和交易后（践约）。瞬间交易，就是把三个阶段压缩，只剩下"交易"这个时点。也就是说，钱货易手，银货两讫；买卖双方从此别过，各奔西东。

在真实世界里，当然没有这种场景。但是，在理论的世界里，可以想象这种情境。如果交易的过程简化，就可能"接近"瞬间交易。对于瞬间交易所涉及的各种考虑，也就比较能揣摩体会。真实的世界里，买份报纸，瞬间完成；证券交易所里，交易员过去是挥舞双手放出各种信号，他们的频繁互动，或许接近瞬间完成。

当然，即使简单如买份报纸、迅速如证券交易所的营业员，都不是单纯的瞬间交易。买报纸时买方掏钱和指着报纸、卖方接钱和交过报纸，都隐含信息的交换（彼此你知我知），也隐含时间的耗用。交易所营业员挥舞双手的手势，乃至于面部表情和肢体动作，更是经过长时间的累积，形成一个彼此共存共享的数据库。然而，由这些"逼近"瞬间交易的实际场景，确实可以加深对于交易以及隐身幕后相关讯息条件的认识。

3. 范围和限制

针对单一主人和瞬间交易这两个概念，这里将进一步地分析和比较。

3.1 单一主人

巴斯克特和艾尔奇最先提出"单一主人"的概念，学术上有明显的贡献；但是，在真实世界，即使没有这个名词，这种做法也早就存在。

在海洋法里，当货船在海上遇到风暴，船长（只是受雇的身份）可以采取紧急的处理，把货物抛弃以减轻船重。等货船安然返回，货主们再依比例分摊损失。显然，船长的断然处置，是以单一主人的身份，同时代表货轮公司、船货船员、货主等，先追求整体的最大利益——生存。同样地，盖尔布莱兹（Galbraith）在回忆录里描述，美加两国元首碰面，协商两国间的航权问题，双方同意设置一个委员会，双方各派一位全权代表，共同处理。美国总统肯尼迪指定盖尔布莱兹为代表，因为他是哈佛教授、总统顾问；加拿大总理也指派盖尔布莱兹为代表，因为他在加拿大出生成长。因此，盖尔布莱兹一个人，同时代表双方的利益，是不折不扣的单一主人。显然，大千世界里，毋庸法律或经济学者的点拨，万物之灵自然会摸索出自处之道，自求多福！

"单一主人"这个概念最大的好处，是当多种权益发生冲突时，借着单一主人的思路，寻求对整体而言最好的处置。在理论上，这和"财富极大"的观念，彼此呼应；只不过，波斯纳论证财富极大时，是以"旁观者"的角度，而不是援用"单一主人"的角度。"单一主人"的技巧，在法学里广为运用，原因也很简单：法庭里的官司，明显的是两边利益彼此冲突；由"单一主人"（共同利益）的角度，有时候确实能说服双方，找到共存共荣之道。

然而，概念即工具，"单一主人"这个工具，好则好矣，也有时而穷。具体而言，至少有两点潜在的弱点，值得点明。第一，"单一主人"的技巧能发挥作用，必须有配合的条件。譬如，公司破产重整，法院指定一位重整人，他的决定，由法院背书，强制执行。还有，双方争执，和事佬（包括检察官或法官）由单一主人／财富极大的角度，试图化解冲突，除非两人接受，否则再好的构想也无济于事。第二，是权益发生冲突时，即使援用"单一主人"的技巧，也未必有脉络可循。譬如，朝鲜和韩国之间的摩擦，如何走出僵局，由单一主人出发，未必有明确的方向。巴以冲突、印巴纷争等等，都是如此。

更进一步，即使有明确的单一主人，取舍上何者是好，也未必一清二楚。譬如，现代社会里，每个人都有多重身份：是别人的家长、配偶、子女，也是别人的朋友、属下、上司，等等。一个人有多种角色，像是（不）同时间戴了多顶不同的帽子。由生物的角度看，这是如假包换的"单一主人"。然而，戴了不同帽子时，有不同的取舍，固然合情合理，考虑诸多角色 / 多顶帽子 / 多重身份，整体（单一主人）而言，如何取舍才是最好？显然，要回答这个问题，并不容易。可见，"单一主人"的适用范围，有其界限。在某些情况下，"单一主人"的概念可能无所适从！

3.2　瞬间交易

零交易成本的世界，常被调侃为"黑板经济学"——在教室里的黑板上龙飞凤舞、神气活现，但是在真实世界里却不着边际、杳然无踪。瞬间交易，是第二种概念上的工具（conceptual device），可以揣摩交易成本为零的世界。如果交易瞬时达成，买卖（或签约）双方在时空中惊鸿一瞥、心领神会、就此别过，没有过去，也没有未来。然而，有的是已经达成的交易，而且双方都同意。既然交易是彼此同意，结果自然是有效率的，无论内容如何。事实上，这正是布坎南（Buchanan）提出的慧见：以共识（consensus）来界定"效率"！

在比较抽象的层次上，这是科斯的客观价值和布坎南的主观价值之争。然而，由瞬间交易的角度着眼，布坎南的"共识"观点，在逻辑上更为严谨。原因很简单，科斯是以社会产值（value of social production）为指标，考虑效率的高低。可是，当交易成本为零时，不会有价格或货币——货币的主要功能之一，就是降低交易成本。这是《经济学原理》或《货币银行学》

的基本内容。如果没有货币或价格（还有其他的度量衡），如何衡量效率？

布坎南的"共识说"，正是能济其穷的指标。过去在讨论科斯定理时，几乎都是以价格体系（产值极大）来衡量效率。布坎南的"共识说"，犹如空谷足音，智识上有启发性，如此而已。然而，由瞬间交易的角度，却可以体会布坎南"共识说"的重要内涵：在逻辑上，这是对效率较严谨的解释；在实际上，瞬间交易隐含共识，而共识隐含效率（证券交易所营业员的例子）。无论在理论或实际上，"共识说"都有重要的参考价值。

4. 概念与概念之辨

这一节里，将针对单一主人、瞬间交易和布坎南的"共识"观点这三个概念进一步讨论。

4.1 瞬间交易与"共识说"

瞬间交易和布坎南的"共识说"之间，有一些微妙的相同相异之处，值得阐明，既有助于了解各个概念的精确意义，也有助于体会科斯定理。具体而言，这两个概念的相同之处在于：第一，都是以交易（交换）为焦点，而且是实质、非虚拟或想象的交易。第二，都是以"交易完成"，作为评断效率的依据，而不是以财富或产值为参考坐标。第三，重点都在于"程序"，而不在于最后的结果——只要交易完成，就是有效率的。

相形之下，这两个概念也有一些差异：首先，布坎南的篇名（Buchanan，1984）已经表明，交易成本不重要（the irrelevance of transaction costs）。也就是说，双方可能经过冗长的谈判，最后达成协议。因此，交易成本不重要，重要的是双方完成交易，合则两利，互蒙其利。然而，在概念上，瞬间交易意味着交易的整个过程，已经压缩到时间轴上的一个点，完全没有交易成本。因为，根据定义，根本没有交易成本存在的空间。其次，"共识说"的着力点，是强调效率的精义，其实在于双方达成协议。主观价值透过协商，达到客观价值（协议），这是价值演变的过程。然而，瞬间交易的焦点，是这一次的交易尽快达成，就可以进行下一波的交易。因此，在政策含义上，"共识说"隐含：双方最好是在平等的基础上，自愿性达成协议。瞬间交易的政策含义，则是希望透过典章制度的安排，尽可能简化和加速交易的过程（证券交易员的手势），避免干扰或横生枝节。

因此，总结一下：瞬间交易和"共识说"，都是描绘科斯定理的情境；而且，主要都是以"过程"，而不是以"结果"来界定效率。然而，"共识说"不计交易成本存在与否，瞬间交易却根本上排除交易成本。因此，关于交易成本为零的世界，"共识说"帮不上忙；而瞬间交易却提供了一种概念上的工具，有助于思索科斯定理零交易成本的情境。

4.2 "单一主人"与"共识说"

具体而言，"单一主人"的概念，主要是脑海里的一种"设想"或"设定"。单一主人作为的良窳，其实是未定的。破产重整人和货船船长，是法律授予权限，以"单一主人"之姿作出取舍。可是，各种取舍本身真正的好坏高下，并不明确。根据布坎南的想法，交易只要完成，意味着双方达到"共识"（consensus），彼此没有争议，结果就是有效率的。根据这个观点，单一主人，自己和自己协商、达成决议、没有争议，就是有效率的。

换句话说，以"共识"或"没有争议"界定效率，单一主人的取舍必然是有效率的，无论取舍内容如何。在某种意义上，至少在破产重整人和货船船长的例子里，确实如此。重整人如何处置资产、船长先抛弃哪些货物，是主观的取舍，相当程度上，没有客观的尺度可以臧否对错。也就是说，"单一主人"的做法，是借助于"程序"，处理"实质"问题。以众人接受的程序，面对困难的实质问题。以程序上的正当性，支持实质结果上的合理性。

当然，"单一主人"的运用，还有一点微妙之处——"单一主人"这个角色，不是任何一个人都能承担胜任的。法院指定的破产重整人，通常是行业内深孚众望、对这个特定公司又有一定了解的人；货船的船长，本身就代表累积的资历；盖尔布莱兹（Galbraith），是美加两国元首都信任器重的精英。单一主人的威望资历，正好佐证"程序"的重要——透过够分量的人担任"单一主人"，希望他"主观"上的取舍会是有效率的，能得到其他一般人"客观"上的支持。

精确而言，单一主人的做法，虽然巧妙有效，其实还是诉诸共识。也就是说，单一主人运作的结果，得到大家的支持，没有争议。试想，如果破产重整人、暴风雨中的货船船长和盖尔布莱兹的处置，事后达不到众人的支持；如果有人质疑他们的判断，没有"共识"可言，单一主人事实上没有解决问题。因此，单一主人能发挥作用，其实要靠一些相关、通常隐而不显的因素。除非有这些条件的配合，否则即使单一主人隐含零交易成本，未必达到有效率的结果！

4.3 单一主人与瞬间交易

科斯定理的重要环节之一，是交易成本为零。单一主人和瞬间交易，都是比拟（或想象）交易成本为零的状态。这两个概念之间，当然值得仔细比较琢磨。

具体而言，这两个概念也有相同和相异之处。相同之处，至少有以下几点：第一，对于"交易成本为零"，文献上有不同的比拟方式。史蒂格勒认为，就像在真空里没有摩擦力一般。以信息完整（complete information）为参考坐标。然而，在一般人（包括经济学者）的生活经验里，这两种状态都不容易想象。相形之下，单一主人和瞬间交易，在生活经验里都有类似的情境。因此，对于阐释零交易成本，这两个概念都有相当的说服力。第二，科斯定理，至少包括三个主要环节：交易成本为零、资源分配是有效率的以及由前者到后者的推论。这三个环节，都不是简单明了的。史蒂格勒回忆录里描述，科斯花了一个晚上，才说服了弗里德曼（Milton Friedman）等经济学的顶尖高手。然而，通过单一主人和瞬间交易这两个概念，确实比较容易完成推论，得到结论。原因很简单，还是在于这两个概念呼应生活经验，容易体会和联想。第三，仔细琢磨，无论是单一主人或瞬间交易，关键所在都是程序。通过特定的程序，（希望）可以达到有效率的结果。至于结果是否符合产值／社会财富极大，其实并不清楚。也就是说，这两种程序能发挥作用，还是在于相关人等的共识——因为接受程序，所以对于结果不争议！

相形之下，这两者之间也有一些微妙的差别。首先，表面上看，单一主人和瞬间交易都隐含效率（efficiency），其实不然。交易瞬间完成，一切发在电光石火间，没有之前，也没有之后。因此，在概念上几乎就等同于效率的定义。也就是，瞬间交易和效率，几乎是一体的两面。单一主人则不然，一百个（主）人，就有一百部哈姆雷特，不同的（主）人，事实上很可能有不同的取舍。因此，由单一主人到效率之间，其实还需要一些其他的条件。

其次，在政策含义上，这两个概念也有不同的引申。单一主人的概念，可以联结到其他相关的分析性概念，譬如，偏好／利益加总（preference/interest aggregation）、社会福利函数（social welfare function）、整体利益（aggregate interests）等。在思索资源分配的问题时，有一些补助性的概念可以支撑。然而，瞬间交易着重在程序，一旦程序完成，双方没有异议，自然隐含效率，无论结果的内容是如何。因此，瞬间交易的政策含义，主要就在于程序，希望透过某些制度性的做法，使交易逼近瞬间完成。

最后，对于权益冲突的双方，单一主人隐含一种假设性思维；对于双方，都可以直问：如果你是单一主人，会如何处理彼此冲突的权益？双方的答案，就可以是讨论协商的起点。可是，对于权益冲突的双方，如果直问：假设交易瞬间完成，结果将会如何？答案如何，其实并不清楚。

5. 申论和启示

这一节里，将进一步思索单一主人和瞬间交易这两个概念，以及科斯定理和社会科学之间的关系。

5.1 科斯定理

就科斯定理而言，探讨单一主人和瞬间交易这两个概念，确实可以捕捉出一些新的体会。过去对于科斯定理的探讨，多半是关注零交易成本和资源配置的效率。由瞬间交易阐释交易成本，却自然而然地琢磨出一点新意。

过去的讨论，主要是针对单回合（one shot）的情境；在单回合的互动或冲突中，资源的运用是否有效率。然而，瞬间交易的概念，却点出了多回合（multi-period）的重要。因为，希望交易能瞬间达成，并不（完全）是目的；希望交易能在很短

266

的时间内完成，意味着不希望有后遗症。而且，这一次交易瞬间完成之后，就有机会（也才可以）进行下一波的经济活动。既然交易是互蒙其利，会产生消费者剩余和生产者剩余（surplus），源源不绝的交易，对双方和社会都有好处。因此，由瞬间交易解释零交易成本，让科斯定理由静态衍生出动态的内涵。

另外，科斯的诺贝尔演讲词，是以"生产的制度性环境"（"The institutional structure of production"）为主题。他提醒经济学者，除了买卖交易和供给需求之外，应该关注这些活动背后的制度结构。后续得奖的诺斯，在长期研究经济史之后，也归纳出重要的体会：决定社会荣枯的，是制度矩阵（institutional matrix）；而且，制度除了指社会的典章规则之外，更根本的是一般人的思维架构（mental construct）。由单一主人阐释零交易成本，正呼应了科斯和诺斯的见解。除非有环境里条件的配合，否则单一主人的做法（破产重整、货船船长）不会得到支持；除非人们的思维能体会单一主人的意义，否则这种做法和最后的结果，也不会得到人们的共识！

此外，由单一主人阐释"交易成本为零"，是慧眼独具，很有启发性。然而，根据科斯定理，"交易成本为零"是和"最后的结果是有效率的"连在一起。过去的讨论，似乎把"单一主人"和"结果有效率"自然而然地连接在一起。由前面的讨论发现，这种连接还值得进一步深究。追根究底，"单一主人"的机制，是一种"程序上"的设计；是否必然导致有效率的结果，其实未必。事实上，大家接受"单一主人"的程序/做法，就是因为对"结果"有不同意见。对"结果"（outcome）有意见时，把焦点转移到"程序"（process）上，比较容易得到共识。而且，因为接受"程序"，所以对"结果"也就不至于有争议。这点体会，也就呼应布氏的智慧结晶：交易成本是否为零无关紧要，只要有共识（consensus），（任何）结果都是有效率的。

"单一主人"的概念，出自法学的文献，相关的概念包括"利益 / 权益加总""财富极大""整合利益"等。上文曾指明，概念即工具。社会科学研究者，援用不同的概念，像盲人摸象一般，希望能更完整精确、生动活泼地，捕捉及阐释各种社会现象。分析性的概念，最好能避免有价值判断的成分。在这个指标上，单一主人和瞬间交易都是相当中性的词语，并没有太多价值判断的色彩。

在法学的领域里，单一主人的概念已经广为人知，而且在实务上也经常被援用。相形之下，瞬间交易的概念才问世不久。在经济和其他领域里的引申含义，还有待更多的关注。前言里曾提到，对单一主人和瞬间交易作比较分析，除了这两个概念之外，对于科斯定理本身以及法律与经济之间的关联，希望都能挖掘出新的智慧结晶。

5.2 法律和经济

关于科斯定理和社会科学之间的关系，有两点事实已经是众议佥同：第一，科斯定理在经济学和法学里，影响最大；第二，经济学的方法论，在法学领域里的推广最为成功；社会科学里，经济学和法学的关系最为密切。对于这两个事实，由探讨单一主人和瞬间交易里，也可以萃取出一点体会。

以单一主人这个概念而言，在政治和社会的领域里，意义并不清晰。政治领域里，相关而更为重要的，是"单一权威"（single authority）的概念；社会学的领域里，每个人（行为者）有很多种身份，镶嵌（embedded）在很多社会关系之中。单一主人的概念，适用的空间很有限。相形之下，在法学和经济领域里，单一主人却有极大的适用空间；破产重整、两造权益冲突、群体／社会福利等等。在法律和经济活动里，利用单一主人的概念，可以清晰地界定权利的主体和适用的范围。

另外，瞬间交易的概念，情形也非常类似。在政治和社会的范畴里，这个概念的意义很模糊；然而，在法律和经济的领域里，瞬间交易本身就隐含（或界定）了权利的边界。瞬间交易，是对事实的一种描述，同时也是对权利关系的一种刻画。换一种说法，经济活动的本质，抽象来看，是在组合以及交换各种权益；法律的本质，是当权益发生冲突时，界定和分配彼此的范围。因此，经济学和法学所处理的问题，在性质上有相当的共通性（commonality）。透过科斯定理、透过单一主人和瞬间交易，有助于体会法学和经济学之间的共通性。

6. 结论

经济学乃至社会科学里，科斯定理是最著名的定理之一。科斯定理的关键所在，是"零交易成本"。对于阐释"零交易成

269

本"，本章深入探讨文献中的两种方式：单一主人和瞬间交易。

就学术上的意义而言，至少有三点值得再次强调：第一，通过比较分析，对于零交易成本和这两种方式，都有更清晰的掌握，有更深入的了解。第二，连带地，经由比较对照，对科斯定理的内涵，也添增了新的体会。第三，社会科学里，科斯定理对法学和经济学影响最大。经由对单一主人和瞬间交易的探讨，确实有助于了解原因所在。

前文提到，科斯定理像是一座喷泉，智识上的活水源源不断地涌出。由本章的分析，至少有两方面值得作后续的探讨。一方面，无论是瞬间交易或单一主人，在法学和经济学里，显然都还有探讨的空间。特别是，如果把这两种方式看成是工具，哪些制度上的安排，可以使这两种工具更有效？另一方面，由瞬间交易的角度，可以为科斯定理添增动态的内涵。然而，由动态的角度看，科斯定理的意义到底如何，显然需要更细致严谨的分析！一言以蔽之，科斯定理的喷泉，蕴藏丰富，还有待来者！

参考文献

Baxter, W.F., and Altree, L.R., "Legal Aspects of Airport Noise," *Journal of Law and Economics,* 15（1）: 1-113, 1972.

Buchanan, James M., "Rights, Efficiency, and Exchange: The Irrelevance of Transaction Cost," in M. Neumann, ed., *Anspruche, Ei-*

gentums- und Verfugungsrechte, Berlin : Duncker und Humblot, 1984.

Galbraith, John Kenneth, *A Life in Our Times: Memoirs,* Boston, MA: Houghton Mifflin, 1981.

Stigler, George, *Memoirs of an Unregulated Economist,* Basic Books: New York, 1988.

第十二章 "单一主人"和"单一权威"之辨

1. 导言

"单一主人"（single owner）和"单一权威"（single authority），是两个分析性的概念。探讨这两个概念，不是为了道德上的义利之辨，而主要是为了智识上的兴味。在作详细的论述之前，值得稍作说明，智识上的兴味到底何在。

具体而言，"单一主人"的概念，是由科斯定理所引发。众所周知，科斯定理的重点之一是"交易成本为零"，可是什么是"交易成本为零"，却很费思量。巴斯克特和艾尔奇在1972年福至心灵，最先想到一个思维上的技巧：假设（或想象）两个彼此冲突的权益，都是为同一人所拥有，自己和自己说话，就可以揣摩交易成本为零。这是"单一主人"的由来，以后常被援用、解决具体的问题。可是，虽然"单一主人"常被引用，这个概念的性质、适用范围和局限等等，却似乎一直没有被深入地探究过。

相形之下，"单一权威"的概念，最早出现在探讨《关系》（*Guanxi*）的文献里。简单地说，这是指在一个幅员或范围里，只有一个权威。既然只有一个权威，就有点像是鲁滨逊的一人世界，可以自由自在，为所欲为，百无禁忌，随心所欲。当然，这也就隐含着，行为的取舍未必是有效率的。更进一步，在一人的世界里，如何界定"效率"本身就是一个有兴味的问题。

因此，分开来看，单一主人和单一权威这两个概念，各自都有进一步探索的空间。既然主体都是单一，两者之间的相同相异之处，自然也是好学深思之士可以关注的问题。而且，合在一起比较对照差别，更可以彼此衬托，相映成趣。这也就是本篇短文的主旨所在：对于单一主人和单一权威这两个概念，琢磨两者之辨、两者之便和两者之辩！

本章的结构非常简单，除了背景介绍之外，下面的第 2 部分和第 3 部分，将分别解析单一主人和单一权威这两个概念。而后，第 4 部分是比较这两者，作整合性分析。第 5 部分是拉开距离，由旁观者的角度，体会这种探究的意义。最后一部分，则是结论。在往下叙述之前，值得先申明一点：对于这两个概念，本章是从工具性的角度来解释分析。也就是说，概念即工具（view concepts as tools），概念本身只是名词而已，是空洞的；概念的内涵和意义，是由其他材料所充填。超人尼采的一句话，或许有点睛的作用——没有事实，只有解释。（ "There are no facts，only interpretations." ）

2. 单一主人

单一主人的概念，源自科斯定理的文献，而后被广为援用。当然，这种因果关系不是必然；援用单一主人的技巧，未必需要知道科斯定理或单一主人这个概念。

2.1 缘起和应用

科斯的经典论文里有许多权益彼此冲突的例子。可是，如何想象"交易成本为零"的景象？巴斯克特和艾尔奇最先提出：权益彼此重叠和冲突的双方，如果恋爱结婚，自然会考虑整体的利益，作出最好（最有效率）的取舍。"单一主人"的概念，巧妙地反映了"零交易成本"的世界，为科斯定理提供了操作性的内涵。这个工具性的概念，在法学里被广为援用：公司破产时，法院指定一位重整人，代表公司处理所有相关的利益，包括股票、债权人、员工，等等。

2.2 范围和限制

巴斯克特和艾尔奇最早提出"单一主人"的概念，学术上有明显的贡献。然而，"单一主人"的适用范围，有其界限。"单一主人"可能无所适从，或许刚好可以连接到"单一权威"。直觉上看，单一权威不会有无所适从的问题！

3. 单一权威

单一主人的概念，是由科斯定理和法学领域发展而出；相形之下，单一权威的概念，也可以溯及科斯定理，但是主要是涉及经济或政治的领域。

3.1 背景和应用

中国的地理结构，基本上是一个幅员辽阔、相对封闭的完整区块。南有高原、西有沙漠、东有大海，这是三个天然屏障；外敌入侵，唯有从北方草原，因此筑起了万里长城。

当舟马车船进步到某一个程度，这个地理区域里，就自然而然地形成了单一的强权。切割分裂是短暂的现象，唐宋元明清一脉相承，版图或有大小，但都是单一权威。就华人历史而言，单一权威有几点重要的含义：

首先，政治上必然是中央集权，不和地方分享权力；而且，为了避免潜在的竞争者，还会有意地贬抑压制地方势力。

其次，中央不但集权，而且由行政权独享；立法司法等，都是臣属于行政权。体系内，对皇权（行政权）的节制，几乎只有形式（御史、监察等），而没有实质。

再次，要控制统御面积可观、幅员辽阔的区域，不可能运用巨细靡遗的法规；又不愿意分权给地方，让地方享有类似英美习惯法的空间。结果就是：历代朝廷没有例外，依恃一套抽象的道德教条（儒家思想）；原则简单，但是阐释之道存乎一心，刚好有相当的弹性，可以因地制宜。

最后，中央独占权力，强化大一统的思维；地方基层的民众，在农业为主的经济形态里，只好自求多福。大家庭妯娌亲戚的结构，刚好能解决生产、消费、储蓄、保险和养老等问题。大家庭的功能，看起来是儒家"孝"道的反映，其实是倒因为果——"孝"是华人文化发展出的机制，有助于维系大家庭和解决养老问题。

因此，地理结构、经济形态、文化内涵等等，彼此环环相扣，形成一种"均衡"。这个均衡的重要特色（之一），就是单一权威。

3.2　范围和限制

单一权威的最大特点，就是在某个范围（地理或其他）里，只有这个权威，环境里无与争锋。行为的自主权很可观，可以大好也可以大坏。因此，就结果而言，单一权威是双面刃，可能会走向极端。华人历史上，各个朝代开国时，无不是气象一新，万民拥戴；然而，单一权威的皇权，本身没有自我节制的诱因，体系里没有制衡的机制，附近又是规模无与伦比的小邦藩属。自然而然，由开国时的盛况，慢慢走上腐化朽坏的轨迹。群雄并起，胜者为王，一切重新来过。华人几千年历史的兴衰起伏，是遵循如宿命般的轨道，一再重复。

中外历史上的暴君和独裁者，无一不是单一权威的样板。而且，单一权威的潜在弊端，不只限于政治领域。演艺界里的超级巨星，前呼后拥，顾盼自得，也有单一权威的条件。结果，大红大紫之后，没有（内在外在的）节制力量，往往就步上自我毁灭的途径——猫王普雷斯利和天王迈克尔·杰克逊，是典型的例子。甚至，当披头士风靡全球时，其中之一曾表示："要召开记者会，宣布自己是'神'！"相形之下，在职业球赛里，也有超级巨星，可是团队竞技，彼此其实相去不远。由于身边就有竞争较量的对手，行为上有参考坐标常在左右，就不太容易步上单一权威走极端的后尘！

因此，在行为模式上，单一权威隐含的就是行为的不确定、不稳定、不可预测性。就分析性的概念而言，发挥的空间似乎相对的有限。也许，下文里的比较分析，可以更清楚地呈现出单一权威和单一主人较完整的容颜。

4."单一主人"和"单一权威"

关于单一主人和单一权威，两者"之辨"是厘清性质，两者"之辩"是论证如何取舍。单一主人和单一权威之辨，最好的切入点，就是想象（conjecture）和事实（fact）："单一主人"的概念，是一种想象；而"单一权威"的概念，则是一种事实。

4.1 两者之辨

具体而言，"单一主人"的概念，主要是脑海里的一种"设想"或"设定"。单一主人作为的良窳，其实是未定的。特殊情况下，上一章提到的，破产时的破产重整人和货船在海上遇难时的货船船长，是法律授予权限，以"单一主人"之姿（act as）作出取舍。可是，各种取舍本身真正的好坏高下，并不明确。根据布坎南（Buchanan，1985），交易只要完成，意味着双方达到"共识"（consensus）；彼此没有争议，结果就是有效率的。根据这个观点，单一主人，自己和自己协商、达成决议、没有争议，似乎就是有效率的。

既然单一主人可以自由地取舍，这不就是单一权威吗？脑海里的设想（单一主人），成为真实世界的描述（单一权威）！？可是，单一权威的举止，不是可以大好大坏，本身不容易揣测高下是非对错吗？单一主人和单一权威之间，是不是涉及更根本的主观价值和客观价值之争？

4.2　两者之辩

单一主人的概念，通常是彼此权益发生冲突之后，才会援用这个概念；相形之下，单一权威则往往是先有行为上的事实，再对事实加以描述。

在某种意义上，在自己的私有领域里，每一个人都是一个单一权威，相当程度上，一个人可以为所欲为，是消费者主权的反映。在公司里，在战场上，在很多其他情况里，最好也是事权统一，由单一权威来操盘。如果是单一权威，责任明确，对大家都好。

然而，当范围扩大、层次提升，单一权威的意义就有微妙的变化。当权益发生冲突时，单一主人的权力是来自法律的赋予。可是，单一权威的概念，本身就排除掉其他节制的力量。单一权威，本身就是法律秩序的本源。也就是说，当层次提升，单一权威的权力来源，就是自己。因此，单一权威的行为空间，奇大无比，可以是仁君也可以是暴君（传统大家庭里的大家长，也是如此）。

在市场里，完全垄断（只有一家厂商）隐含不效率，由资源运用的角度评估，是不好的。在政治领域里，单一权威的举止本身，并不容易作价值判断。但是，单一权威所隐含的，不确定性、没有竞争、没有内在外在的节制等等，由这些特质，显然可以作价值判断——如果不确定性降低，如果有潜在的竞争，如果有内在或外在的节制，一般来说是较好的。

5. 申论和启示

探讨单一主人和单一权威，在论点上可以再作一些申论，对于这种探讨，也可以试着提炼出几点启示。

5.1 申论

由单一主人阐释"交易成本为零"，是慧眼独具，很有启发性。然而，根据科斯定理，"交易成本为零"和"最后的结果是有效率的"连在一起。过去的讨论，似乎把"单一主人"和"结果有效率"自然而然地连接在一起。

由前面的讨论发现，这种联结还值得进一步深究。单一权威的潜在问题，除了不确定高和大好大坏之外，还有一点值得提出。以华人历史而言，单一权威和大一统的思维环环相扣。大一统的思维，经过千百年来有意无意地雕塑，已经巧妙地镶嵌在许多人的脑海里。但是，对于单一权威所隐含的许多问题，却似乎还无有效办法。可以说，这是选择性的盲点。因此，由文化的角度着眼，也许值得有意识地调整，过滤掉一些旧的观念。

5.2 启示

"单一主人"的概念，出自法学的文献，相关的概念包括"利益／权益加总""财富极大""整合利益"等。"单一权威"的概念，是在经济和政治文献里出现的；相关的概念，包括"完全垄断""独裁""专制"等。

上文曾指明，概念即工具。在法学的领域里，单一主人的概念已经广为人知，而且在实务上也经常被援用。相形之下，"单一权威"的概念才问世不久。在经济、政治和其他领域里的引申含义，还有待更多的关注。特别是，由单一权威的角度，可以对华人社会的历史经验，有一针见血的一得之愚。对于这个涵盖十数亿人口的文化而言，单一权威提供了特殊的视角。在琢磨这个文化的未来走向时，更值得针对过去的轨迹，有更深切的省思和琢磨。

6. 结论

本章的主旨，是探讨单一主人和单一权威这两个概念。主要的发现和结论，可以简单归纳如下：第一，单一主人的机制，重点不在"结果"而在"程序"，通过法律体系支持的程序，希望能得到众人接受的结果。第二，单一主人，是脑海里的设想；单一权威，是对现实的描述。前者能发挥作用，来自法律的支撑；后者的支持条件，就是来自这个权威本身。第三，单一权威的最重要特质，就是行为举止上的不确定性。基于本身长远的利益，单一权威最好有意识地、在体系内或体系外植入或培养设置竞争制衡的机制。

一言以蔽之，在人类社会的发展轨迹里，单一主人这个脑海里的设想，相信还会存留下去；相形之下，某个时空里确实存在的单一权威，也许最好走进历史、成为记忆的一部分！

参考文献

Buchanan, James M., "The Constitution of Economic Policy," *American Economic Review*, 77（3）: 243-250, 1987.

Hsiung, Bingyuan, "Guanxi: Personal Connections in Chinese Society," *Journal of Bioeconomics,* 15（1）: 17-40, 2013.

Kuran, Timur, "The Economic Ascent of the Middle East's Religious Minorities: The Role of Islamic Legal Pluralism," *Journal of Legal Studies*, 33: 475-515, 2004.

Olson, Mancur, *Power and Prosperity*, New York, NY: Basic Books, 2000.

第四篇　法律学者和经济学者

第十三章　经济学者和法律学者如何比划？
——初探经济学和法学里的部分均衡分析

1. 导言

　　"法律经济学"，是奠基于 1960 年左右，而后开始蓬勃发展的新领域；利用经济分析的架构，探讨法学问题。几十年来，这个新兴领域已经卓然有成，对法学和经济学，都产生了深远的影响。到 2020 年为止，法律经济学的专业期刊已经有十种以上，而且还在持续增加。法律经济学学会的组织，也已经超越欧美两大洲，而在其他的土壤里落地生根。以欣欣向荣来形容这个领域，并不为过。

　　然而，即使如此，法律学者和经济学者之间，依然有诸多隔阂；他们之间的对话，往往没有交集——各自从不同的出发点开始，遵循不同的轨迹，得到不同的结论。原因之一，是这两个学科都有悠久尊贵的传统；学者们以他们所熟悉的、代代相传的语言，由各自的角度处理问题，而得到自成体系的体会。因此，要化解两个阵营之间的误解，增进彼此的了解，进而透过交流，享受合则两利（mutual gains from trade）的果实，显然值得探讨两者之间的歧异，设法搭起桥梁，连接彼此。思索法律学者和经济学者论述（讲故事）的方式，是一个可行的方向。

经济学者常用的分析方法之一，是"部分均衡分析"（partial equilibrium analysis）。观念上，社会现象纠缠难解，不容易掌握全貌。因此，分析时，可以先从局部下手；希望由不同的角度摸索，再拼凑出大象的全貌。或者，不容易描绘出三度空间的人像，就先由平面图着手。既然要由局部开始，显然要先略去一些考虑，把焦点集中在某些特定的环节上。略去其余，就是经济学者朗朗上口的"其他条件不变"。对于经济学者而言，论述时自己很清楚哪些是重点、哪些又被有意地抹去不论；然而，对法律学者而言，他们质疑经济学者的论述，往往就以"其他条件"为重心——两派学者论战时各说各话，有以致之。

譬如，法律经济学掌门人之一波斯纳法官（Judge Richard Richard），曾提出"财富极大"（wealth maximization）的论点：法官判案时，由公平正义角度着眼，可能不容易着力；由增进社会财富的角度，有时反而明确具体。然而，法律学者却大力抨击，社会的原赋（endowments）可能分配得并不合理；法律的功能之一，就是要调整人与人之间的关系，而财富断然不是关键所在。他们认为，以权利为出发点，更足以凸显问题的性质。

在法学阵营里，杜尔肯（Ronald Dworkin）就曾经高举法哲学的大纛，批判波斯纳的立场。他举的例子简明扼要：甲拥有一个物品，对他值 2 美元，可是对乙值 3 美元。由财富极大的观点，最好让乙拥有这个物品。可是，如果甲乙之间的协商成本很高，超过 1 美元，那么，这个对象不会转手，而会留在甲的手里。杜尔肯质疑，根据波斯纳财富极大的论点，如果有一位全知全能者，难道就可以采取强制手段，把这个物品由甲手中移到乙手中，以增进社会财富吗？杜尔肯的质疑，当然有一得之愚。可是，他对波斯纳的批评，以及他本身的立论，都还有讨论的空间。

波斯纳财富极大的论点，是不折不扣的部分均衡分析；在某些特定的条件之下，可以把注意的焦点放在财富上。不同的法律，好比不同的游戏规则；最好能选择较好的游戏规则，使社会的资源愈来愈多。另外，杜尔肯的论述，其实也是部分均衡分析；他以一个特别的例子，质疑波斯纳的立场——在其他条件不变的前提之下，强制性的移转资源以增加财富，难道对吗？

虽然他们都运用部分均衡分析，却呈现截然不同的论点，也得到迥然不同的结论。其实，这正是法律学者和经济学者论述时，各说各话的曲折所在。对经济学者而言，以强制力由甲手中拿走对象，再交给乙，看起来似乎会增加社会财富；可是，这种做法，直接冲击私有财产权。如果财产权的结构不稳定，甲和社会上其他人（包括乙）不会有诱因努力工作，以追求自己的财富。长远来看，社会的财富不但不会增加，反而会逐渐减少。因此，杜尔肯对波斯纳的批评，看似一针见血、直指鹄的，其实是对空挥拳、擦身而过——因为波斯纳所采取的部分均衡分析，隐含财产权结构不受影响。一旦扩充部分均衡分析的范围，自然会考虑游戏规则长远的影响；杜尔肯所考虑的情

287

形，也自然会被排除在外。

　　波斯纳和杜尔肯，都采取部分均衡分析；可是，涵盖的范围不同，结果两人都表示了意见，却没有交集。由这个具体的例子也可以看出，经济学者和法律学者分析问题时，确实有明显的差异；他们之间对话时，往往徒然耗费彼此的心力时间，却没有建设性的成果。

　　要化解两种论述方式之间的歧异，有很多种方法。其中之一，是不针对实质问题论对，而把焦点转移到"分析方法"上。也就是说，对经济学者而言，可以试着了解法律学者如何论述；相对地，对法律学者而言，也可以试着了解经济学者如何论述。这种转折，事实上正呼应法学思维的重点之一：追求实质正义，是最终的目标；但是，唯有通过程序正义，才能达到实质正义。同样的道理，经济学者和法律学者，值得先在"分析方法"——"程序"——上切磋论对，彼此了解。换言之，先不要在乎彼此所讲故事的内容如何，先试着体会对方如何说故事！

　　这一章，就是针对经济学和法学论述的分析方式，提出比较分析。下文将先介绍"部分均衡分析"的意义；接着的第3部分和第4部分，将阐明在经济学和法学里，各是如何运用这种分析技巧。第5部分将比较两种论述的差异，并尝试归纳出一些原则性的体会。最后，是结论。

2. 部分均衡分析的意义

2.1 意义

部分均衡分析（partial equilibrium analysis），是经济学者常用的分析技巧。顾名思义，部分均衡分析有两个重点——"部分"和"均衡"。这两个重点的意义，值得稍作澄清。

首先，部分是指局部或一部分，也就是和全面、全局或整体相对。经济学教科书里，最浅显的例子就是消费者理论。分析一个代表性的消费者（a representative consumer）——就像法学里的一个正常人（an ordinary person）一样——可以暂时摒去其他因素（天气、整体经济情势、国际情势等等），而只关注他的收入和面对的价格。略去其他因素，暂不考虑，是有意如此。主要是为了简化分析，纲举目张；而且，收入和价格，确是影响消费者行为的重要因素。还有，一旦掌握了主要因素，可以进一步探讨次要因素（secondary factors）。因此，暂时略去其他因素，不是昧于事实，而纯粹是分析上的策略。同时，暂不考虑其他因素，就是经济学文献里常出现的"其他因素不变"（holding other factors constant）。

其次，均衡是指一种状态很稳定，而且重复出现。对法律学者和一般大众而言，很少用到均衡这个名词；但是，对经济学而言，均衡是一个非常重要的概念。原因很简单，如果经济现象变幻莫测、没有规律性、不稳定，经济学者将无从着手和着力。对于稳定和重复出现的经济现象，才能设法归纳出规律和定理，试着找出原理原则。另外，均衡的概念，事实上隐身于诸多社会现象之下。譬如，一个人的表情动作、遣词用字、声音腔调，多半都变化不大；昨天如此，今天如此，明天还是如此——稳定、重复出现。抽象来看，就是处于均衡。个人如此，人与人之间的关系，也莫不是如此。

探讨均衡，有两个重要的目的：一方面，希望能掌握支持均衡的条件（哪些因素，使老莫成为办公室里的开心果？）；另一方面，一旦支持均衡的条件变化，希望能推测均衡会朝哪个方向变化（失业率上升，雇佣关系会不会有微妙的变化？）。

2.2　对照

有两个经济分析的概念，和部分均衡密切相关；借着对照和烘托，可以更清楚地掌握部分均衡分析的意义。这两个概念，分别是"全面均衡分析"（general equilibrium analysis）和"边际分析"（marginal analysis）。

部分均衡分析，探讨体系的局部；全面均衡分析，就是探讨整微观系的均衡。粗糙的说法，前者是见树不见林，后者是见林也见树；前者是锱铢必较，后者是牵一发而动全身。经济学里，大致划分为微观经济学（microeconomics）和宏观经济学（macroeconomics）。大略来说，微观是采用部分均衡分析，而宏观则是强调全面均衡分析。

就整个经济体系而言，各个部门之间环环相扣，要掌握整微观系的脉动，当然不能只见舆薪，而要涵盖全局。还有，体系有大有小，对各微观系，都可以采取全面均衡分析。譬如，国际经济情势，是一微观系；欧盟，是其中的一部分，自成体系；英国，是更小的体系；英国的金融产业，是更下一层的体系；位在伦敦的金融业，也是一微观系。由此可以看出，部分均衡和全面均衡，只是相对的概念。相对于欧盟这个经济体系，探讨英国经济是部分均衡分析；相对于英国的金融业，分析英国整体经济就是全面均衡分析。

对经济分析而言，边际的概念也很重要。借着两个例子，可以反映边际的意义和趣味。首先，假设有两道佳肴（狮子头和空心菜），自己都很喜欢；可是，肚量有限，也要注意体重，怎么办才好呢？先选其中一种，大吃几口，称心如意。不过，因为边际效用递减（diminishing marginal utility），所以乐趣渐减，最好换吃另外那道。刚开始时，也是极口腹之欲；然后，同样是边际效用递减。这时候，最好换回第一道佳肴；来来去去，几经转折。最后，停下筷子时，再吃一口狮子头或空心菜，会带来同样的快乐——否则逆推回去，上一口和上上一口，可以吃带来较多快乐的那一种。这是利用边际的概念，对消费者行为所作的部分均衡分析。人的真实行为，当然未必如此。

其次，边际是指微量的变化（incremental change）。譬如，当可口可乐由一罐 1.8 元变成一罐 1.6 元，可以探讨消费者的反应；而且，也可以假设其他条件不变。可是，如果可口可乐由 1.8 元变成 1.2 元，这就不再是微量的变动，其他条件也会跟着改变——当可口可乐降价 0.6 元（降幅 33%），百事可乐等不会坐视不管；当百事可乐也降价时，消费者对可口可乐的消费当然也可能受到影响。因此，考虑边际上的变化，问题比较简单，比较容易分析——虽然，也可能有不切实际之讥！

关于部分均衡分析的意义和全面均衡分析及边际的关联，都可以借下面的图形进一步澄清。

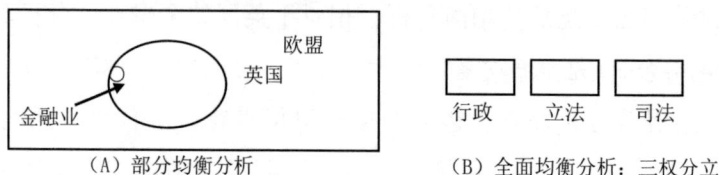

(A) 部分均衡分析　　　　　(B) 全面均衡分析：三权分立

图 13.1　部分均衡和全面均衡

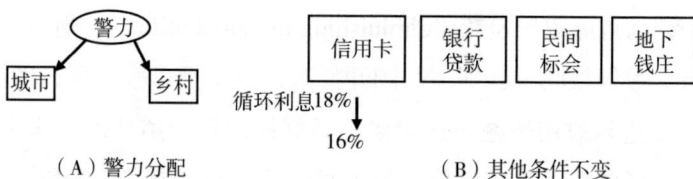

(A) 警力分配　　　　　(B) 其他条件不变

图 13.2　边际分析

图 13.1 里，左边的图形，反映三微观系以及彼此相对的关系。右边的图形，呈现三权分立的国家里，三种权力处于既联合又竞争、亦敌亦友的关系。只分析其中一个部门，是部分均衡分析；分析某一种变化（譬如，内阁制改为总统制）对三个部门所造成的影响，则是全面均衡分析。

图 13.2 里，左边是警政单位所面对的问题，如何把警力配置到城市和乡村，可能是 80 位警察在城市，20 位在乡村。不过，"最后"那一单位警力，配置在城市和乡村的效果相去不

远——如果相去很远，就应该在效用增加较大的那个地区增加警力，同时削减效用增加较少地区的警力。图 13.2 的右边，反映"其他条件"不变的概念。信用卡、银行贷款、民间标会和地下钱庄，都是取得资金的方式，条件当然不同。当信用卡的利息微调时，其他融资管道可能没有反应——其他条件不变；可是，当信用卡利息的调整变大时，其他融资工具自然会有所因应。

这里主要有两部分内容：先介绍部分均衡分析的意义，再以全面均衡分析和边际为对照。无论部分均衡分析、全面均衡分析或边际，显然都是分析性的概念（analytical concepts）。利用这些中性、不含价值判断的概念，不但可以分析"经济现象"，也可以更广泛地分析非经济现象和非经济问题——当然，这也就包括法学问题。

下面就以两个香港具体的事例，呈现对于社会现象的部分均衡分析。香港著名的黄大仙庙，在庙前的一幕：黄大仙庙香火鼎盛，香客游客络绎不绝；除了庙旁一长列香烛店之外，庙门口还有十来位提着篮子的人，向路过的人兜售香烛。不知道哪些因素因缘际会，这些人摸索出一种游戏规则：大家排成一列，前后相随；有游人或香客走近时，大伙儿不是一拥而上，而是由排在最前面的那个人迎上前去推销。无论成与不成，过后就走到行列的最后，等下一次机会。周而复始，井然有序。

叫卖香烛利润不会太高，所以排队兜售的人，多半是上了年纪的人，因为他们的机会成本较低。如果有年轻人置身其中，大概是身体上有残缺，不容易找到其他的职业。竟然真的看到一位壮年男士，就是缺了左手手掌。

另外，大埔区位于香港新界，区内有一个村落叫林村，林村里有个天后庙。天后庙的规模比不上黄大仙庙，不过也是香火不断、游人如织。天后庙旁，有几棵巨大繁茂的老榕树。老树古庙，烘托出一幅宁静祥和的景象。

不知道从什么时候开始，善男信女们觉得庙里的神祇有灵，庙外的老榕树也有灵。因此，在庙里参拜之后，再纷纷向几棵老榕树祈福。为了表示虔诚的心意，信众们把神符和写好的心愿扎在一起、再绑上三两个红橘，然后在树下一起用力往上抛。如果红橘和祈福都挂上枝丫，表示老榕树接纳了信众的祈求，心愿一定能实现；如果红橘落回地面，就再以更虔敬的心情祈福、再往上抛。心诚则灵，老榕树总会接下芸芸众生的重担。

每年春节和特殊的节庆前后，到天后庙的信众特别多，许愿树上就挂满了神符、许愿条和红橘，成了一道别致特殊的景观。然而，即使几棵老榕再有广纳众生的胸怀，也无法负荷源源不绝的人潮和许愿，还有那数以百计的红橘。所以，附近的三两居民，就定时卸下树上高挂的红橘。红橘回收之后，曾经掉落地面的，固然不再保留。可是，许多第一次就挂上树梢的，还完好如新；食之未必有味，弃之却是可惜。最好的去处，似乎就是卖给其他的信众。

因此，天后庙旁，就出现了这种特殊景观：卖红橘的摊位有两种，一种卖新鲜的橘子，另一种卖回收的二手橘。新橘，当然价格较高；可是，二手橘一样有市场。初到天后庙的人，可能分不清新旧；可是，许多善男信女是常客，知道两种橘子的曲折。令人好奇的是，既然橘子有两种，哪些人买新橘，哪些人又买二手橘呢？

　　经过一阵观察，似乎稍有端倪：买新橘的人，是年轻的情侣，是偶尔到天后庙的人，是经济情况较好的人，是神色凝重（有要事相求）的人；买回收橘的人，则是中老年人，是到天后庙的常客，是经济情况较差的人。

　　无论是黄大仙庙前或天后庙旁的景象，其实都透露了一些值得琢磨的讯息。黄大仙庙前的香烛小贩，会形成鱼贯而上的秩序，显然是好几个因素凑合、形成一种微妙的"均衡"。支持这种巧妙的均衡，有好几个条件；可是，一旦条件改变，均衡可能就消失不见。譬如，如果香客人数突然暴增，想必有更多的小贩加入，甚至包括年轻力壮的人；相反地，如果善男信众变成门可罗雀，有谁愿意在庙前排队叫卖香烛！

　　天后庙旁许愿树上和树下的红橘，情况当然也是如此。如果红橘大丰收，价格大跌，大概很少人会去买二手橘，也大概很少人会去回收树上的橘子。因此，抽象来看，社会现象都不是凭空出现的；社会现象的背后，都有支持的条件。如果能试着归纳出"现象"和"支持条件"之间的关联，等于是掌握了一些人类行为的原理原则。利用这些原理原则，可以去解读其他的社会现象。

　　当然，"均衡"表示一种稳定的状态，眼前的现象会重复出现。因为稳定而又重复出现，所以旁观者可以好整以暇，慢慢地琢磨，逐步摸索出均衡背后的支持条件。但是，一旦眼前的现象不是处于均衡的状态，这种思维方式就必须改弦更张。那么，对于偶尔才出现一次的现象，该如何解读呢？对于全新的情境，又该如何因应呢？甚至，对于模糊未定的状态，又可以怎么导引情势呢？这些问题，恐怕就不是三言两语能说得清了。

3. 经济学里的部分均衡分析

这一节将以具体的事例，说明经济论述里如何运用部分均衡分析。科斯定理，无疑是鞭辟入里的例子。一方面，科斯在1960年发表的论文，公认是当代法律经济学的奠基之作；通过文章所提出的科斯定理，可以在法学和经济学之间作一连接。另一方面，科斯引用诸多英国官司为例；对法律学者而言，自然比较容易领略和体会他的论述。

3.1 科斯定理

科斯引述的例子之一，简单明确：一名内科医生，刚好和一个家庭式糖果厂相隔为邻；制造糖果的机器一旦启动，有声响又有震动。内科医生无法听诊，生意和精神大受影响。两人终于法庭相见，那么到底谁是谁非，法官又该怎么判才对？

科斯的论述，确实不同凡响。首先，他认为：两人的行为，互为因果（reciprocal），可以说是糖果商干扰了医生，也可以说是医生干扰了糖果商。其次，科斯主张：如果没有交易成本（沟通、协商等成本），那么无论权利如何界定，最后的结果都会是一样，而且是有效率的。假设糖果商的产值是150美元，医生的产值是 100 美元。如果把权利归给糖果商，他当然会继续生产；相反地，如果把权利归给医生，糖果商会说服他（因为沟通协商成本为零），放弃行医，而由糖果商继续生产。譬如，糖果商可以付给医生 120 美元，自己继续生产糖果，得到 30 美元的"剩余价值"。

"交易成本为零"，很难想象，因此文献里出现"单一主人"（single owner）的技巧：假设糖果商和医生是同一人（或两人相恋而成婚），彼此利益调和，自然会以整体利益为利益。

3.2 应用

科斯定理的应用，最广为人知、最具体的，是以"标售"（auction）的方式拍卖无线电波。同样地，政府制定每年污染物排放总量，再把污染权拍卖，让厂商之间买卖运用，也是不折不扣的科斯定理。

以分配无线电波为例，过去这是广播电台、电视公司的必争之地；现在，电信业者抢食通信大饼，战况更为激烈。历史上，早期是由业者提出申请，再由行政机关审核分配。可是，行政机关分配波频时，该根据哪些指标呢？科斯定理明白地指出，无须由公平正义角度着眼，让当事人（糖果商和医生、电波使用者、排放污染物的厂商）自己去协商议价；通过价格机能，就能有效地界定波频（权利）。而且，通过行政程序分配，波频不见得能有效运用；通过价格机能，最有价值的波段，一定会落在价值最高的用户手里——因为他愿意，而且有能力付最高的价格！

3.3 含义

科斯定理有诸多含义，这里仅强调两点：第一，科斯定理，是典型的部分均衡分析。无论是糖果商还是医生、单一主人、破产重整人、货船船长、标售无线电波等等，都是把焦点集中在特定、明确、狭隘的问题上；其他的考虑，都隐身幕后。譬如，糖果商和医生所处的位置，是住宅区还是工业区？在现址营业，两人谁先谁后？对法律学者而言，这些都是重要的因素；可是，在科斯的论述里，他希望把焦点放在"行为互为因果"和"由产值界定权利"这两点上。

第二，传统法学理论里，权利的界定，通常是根据"自然法"（natural law）或世代相传、沿袭而成的法原则（doctrines）；前者如生命权、自主权、信仰自由等，后者如"先占先赢""久占成主"等。科斯定理，则是从产值（the value of social production）的角度，思索如何界定权利。

根据传统法学理论，无论是自然法或法原则，总是可以归纳出界定权利最好的方式。根据科斯的观点，界定权利有许多不同的方式；不同的方式，又隐含不同的诱因，也会引发出不同的行为反应，因而呈现出不同的结果。判断结果的好坏高下，不是根据自然法或法原则，而是根据"社会产值"。对法律学者而言，这是截然不同的思维方式，等于是在思索法学问题时，另辟蹊径，开了另一扇窗。

总结一下，这里以科斯定理为例，阐明经济学里的部分均衡分析。在经济学里，科斯的论文固然被广泛引用；在法学里，这篇论文已经是被引用次数最多的论述。也许，单单是这一点事实，就反映出部分均衡分析对法学论述确实非常重要！

4. 法学里的部分均衡分析

这里将以上文的论述——经济学里的部分均衡分析——为背景，探讨法学论述里的部分均衡分析。焦点有二，分别是具体的案例以及抽象的法学思维。

4.1 卡奴问题

前面的图 13.2 呈现出，以信用卡预借现金，是取得资金的方式之一。在这个基础之上，对于"卡奴"的问题，可以作进一步的澄清。

当卡奴人数增加，形成了金融和社会问题；舆论之一，是希望透过立法，限制信用卡循环利息的上限。立法用意，是希望降低卡奴的利息负担，减轻偿还本息的压力。这是部分均衡分析，因为论述集中在三个环节上：卡奴、利率、利息负担。

然而，分析这个问题时，值得扩大视野，扩充"部分"所涵盖的考虑范围。当利率是 18% 时，如果一个持卡人每月收入 3000 元，全部用来支付利息，可以承担 20 万元的负债；当利率由 18% 降为 10%，能负荷的债务将增加为 36 万元。卡奴的负债，不但不会减少，反而会增加。还有，利息 18% 看似高昂，其实对银行而言是"高报酬、高风险"；银行在核发信用卡时已经知道：其中将有相当的比例会形成问题，甚至成为呆账。

此外，对持卡人而言，利用现金卡容易取得资金；对其他融资方式（民间标会、地下钱庄）的需求，自然减少。然而，这个明显的好处，却必须和隐含的坏处同时考虑。卡奴里，有各式人等。民间标会和地下钱庄，为了本身的利益，会选择对象。没有正常收入的人、没有偿还能力的人和年轻人，不太容易由这些渠道取得资金。然而，银行浮滥发卡，等于是诱使一些人取得现金卡，再去制造问题。特别是申请人手上已经有五六张卡，而银行仍然继续发卡，这是明显的火上加油，扩大问题。法律上，这是明显的"与有过失"（contributory negligence）。

因此，卡奴的问题，当然不只是信用卡利息高低而已。分析这个问题以及思索对策时，值得扩大考虑的层面，涵盖重要的、相关的各个面向。

4.2　基本权利

关于基本权利（fundamental rights）或基本人权，法学里的论述已经如汗牛充栋一般。本章的主旨，不在于处理实质问题（substantive issues），而是探讨程序问题（procedural issues）——焦点在"如何分析"问题，而不是在论对问题本身的是非。正因为基本权利的问题广为人知，所以刚好作为例子，希望能烘托出法学里是"如何论述"基本权利这个重要的议题。

早期的法学论述里，权利的来源主要是根据"自然法"——天生万物，各有所属；四时运行，各循其序。权利，是遵循上天（神或上苍）的旨意，人不可以，也无从违逆！自然法的确切来源并不可考，不过在亚里士多德、柏拉图等历代哲人阐扬之后，已经形成法学思维的高贵传统，历代相承，绵延千百年。

物换星移，长江后浪推前浪，自然法的思维，已经式微。代之而起的，是道德哲学。法理学的学者们，先揭示一些简单自明、纯洁高尚的理念，再以这些理念为核心，发展出一套关于权利的法学理论。由两位当代法律学者的论述，可以窥豹。

首先，在《正视权利》（*Taking Rights Seriously*）这本书里，名扬中外的杜尔肯（R. Dworkin）手起刀落，明确地列出权利的来源："如果赞同以权利为核心的理论，每个人至少会支持下列两个基本观念（之一）。第一个观念虽然模糊但是强韧无比，就是'人的尊严'。第二个观念为一般人所熟悉，是'政治上的平等'。"其次，在一本关于财产权的论述里，英国牛津大学的法律学者哈里斯（James Harris），标明他所认定、合于正义的财产权结构："一个正常的社会（或任何一个通情达理的公民），会接受这三个条件。符合这三个条件，财产权的结构就是合于正义：第一，承认自然的平等（natural equality）；第二，接受选择自主的价值（the value of autonomous choice）；第三，强调身体的尊严不受任意侵犯（the banning of unprovoked invasions of bodily integrity）。"

由以上的简短描述，可以清楚地看出：无论是传统的自然法或杜尔肯及哈里斯的理论，在论述"权利"时，都是采取部分均衡分析。自然法的权利，是根据上苍或天地宇宙的旨意；杜尔肯和哈里斯的权利，则是根据他们所揭示的理念。而且，杜尔肯和哈里斯的理论，固然有明确的代言人（杜哈两人），自然法的理论，其实也依恃历代哲人而流传百世。两种论述的性质，可以借图 13.3 具体呈现。

图 13.3　权利的部分均衡分析

由另外的几个面向，也可以烘托出两种理论，确是部分均衡分析，而不是全面均衡分析。首先，两种理论的基础（自然法则、基本理念），都是"简单自明"的；可是，这个基础的背景或来源（institutional structure）为何，却几乎完全阙如。其次，当环境里的条件变化时（人口增加、所得提高、科技进展），权利的基础会不会跟着变化？如果会，将如何变化？对于这些问题，两种理论都没有着墨。因此，法学里的权利理论，是部分均衡分析，殆无疑问。

5. 两种论述的比较

前文分别借着具体事例，说明经济学和法学里，都采用部分均衡分析。这里将比较经济学和法学的异同，希望能进一步

302

掌握部分均衡分析的精髓，也同时希望能添增对这两个学科的体会。

观念上，经济学和法学里，都广泛采用部分均衡分析；可是，在具体的运用上，两者之间还是有微妙的差异。这些差异，也往往造成彼此各行其是，在并行线上对话，甚至是误解。两者之间的差异，可以列举说明如次。

首先，经济分析和法学论述最大的差别之一，是两者立论的基础不同。经济学里，是以人的行为（behavior）为基础；法学里，则往往是以信念（beliefs）为基础。以行为为基础，是以实证（positive basis）为出发点；人，就是人，不好不坏。以信念为基础，是以规范（normative basis）为出发点，以论者所揭示的某些理念，作为建构理论的依据。以实际行为为起点，容易回答社会现象"是什么"、"为什么"和"将如何"这三个问题。以脑海里的信念为起点，容易回答社会现象和人的行为"应如何"这个问题。因此，经济学比较长于"解释"社会现象，而法学却往往着重在"指导"人的行为。

其次，经济分析和法学论述的另一种差别，是关于"部分均衡分析"这个概念本身。虽然两者都是部分均衡分析，可是经济学着重的是"均衡"，而法学则是偏重在"部分"。原因很简单：传统法学论述里，"均衡"不是分析性的概念，也从来不为法律学者所重视。相形之下，均衡是经济学里极其重要的分析性概念。对于社会现象和人的行为，经济学者会问：这个均衡"是什么"？"为什么"会出现这个均衡？如果支持这个均衡的条件发生变化，这个均衡"将如何"变化？

303

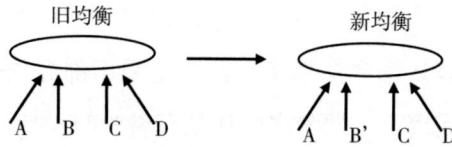

图 13.4　均衡的变化

也就是说，"均衡"的概念，本身就隐含"体系"（system）的思维。一个均衡，无论大小，就是一微观系。当支持的条件变化时，无论是主动或被动，这微观系就可能演变成一个新的均衡。对许多问题而言，法律可以看成是支持的条件之一；当法律这种游戏规则改变时，游戏会如何变化呢？譬如，前面提到，由总统制变成内阁制时，三权分立之间的制衡将如何变化？或者，当现金卡的利息由 18% 降为 10%，对于卡奴这个现象，将会造成何种影响？或者，在哪些条件下，侵权的责任归属，会由完全责任（strict liability）变成过失？在哪些情形下，又会由过失变成完全责任？要回答类似的问题，显然必须能掌握均衡的性质。

最后，经济分析和法学论述的差别，是部分均衡分析的抽象意义。经济学者探讨的问题，早已超越"经济现象"，而广泛地处理政治、社会、法律等"非经济"问题。然而，即使处理的具体问题千变万化，一旦掠去表面，总是能归纳出隐藏其下、人类行为的规律性。也就是说，由不同的分析里，能有万流归宗、一以贯之、以简驭繁的体会。

譬如，和郊区及乡村的家庭相比，都会区的家庭子女数较少；现代法治国家里，普遍设有税捐法庭等专业法庭，也往往有简易诉讼制度；当离婚要件变宽松之后，家庭暴力和杀害配偶的件数显著减少；经济发展之后，婚外情逐渐由刑事案件变成民事案件。这些现象虽然不同，可是表面之下的规律性却是一样的：人的行为，受到成本效益考虑的影响；而且，人是趋利避祸的——都会区双职家庭多，房价高，扶养子女成本上升；专业法庭和简易法庭，能降低争讼双方和司法本身的成本；配偶不睦，家暴和离婚隐含的成本有高低之别；和农村相比，在都会区里，婚外情造成的困扰通常比较小。

因此，库特和尤兰（Cooter & Ulen）这两位经济学者（都在法学院任教）在他们的畅销教科书《法律经济学》（*Law and Economics*）中就一再强调：法律，可以看成是一种"价格"（price）。市场里，价格高低会影响消费者；同样的道理，法律的松紧，也会影响人的行为。把法律看成价格，并不是指闯红灯或超速罚款的高低，而是指对一般人而言利弊得失的轻重大小。对怨偶而言，离婚条件变宽，表示诉诸暴力的价格上升，而好聚好散的价格下降。

抽象上来看，经济学里的部分均衡分析有相当的一致性；相形之下，法学里的部分均衡分析，却往往是自成格局，各擅胜场。

6. 尾声

　　法律经济学，是以经济学的架构研究法学问题；如果经济学者"讲故事"时，能用法律学者所了解和接受的"语言"，法律经济学的发展可望更为蓬勃，成果也更为璀璨！

　　在《一以贯之经济学》（*Economics in One Lesson*）这本畅销书里，作者赫慈利（Henry Hazlitt）再三强调：分析问题时，一个好的经济学者，不会只注意短期，也会注意长期；不只会关心局部，也会关心全面；不只会考虑直接影响，也会考虑间接影响。赫慈利的立场，显然是希望面对问题时，不只作部分均衡分析，同时要作全面均衡分析。赫慈利的提醒，有相当的参考价值。可是，前面几节的论述，却活生生地反映了，无论在经济学或法学里，多半采取部分均衡分析。和赫慈利的主张相比，这不是明显的背道而驰吗？

　　关键之一，还是成本考虑。部分均衡分析，考虑的因素少、层面窄、范围小；全面均衡分析，考虑的因素多、层面广、范围大。两相对照，采用部分均衡分析，成本显然较低。然而，赫慈利的诤言，确实重要。部分均衡分析和全面均衡分析，并不是彼此互斥；在两者之间，还有诸多可能性。以摄影师为例，为雕像拍照时，可以打一盏镁光灯，也可以打很多盏，全室通明。两种做法，成本不同，而且效果也有高下之分。因此，摄影师（经济学者和法律学者）的造诣，就在于安排不多不少的镁光灯，"刚好"能烘托出雕像的神韵。抽象来看，镁光灯的数量和位置，是拍照的方式，是程序；照出的相片，是拍照的结果，是实质——经济学主张程序成本和实质成本并重，法学强调程序正义和实质正义不可偏废。这么看来，就分析方法而言，法学和经济学其实相距并不远！

参考文献

Coase, Ronald H., "The Problem of Social Cost," *Journal of Law and Economics*, 3（1）: 1-44, 1960. Collected in Ronald H. Coase, *The Firm, the Market, and the Law*, Chicago: University of Chicago Press, 1988.

Cooter, Robert D., and Ulen, Thomas, *Law and Economics*, 6th ed., Reading, MA: Addison-Wesley, 2012.

Dworkin, Ronald M., *Taking Rights Seriously*, Cambridge, MA: Harvard University Press, 1977.

Harris, James W., *Property and Justice*, Oxford, UK: Oxford University Press, 2002.

第十四章 大师的身影——经济学家的才情

1. 走近经济学家

对于物理学家、化学家或数学家，一般人很少嘲弄；可是，对于经济学者，似乎每个人都可以冷嘲热讽、戏弄两句。对经济学和经济学的调侃，几乎有不可胜数、罄竹难书的味道。可是，为什么呢？

主要的理由，大概是经济现象和一般人的生活，密不可分；对于经济政策，每个人都可以臧否两句。而且，经济学者之间，经常莫衷一是，或者是理论一大套，实际不对号。然而，经济学者受人讪笑，其实也反映了经济学的重要。经济现象，和每一人都息息相关。历史学者海伯纳更曾经直言，如果不了解经济学，就不可能了解现代社会。

经济学虽然重要，可是一般人似乎都觉得高深莫测，最好敬而远之。在这一章里，不直接处理经济学，而是介绍三位经济学者。透过这三位诺贝尔奖得主的思想和行谊，或许可以间接体会到经济学的某些面向。

2. 传教士斯蒂格勒

斯蒂格勒是德裔美籍，但是有四分之一匈牙利的血统。他身高超过 180 厘米，才华横溢，言辞锋利而幽默。两件小事，可以反映出他的性情。

弗里德曼（Milton Friedman）有次感冒，在家里休息了两天；两天之内，就写成一篇学术论文。斯蒂格勒非常赞叹，所以多次调侃弗里德曼：万一他摔断腿，在家休养一个月，不知道会写出多少东西？还有，他有一艘游艇，取名为"大作"（Treatise），当别人问他，最近都在忙什么？他轻描淡写、一本正经地答道："我在忙着搞我的大作！"（"I am working on my Treatise."）别人立刻肃然起敬，而他则是乐在其中。

因为他才气纵横，以智识上的驰骋为乐，所以，对于才智平庸的人，就有点不耐烦。他的一位老同事就曾说：斯蒂格勒和弗里德曼都太聪明了，所以受不了蠢人（They don't suffer fools lightly）。结果，很多学生自反而缩，不敢找他们当指导教授。他们两人指导的学生不多，这可能是主要的原因。

2.1 成就

他的回忆录，名为《不受管制的经济学者》（*Memoirs of an Unregulated Economist*），也有所指；因为，他得到诺贝尔奖，主要是因为在"管制经济学"和"信息经济学"这两方面的贡献。

20 世纪 60 年代，他开始分析政府的管制问题。政府对经济活动的管制，自古已然；但是，虽然政府的管制多如牛毛——有人这么批评时，曾有政府官员表示：多毛的牛，才是好牛！——可是管制的效果如何，却从来没有探讨过。譬如，在美国，电费的管制从 1907 年就开始实施；然而，斯蒂格勒 1960 年所作的调查，是第一篇认真分析管制效果的研究。政府管制电费，效果到底如何呢？他发现：电力公司向用户收费，政府管制其实没有任何影响！当然，后续的研究，也有不同的发现。不过，斯蒂格勒的贡献，就在于他"拿证据来"的做法。对于政策的评估，不再是停留在纸上谈兵，而是收集具体的资料，让证据来说话。

在研究信息问题上，斯蒂格勒也是开风气之先。过去，经济学里的论证，都是假设"信息是完整的"；消费者、生产者、管制者等等，在决定自己的举止时，都拥有充分的资讯。然后，在某个不起眼的脚注里，作者会提上一句：本文的推论，都假设信息是完整的；如果信息不完整，本文的结论或许会稍有变动，但相信差异不大。然而，斯蒂格勒却在 1961 年发表论文，指出对任何决策者而言，信息问题都非常重要。买冰箱电视，固然要搜集信息；读书谈话，也是在萃取信息。事实上，稍加思索就可以发现，人们日常生活里的很多举止，都和信息有关。

无论是管制问题或信息问题，因为过去备受忽视，所以斯蒂格勒长驱直入、着手成春。这也反映了学术发展的特质：在成熟的领域里，有众人认可的理论，也就容易排斥新的理论。新问题或新领域，风险大，但也容易大有斩获。

2.2 摩擦

经济学者，也有平凡脆弱的一面。即使是执世界经济学牛耳的芝加哥大学，即使是经济学界赫赫有名的大师，一旦碰上个人好恶，行径也和市井小民相去不远。

弗兰克·奈特（Frank Knight），是斯蒂格勒的指导老师，也是当时芝加哥大学经济系的台柱之一。他对任何问题都追根究底，而且非常排斥权威。当时，芝大经济系规模不大，只有十位教授。其中一位是保罗·道格拉斯（Paul H. Douglas），刚好就是奈特的死对头。道格拉斯有浓厚的入世情怀，醉心政治，学术工作只是阶段性的预备动作而已。他后来当选参议员，在国会山庄叱咤风云了十八年之久。奈特和道格拉斯两人不和，互道长短，系里的师生人尽皆知。在回忆录里，斯蒂格勒利用保留下来的信函，勾勒两人之间的曲折。

1933 年 12 月 21 日，奈特致道格拉斯：

　　……已经有好一阵子，我觉得你我之间，似乎有点不对劲。主要的原因，好像是我们彼此都有这种感觉。……我一直认为，意见不同的人可以争论得你死我活，但是彼此之间还是维持着友善和谐的情怀。什么时候我们一起午餐或小聚，好好谈一谈？

第二天，就有回信。1933 年 12 月 22 日，道格拉斯致奈特：

　　……在很多场合里，你曾告诉很多人，说我像是江

311

湖术士而又媚俗（charlatan and demagogue）。虽然我有点蠢，但是并不是完全愚不可及……如果我在消费者协会的工作，使我寿命减短，似乎对有些同事倒是好事。但是，我可不希望你少活几年，因为我对你的智识和贡献，都有最高的评价。……当然我也希望，我们彼此之间能友善相对。但是，你似乎并不这么觉得。而且，我认为，单单是我的存在，就令你不快；而我的出现，更令你难受。……最后，可否容我真诚不二地祝你圣诞节快乐？

佳节过后，鱼雁往返继续。1933 年 12 月 27 日，奈特致道格拉斯：

　　来信的语调，令我震惊。我一直以为，我们只不过是各有所好、各行其是而已……对我而言，江湖术士和媚俗的字眼绝对是无中生有；而且，我觉得奇怪，为什么你会有那种念头。……据我所知，我从来没有说过任何损你的话，无论是关于你的智力或性情，也无论是公开或私下。谢谢你的圣诞祝福，容我也祝你新年快乐好吗？

　　而后，两人的关系愈来愈僵，道格拉斯的委屈也愈来愈严重。他在信里提道："过去两年以来，在学生面前、同事面前，你公开指名道姓，说我沽名钓誉，一心想让自己的名字出现在媒体上。"有趣的是，奈特回信强调："我'知道'我'从来'

没做过那些事!"

斯蒂格勒的结论,是两个人都想改造世界。一个人出世,想在象牙塔里发挥影响力;另一个人则是入世,想在国会山庄上呼风唤雨。虽然两人路数不同,但都是杰出的经济学者,也先后担任"美国经济学会"(American Economic Association)的会长。最后,斯蒂格勒是这么结束的:"有冲劲的学者都是改革者,无论选择的方式是像奈特或道格拉斯。……对于别人要放手不管,或放舌不论,可不容易。"

3. 哲学家布坎南

布坎南(James M. Buchanan)曾说:"只要看一个人所崇拜的英雄是谁,大概就知道这个人自己是什么样的人。"对很多人而言,布坎南是他们衷心景仰的英雄——良有以也。

布伦南(Geoffrey Brennan),是澳洲的经济学者,曾和布坎南合写过多篇论文。有一次,他和布坎南一起接受电视访问,谈财政问题。主持人先问布伦南的意见,然后请教布坎南。布坎南简短地说:在这个问题上,我赞成布伦南的看法。这段访问播出时,布伦南正和他十几岁大的儿子一起看电视。看到这一幕,布伦南的儿子转过头、眼光里充满敬慕地对布伦南说:"爸,布坎南先生赞成你的看法。"("Dad,Mr. Buchanan agrees with you.")

在撰文庆祝布坎南八十大寿时，布伦南提到这一段。他说，儿子年纪愈大，对自己父母的敬意就愈少；儿子对他显露敬意，那是少见的例外。这是衬托法，由此可见，在布伦南等人乃至在布伦南儿子的心目中，布坎南的地位是何等崇高。

但是，布坎南的际遇，绝不像斯蒂格勒一样一帆风顺。

3.1 成就

在芝加哥大学写完博士论文后，他在图书馆里漫无目的地闲晃。因缘际会，看到一些早期意大利学者的论著，从此改变了他的一生。

传统的财政学，在讨论税收和支出时，都假设政府像是一位仁君；根据某种"社会福利指标"（social welfare function），仁君式的政府会念兹在兹、追求民众最大的福祉。然而，实际的政治里，政府并不是"一个人"，而是由一群官僚和政客来操作。一般民众会为自己的家小、自己的利益着想，这些官员政客当然也是如此。因此，要研究财政问题，必须先探讨政治过程（political process）的特性。否则，想当然尔式的论述，将不过是彩虹般的画饼而已。

布坎南观念上这么一转，受影响的，不只是经济学里的财政理论；整个政治学，风貌也因此而为之一变。过去，政治学者的论述，往往着眼于探索真理，或是期待圣君哲王；布坎南"把人当人看、把官僚政客当人看"的立场，为政治理论找到客观扎实的基础。而后，由探讨政治过程中，他进一步体会出典章制度，也就是游戏规则的重要；他所关心的主题，变成整个现代社会的"宪政规章"（constitutional rules）。

今天，布坎南的学说，已经发展成经济学里重要的领域；主要的经济学教科书里，都辟专章介绍他所奠基的"公共选择"（public choice）——公共选择，是和一般人的个人选择（private choice）相对。在政治学里，他的理论也已经是不可或缺的一环。布坎南，不只是20世纪最重要的经济学者之一；说他是20世纪最重要的思想家之一，也毫不为过。

3.2 曲折

由很多方面来看，布坎南是不折不扣的先知。他一手开创了一个崭新的领域，而且彻底影响了经济学家的基本思维。当然，先知的际遇，几乎必然是一连串的考验、排斥、敌视，甚至是羞辱。他的回忆录，名为《总比种田好》（*Better than Plowing*）。由内容上看，这个书名底下蕴含了非常复杂多样的情怀。

布坎南出生于田纳西州，是美国南方的农业区。虽然他的祖父曾是田纳西州的州长，但是家道似乎已经中落。他先在田纳西读完大学，然后在"二战"时应召入伍。经过训练后，被派往尼米兹号航空母舰，担任通信官。因为成长的背景使然，他非常刻苦勤奋，工作上表现极为优异。长官对于这个"死老百姓"的评价很高，说他"速度超快、很少失误"（mighty fast and fairly accurate）。

"二战"结束后，布坎南利用美国政府提供的助学金，进入芝加哥大学攻读博士学位。他论述里少用数学，研究的又是政治过程。这些特质，刚好都和当时的经济学主流有一段距离。

所以，毕业后，他长期待在弗吉尼亚理工学院（Virginia Poly-technic Institute）；然后，又转往乔治梅森大学（George Mason University）。这两所学校，既不是哈佛、斯坦福等一流学府，又不是耶鲁、普林斯顿等常春藤联盟。事实上，乔治梅森大学声誉日隆，是因为有布坎南这位超级巨星。

60年代，美国社会处于动荡，越战、反越战、民权运动等等，接踵而来。学术界里，当然也有人响应。他们和学生一起，反体制、反权威，自许是"新的一代"（the new generation）。当时，他们喊出一句口号：任何三十岁以上的人，都不值得信任！布坎南看到这一帮人，嘴巴上严厉批判当道，但是本身行为却放荡不羁。几十年后，他在回忆录里的遣词用字，还显露出心中的愤怒："校园里这些号称改革派的，和乳臭未干的年轻人同床而寝——抽象而言或具体而论，都是如此。"〔"（They）climbed into beds, literally and figuratively, with those whose nappies they had laundered."〕

在学术上，布坎南受到主流学派的排挤；但是，他勇往直前，毫不退缩。布坎南自律非常严格，清晨四时起床，梳洗之后就开始工作；早上八点钟，别人开始上班，他已经完成半天的工作。而且，他在1986年获得诺贝尔奖之后，也没有慢下脚步。当他在1999年八十大寿时，已经发表了三百篇以上的论文；编辑成的作品集，有20巨册。即使他年过八十，在学术上还努力不懈。

无论是在学术上或个人风格上，布坎南都是独树一帜、卓尔不群。

4. 散文家科斯

罗纳德·科斯（Ronald Coase），1910 年出生，1991 年获得诺贝尔奖。他在英国成长，1951 年移民到美国；后来，转往芝加哥大学法学院，长期担任《法律经济学论丛》（*Journal of Law and Economics*）的主编。

虽然他待在美国的时间很长，可是似乎不受环境的影响，还保持十足的英式风格。他论述的方式，也和主流经济学大不相同。当他还是二十多岁的小伙子时，就以散文式的文体论述；而且，他也不用打字机或计算机，私人信函往返，都是手写草书。然而，他笔下的一篇论文，却已经被引用了两千次以上，是所有经济学和法学论述里，被引用次数最多的论文。

经济界公认，他是当代显学"法律经济学"的创始人；可是，他却明白表示，自己的研究兴趣是在经济活动。而且，他认为，经济学家应当专心研究经济问题，不该跑到别的学科里去班门弄斧，张牙舞爪。

4.1 成就

当科斯得到诺贝尔奖时，诺贝尔委员会对他的颂辞里，特别提到他的两篇经典之作。他在 1937 年和 1960 年发表的论文，分别引发了两个重要的领域：产业组织和法律经济学。

产业组织（industrial organization），又称为厂商理论（theory of the firm），是探讨商业组织的形式、架构和运作等问题。法律经济学（law and economics），又称为法律的经济分析（eco-

nomic analysis of law），是利用经济分析的架构，探讨法学问题。
这两个领域，涵盖面都非常广。不过，当初科斯的两篇论文，
却可以由"交易成本"（transaction costs）的角度，一以贯之。

要体会交易成本这个概念，可以由一个简单的例子开始。
在常见的早餐店里，有豆浆油条、面包馒头、花卷饭团，以及
其他。可是，这么多餐点，早餐店不可能都自己动手生产。（自
己设身处地一想，就知道其中的奥妙。）因此，通常是自己生
产某些式样，另外一些就向批发商进货。还有，许多电子产品
的厂商，把零件生产外包（out sourcing），本身投注于自己的专
长，最后再组合所有的零件，推出成品。此外，一般学校里有
医务室，有护士阿姨，处理简单的医护事项，一旦碰上学生比
较严重的意外，还是要送到校外的医院。可是，大型的机关单
位里，医务室可能就有轮流驻诊的医师。

所有的这些例子，都隐含两种做法（经济学者常用的术语，
是两种"运用资源"的方式）。一种，是自己来；另一种，是别
人做。科斯 1937 的论文，名为《厂商的本质》（*The Nature of the
Firm*），主要的慧见，就是比较"自己来"和"利用市场"的
优劣。两者的取舍，就在于交易成本：因为，如果要利用市场，
就得搜集信息、洽商、安排运送交货点收等等；自己组成厂商，
可以免掉这些心力时间。利用市场，耗费的就是交易成本；而
本身组成厂商，要承担管理、运作等生产成本。因此，对一个
企业家而言，就会比较这两种成本的高低，然后选择对自己最
有利的方式。

1960 年的文章里，也是处理交易成本；不过，科斯提出一

个有趣的概念：如果交易成本为零，将会如何？想象有两个年轻男女，比邻而居，一个喜欢弹钢琴，一个喜欢弹吉他。两个人彼此影响，互为芒刺，甚至闹上法庭。两个人争论、叫骂、怒目相视，所耗费的心力时间，都是"交易成本"。如果交易成本为零——如果两人情投意合，共缔良缘，结为夫妇。这时候，两人的利益合而为一，就会找到和平共存、两全其美的安排。当交易成本为零时，彼此冲突的利益或互相干扰的活动，都会整合出最理想的组合。

由此可见，交易成本这个概念，有助于解释许多社会现象。当交易成本存在时，资源运用的方式，会受到影响；当交易成本为零时，资源运用会呈现另一种状态。事实上，人们眼前所看到的各种社会现象，背后的主要驱动力，就是高低不等的交易成本。科斯发现交易成本这个重要的概念，因而得到诺贝尔奖，可以说有以致之。

4.2 微言大义

英国文化里，有浓厚的历史情怀，很重视传统。科斯是典型的英国绅士，思想上可能不知不觉地受到影响。他强调，经济学自鼻祖亚当·斯密以来，有高贵的传承，经济学者不该到其他领域里舞弄。他曾经语带嘲讽地说：这是不是表示，因为在经济学本身的领域里，经济学者成就有限，所以换个地方试试手气？

不仅如此，即使在传统经济学的范畴里，对于当今经济学者的作为，科斯也大有微词。很多经济学者玩弄数学，不辨菽麦。科斯认为，这是本末倒置，就好像研究人的生理结构，只有骨骼，没有血液。他戏称，很多论述是"黑板经济学"（blackboard economics）——经济学者的论述，只存在于黑板上的方程式和图形里，在真实世界里根本不见踪影。根据漂亮的数学模型，加上很多大胆的"假设"（assumptions），经济学者提出许多政策建议。科斯认为，高谈不切实际的假设和推论，简直是痴人说梦。（"This is the kind of stuff that dreams are made of."）

他还曾揶揄经济学者："他年轻时，有些话说来傻里傻气，所以就放在歌里来唱；现在，有些话说来傻里傻气，所以就放进数学里！"

5. 三座参考坐标

斯蒂格勒、布坎南和科斯这三位经济学界的巨人，因为研究的领域不同，所以彼此的贡献之间，不一定能做高下大小的比较。不过，他们三位的成就，倒是提供了三个明确、各有特色的参考坐标。

主流经济学里，斯蒂格勒对于管制经济学和信息经济学，都有开创性的贡献。他曾经表示，经济研究应该具有三种特质：客观、正确和有趣（objective，accurate，and interesting）。以他优游于经济学里、挥洒自如的才情，可以说是充分展现了经济学和经济学家"有趣"的这一面。

布坎南，树立了经济学界经师和人师的典范。经过长时间、几近苦行僧式的努力，他手创一个重要的研究领域，不但同时影响经济学和政治学这两个学科，还始终扣紧经济学这个学科的基本脉动。经济学，不只是研究经济活动，而是广泛探讨"人的行为"；人类社会的繁衍和发展，涉及的不只是"经济"活动。对于社会基本典章制度的分析，经济学者责无旁贷。

科斯，在经济学家里，可以说是稀有动物。他不依赖繁复的数学，也不运用流行的计量模型，甚至不用打字机和因特网；他所依恃的，是敏锐无比的观察力、清晰简洁的概念以及对经济活动的深刻体会。他以散文式的文体，指出市场价格机能的精髓；而且，更指引一个具体的方向，开启了经济学者的想象空间；对于交易成本这个概念的探索，可以说还是方兴未艾。

作了精彩的开场白，开启了一场重要的对话，接下来的，当然就要看后继者的才情智慧了。

至于斯蒂格勒所描述的摩擦、布坎南所经历的考验以及对主流经济学的针砭，刚好烘托出经济学其他的一些面向。经济学者也是人，也有七情六欲、个人好恶；经济学界隐含一套价值体系，也就隐含显学和异端；经济学进展快速，大量用数学是重要因素之一，当然也引发一些值得驻足思索的问题。对于经济学和经济学者，一般人有许多质疑和批评，其实，经济学者本身的反省和检讨，更是无日无之。

6. 三个不同的句点

常有人说，臧否一位作家，生前和死后是用不同的标准。生前，是以他最糟的作品为准；死后，则是以他最好的作品为度。对作家如此，对政治人物呢？对军人呢？

在英国历史上，海军上将纳尔逊（Lord Horatio Nelson，1758—1805）、威灵顿公爵（Duke of Wellington，1769—1852）和丘吉尔首相（Sir Winston Churchill，1874—1969）是三位家喻户晓的人物。当国家需要他们的时候，他们都挺身而出、义无反顾。

纳尔逊的故事，大概是其中最悲壮、最赚人热泪的。他历经大小战役，多次负伤，而且先后失去右手和右眼；但是，他战功彪炳，备受部属爱戴。现在西式餐具里，独臂人专用、刀叉合在一起的设计，就称为"纳尔逊之刀"（Nelson's Knife）。1805 年，西班牙和法国的联合舰队大举来犯，纳尔逊亲自坐镇胜利号（Victory）战舰，率军迎敌，史称特拉法加之役（Battle of Trafalgar）。出发前，纳尔逊留下传诵千古的名言："大英帝国期望每个子民都负起自己的责任。"（"England expects that every man will do his duty!"）

因为平日训练严格，加上纳尔逊战术卓越，所以英国皇家舰队以寡击众，彻底摧毁联合舰队。但是，纳尔逊在甲板上亲自督军、旗舰和敌舰错身而过时，法国船桅上的狙击手由上而下，一枪射中纳尔逊。子弹由胸前穿入，伤及脊椎，众人把纳尔逊抬到下层甲板时，他嘱咐左右在他脸上盖上手巾，以免主

322

帅受伤、影响士气。弥留时，他还心系战局；当旗舰舰长哈定
（Thomas Hardy）告诉他，击沉对方十二艘战舰时，纳尔逊答以
"我原来期望的目标是二十艘"。

他气绝之后，船上的军医下令，将遗体放进贮酒的大木桶，
然后灌满船上最好的威士忌酒。几天后回到伦敦时，他的面容
还栩栩如生。国葬时，舰队缓缓驶过泰晤士河，两岸致哀的民
众有十数万人。葬礼备极哀荣，他的遗体就葬在圣保罗大教堂
（St Paul's Cathedral）正中央。

如果说纳尔逊是解除国难的英雄，威灵顿公爵可就是终结拿
破仑野心、挽救欧洲的伟人。他是爱尔兰人，出生于首府都柏
林（Dublin）。初入军旅时，他表现不佳，家人和长官，都不寄
予厚望。但是，在印度和葡萄牙历练以后，他的军事才华逐渐
显现。1808 年的滑铁卢战役，当然是人类历史上最著名的战役
之一。他统率英德俄等国联军，和拿破仑指挥的大军正面交锋。
一天之内，反复冲杀之下，法军阵亡 40000 人，而联军也损失
22000 人，以哀鸿遍野、草木皆悲来形容，一点都不为过。

滑铁卢一役，使威灵顿成为欧洲最著名的人物。凯旋回国
之后，他踏入政坛，在 1828 年赢得大选，奉命组阁。但是，他
的某些措施，却几乎和民心相背。好几次，抗议的民众聚集在
他的住宅外，丢石块攻击房舍。即使他的夫人过世，遗体还暂
停屋内，暴民也几乎攻进屋内。最后，管家在屋顶对空放了两
枪示警，暴民才勉强散去。

他是军人性格，口才并不出色，加上作战时打掉几颗牙齿，
讲话时有点漏风，所以绝对算不上是辩才无碍。不过，他特殊

的复句语法"还有另外"（and another thing），也成为英语的日常用语之一。他的住处，就在海德公园外，现在已经改为博物馆。在出售的各种纪念品里，有一本画册，收集了他从政之后所有讽刺嘲弄他的漫画。和滑铁卢之役大胜时相比，真是相去不可以道里计。

1846年，他以终身统帅（command-in-chief）的身份正式退休。照片里，他头戴黑色圆形礼帽，身着西服，骑马通过位于海德公园一角的胜利拱门。公爵当时已年过七十，肩膀微驼，神态多少有些落寞。不过，当威灵顿公爵过世后，在圣保罗大教堂的国葬，还是备极荣宠；来自欧洲各国的政要，冠盖云集。他的灵柩，就在纳尔逊的旁边。

尝尽政坛冷暖的，当然不只是威灵顿公爵。丘吉尔所经历的起伏，恐怕有过之而无不及。为丘吉尔作传的人，对于他在"二战"之前的生涯，只以四个字涵盖一切——一无是处！"二战"，当然改变了他、英国、欧洲乃至于世界的命运。

当德军开始轰炸伦敦时，有人主张求和、有人主张把政府迁离伦敦。但是，他毅然决然地发表演说，呼吁英国民众奋起，在大英帝国历史上，写下最光荣的一页；而且，他和英皇以及皇后一起，都将与伦敦共存亡。即使在伦敦大轰炸最惨烈的时候，他们都没有离开伦敦。

当时，德国希特勒已经席卷全欧，只剩下英伦三岛。英国独力面对纳粹一年之后，美国才参战，战局也才逐渐扭转。谁知道，德国投降没多久，丘吉尔参加和斯大林及杜鲁门的三巨头会议，却因为国内大选失利，而必须中辍返国。

他在八十岁生日时，接受国会代表全英国民众送他的礼物，这是国会委托名画家萨德兰（Graham Sutherland）所画的丘吉尔肖像。可是，画中不是他年轻时英挺的模样，也不是他"二战"时坚毅无比的身影，而是一位瘫坐椅中、面容枯槁的垂垂老者。当然，他和夫人都非常不喜欢这幅画像。丘吉尔过世之后，大家才发现，这幅全英国民众送给丘吉尔的画像，已经被他夫人烧毁。

就战役的规模和职衔来看，纳尔逊都敬陪末座。特拉法加之役，最多只能说是英国保卫战；而他的职衔，也只不过是皇家海军地中海舰队舰队司令，相当于海军副总司令。不过，三人里，他却是最受英国民众喜爱的一位。在他生前，一旦出现在公共场所，民众不分老少，都会环绕簇拥着他。即使在他战败受伤断臂回国，民众都夹道欢迎、帮他打气。

如果威灵顿公爵没有踏入政坛，以他在滑铁卢之役的功勋，可能也终身受到同样的爱戴。现在在英国各地，有很多的酒馆都以"威灵顿公爵"为名；但是，在一般人的心目中，却好像并不享有特别的地位。

纳尔逊终身是军人，威灵顿是以军事成就踏入政坛。相形之下，丘吉尔的生涯，就是在政坛里起伏。他以政治家的身份，率领英国上下面对强敌，不仅影响了英国和欧洲的命运，也改写了世界的历史。可是，正当盟军庆祝得来不易的胜利时，英国民众却以冷冰冰的选票，让他由生涯和事业高峰硬生生地重摔落地。

也许，和作家一样，军人和政治人物在生前和身后，会受到不同尺度的评价。他们三位的葬礼，都在圣保罗大教堂举行。在大教堂一千多年的历史里，也只举行过这三次隆重的国葬。不过，虽然他们都在圣保罗教堂画下最后的句点，而且也都是极不平凡的句点，在这三个句点之间，却有太多值得玩味的曲折。

7. 结语

根据美国经济学会的统计，目前世界各地以英文出版的经济期刊，大概有 500 种。以每年发行四期，每期 5 到 10 篇论文估计，经济学界每年有 1 万到 2 万篇新作发表。这些点点滴滴的智能，加上其他的书籍论述，长期累积下来，显然有很可观的成果。

这一章里，简短地介绍了三位经济学家里的佼佼者。他们性情不一、道行不同，但都是经济学者的典范。曾经有一位经济学者，列出有趣的"真理方程式"：

（经济）真理＝科斯 × 布坎南 × 斯蒂格勒

据了解，这个方程式有几点含义：第一，比较谦虚的版本，前面有"经济"这两个字；比较不谦虚的、经济学帝国主义（economicimperialism）的版本，没有这两个字。第二，排名次序上，呈现给科斯的版本，他排名第一；呈现给布坎南的版本，他排名第一，科斯排名第二。第三，排名第三的斯蒂格勒，弹性较大；如果有其他更令人心仪的经济学者，譬如萨缪尔森（Paul Samuelson）、弗里德曼（Milton Friedman）或其他，可以取斯蒂格勒而代之。但是，（经济）真理的前面两根础石，则维持不变。

至于世界上有没有真理，那当然是另外一个问题！

参考文献

Cheung, Steven N.S., "The Fable of the Bees: An Economic Investigation," *Journal of Law and Economics*, 16: 11-34, 1973.

Coase, Ronald H., "Economics and Contiguous Disciplines," *Journal of Legal Studies*, 7: 201-211, 1978. Collected in Ronald Coase, *Essays on Economics and Economists*, Chicago: University of Chicago Press, 1994.

Friedman, Milton, "The Methodology of Positive Economics," in *Essays in Positive Economics*, Chicago: University of Chicago Press, 1953.

Stigler, George, "The Economics of Information," *Journal of Political Economy*, 69(3): 213-225, 1961.

第十五章　科斯的英式风格和张五常的中国风味

1. 前言

虽然科斯曾经强调，（经济）理论隐含一种思维方式；可是，他并没有进一步阐释这种思维方式的内涵，也没有展现要如何运用这种思维方式。与科斯是亦师亦友的张五常，却在因缘际会下，挥洒出极其特殊的一片天地。经济散文在中文世界的特殊传承，由张五常一手确立。张五常所开辟的天地，对经济学界和经济学的发展而言，都具有相当的启示。

本文的重点，是张五常和他的中国风味，不过，如果没有科斯和他的英式风格，就衬托不出张五常和他的中国风味。

科斯和张五常两人是数十年的好友。在科斯的诺贝尔演讲词里，他特别提到的经济学家之一就是张五常；相对地，张五常曾经多次表示，在众多经济学大师里，科斯的思想和他自己的最接近。当然，他们两人之间的友谊与相知相惜，是经济思想史上的佳话，是本文的背景，但并不是本文的重点。本文的重点，是从科斯的英式风格里，指出科斯没有完成的心愿；而后，再描述经由科斯和张五常的巧妙联结，张五常在中文世界中所开辟出的天地；最后，本文将分析张五常作为的涵义，并且探讨对经济学发展的启示。

在此有两点值得先做强调。首先，经济学者的身份，大致可分为三大类：研究者、政策顾问、教师／传教士。研究者的贡献，是对经济学知识和智识增加自己的心血；政策顾问的作用，是希望能经由影响实际的公共政策，提升资源运用的效率；教师／传教士的责任，则是向自己的学生和一般社会大众，宣扬经济学的福音。科斯的贡献，主要是以研究者的身份，为经济学增加了可观的智慧；张五常的成就，则是以传教士的精神，在中文世界里，开辟了西方经济学者可能难以想象的天地。他不仅奠定了一种新的文体，为传播经济学的福音发展出新的媒介；而且，他布道的内容涵盖面非常广，在讨论公共议题时，有助于奠定经济学者不可或缺的特殊地位。

其次，在经济学者的三种身份之中，过去一向着重研究者和政策顾问。但是，当经济学逐渐成为一个成熟的学科时，经济学者在这两种身份上的贡献，开始变得片断而微小。相形之下，经济学者对一般社会大众的影响，却一直受到忽视。可是，如果政策顾问的功能，是希望经由影响政策而提升运用资源的效率，那么，影响社会大众，使社会大众具有经济思维，不是更釜底抽薪、效果更为恢宏吗？张五常在传播福音上的作为，显示了经济学者在传教士的身份上，似乎还有很大的发挥空间——传教士的边际产值，可能要远高于政策顾问或研究者的边际产值。如果资源值得流向价值最高的使用途径，张五常的作为和成就，显然值得经济学界再三思！

当然，要了解张五常的作为和成就，最好的出发点就是科斯和他的英式风格。

2. 科斯的英式风格

关于科斯的英式风格，最早见诸文字的是斯蒂格勒。他认为，科斯是"由头到脚、彻彻底底的英国味"。（"Ronald is English to the tips of his fingers."）不过，波斯纳的描述更为生动：

> 虽然从 1950 年中期开始，他就长居于美国，而且在美国写出《社会成本的问题》这篇论文；可是，就像十九世纪在印度政府服务的英国人，在印度住得再久，还是不折不扣的英式作风。科斯也是一样，他还是地地道道的英国人，一点都不像美国人。

即使很难明确地界定，英式风格到底是什么，不过，就科斯的论述而言，大致上这是指他以优美的散文论述、不喜欢数学；在理论上强调以简驭繁、不能脱离现实、批评"黑板式经济学"（blackboard economics）；对历史很敏感，而且有高度的兴趣。此外，他也曾指明，（经济）理论隐含一种思维方式，可是，即使这个论点本身很精湛，科斯在理论上的矛盾，也由此可见。

科斯在 1988 年的书里，他提道："我指的价格不只是货币上的价格，而是任何广义的价格。"因此，虽然科斯没有明白列举非货币的、广义的价格是什么，不过，他的意思非常清楚：在加油站前排队等着加油，等候时间的长短是一种价格；追（男）女朋友时，花费多少心思也是另一种价格。

广义的价格，加上（经济）理论隐含一种思维方式，科斯在理论上的立场其实非常明白：经济学不只可以分析涉及货币的经济活动，也可用来探讨价格理论及人类的其他活动。在某种意义上，科斯也确实身体力行，以行动证明他的想法。在《商品的市场和言论的市场》(*The Market for Goods and the Market for Ideas*) 这篇文章里，科斯利用商品的市场为例，探讨言论自由的意义。同样地，在《经济学家和公共政策》(*Economists and Public Policy*) 的文章里，科斯把经济学者比拟为推销商品（政策建议）的推销员。两篇论文都具有以简驭繁、不脱离现实的特色，而且也都生动地反映了价格理论极其广泛的应用范围。

然而，可惜的是，科斯却没有一以贯之。在《经济学和相关学科》(*Economics and Contiguous Sciences*) 这篇文章里，科斯明确地表示，他反对经济学向法律、政治、社会等学科扩充。他认为，长远来看，在其他学科的范围里，经济学者并不具有相对优势。可是，这种论点，不但否定了布坎南（政治）、贝克（社会）与波斯纳（法律）和其他经济学者开创性、广受好评的贡献，也否定了他自己关于价格理论的立场！科斯在这篇论文的论点，可以说是非常奇怪。也许是基于他的历史感，以及他对亚当·斯密的推崇——在亚当·斯密的世界里，没有公共选择、家庭经济学或法律经济学——他似乎认定经济学有明确的范围，经济学者应该循规而不逾矩。不过，就像波斯纳所说的："科斯的论点，大有可议之处。"

因此，即使科斯笔下有优美易读的散文，即使他坚持以简驭繁、不脱离现实，即使他深信（经济）理论隐含一种思维方式，即使他的分析方法有非常广泛的应用范围——也就是，即使科斯具有一个好的传教士所该有的所有条件，能有效地向社会大众传播福音，可是，自始至终，他是一个杰出的研究者／经济学者，而不是杰出的传教士／经济学者。

杰出的传教士／经济学者，非张五常莫属；或者，至少在中文世界里，非他莫属！

3. 由科斯到张五常

张五常 1935 年在香港出生，高中毕业后，到美国加州洛杉矶大学（UCLA）读大学及研究所，主修经济；然后到芝加哥大学从事博士后研究；他在华盛顿西雅图大学（University of Washington at Seattle）任教，1981 年离开美国；回到香港后，表面上看，张五常求学工作的经验无足为奇，很多人都经历类似的轨迹。不过，因为张五常个人极其特殊的性格，他在美国读书工作的过程，一点都不平凡。由几件事情上，可以约略反映出他非凡的经验。

当他还是大学生时，修赫舒拉发（Hirshleifer）的价格理论，觉得不仅内容有趣，而且老师的思维方式大有可观。因此，他修完课后，还继续旁听；一听再听，连续旁听了好几年。当他在读研究所时，阿尔钦（Alchian）在课堂上宣布下周将讨论失业问题，张五常就到图书馆里，把"所有"相关的论著都借回家，而且"全数"看过。下次上课时，老师问大家对失业问题的意见，大家鸦雀无声（因为书都被借走了）。张五常大声说道："我对这个问题没有意见，不过我知道书里的意见全是错的。"据张五常表示，阿尔钦闻言大为赞赏。当他到华盛顿任教时，刻意住在海边，后院有溪流经过，流入海里。他就近观察鳟鱼逆流而上、产卵、再回到海中的生命周期，并且思索渔民们如何处理以大海为家的鳟鱼所有权的归属问题。

以小见大，张五常在美国求学和工作的经验都非常特别。而且由这几件事情可以看出，他有浓厚的好奇心，并且特立独行。对从事学术研究的人来说，这两种特质可是珍贵的资产。不过更重要的也许是他因缘际会，刚好赶上了芝加哥大学的黄金岁月。

从经济学发展的过程来看，20世纪60年代左右，可说是20世纪爆发力最强的一段时光；而芝加哥大学，正是这一切活动的中心。经济学对政治学（Buchanan & Tullock）、社会学（Becker）、法学（Coase, Posner）的扩充，都在这一段时间展开，而且都直接或间接源于芝加哥大学。张五常于1967年至1969年待在芝大，不但与执世界经济学牛耳的大师们形成亦师亦友的关系；而且，他也经历了新领域奠基时期波涛汹涌、雷霆万钧的过程。

他不但参与，而且本身有重要的贡献。当然，在众多经济学的巨人里，张五常和科斯的交情最深。

张五常曾经强调，他自己的想法和科斯最接近；其实，在很多问题上，他们的看法有明显的差别。譬如，科斯反对效用极大化，张五常却赞成；弗里德曼（Friedman）认为结论比假设重要的立场，科斯反对，张五常却认同；科斯觉得试着以事实来否定理论并不重要，张五常的态度却刚好相反。不过，张五常和科斯的相同点，显然更重要。科斯强调理论不能脱离现实，张五常亲自访问果农和养蜂人，写成《蜜蜂的神话》（*The Fable of the Bees*）这篇经典。[相形之下，科斯写成《经济学里的灯塔》（*The Lighthouse in Economics*），主要是参考历史文献，而并不是根据实地调查。] 科斯主张理论上要以简驭繁，张五常同样强调在解释社会现象时，要"浅中求"。科斯不用数学，张五常除了博士论文之外，在往后的论述也几乎只用文字。科斯写得一手优美的散文，张五常的文笔率性、犀利而流畅。

当然，最重要的是两人对产权问题都有浓厚的兴趣。科斯的两篇经典之作，可以由产权问题的角度连贯；张五常由博士论文到后来的主要论著，也同样是以产权问题为主轴。就张五常而言，两人交往所激荡出的火花，就是一篇篇充满洞见（insights）、广受好评的论文。

当张五常在1981年离开美国回到香港时，他已经是知名的经济学者。另一个截然不同的世界，正等待他的挥洒。

4. 张五常的世界

在中华文化里，长久以来读书人（也就是智识分子）有两种特质：他们善于为文，文章反映才华，也反映学养；另外，他们写成的文章可以涵盖各种议题。"家事国事天下事，事事关心"，是很好的写照。张五常在这种文化传统中长大，当然受到这个文化传承的熏陶。张五常能文善论的这种中国风味，在西方学术界高度专业化和分工的环境里，也许并没有施展的空间。然而，当他回到他生于斯长于斯、他所熟悉的环境里时，他酝酿发酵已久的中国风味，即将破茧而出、发光发热。

4.1 其文

张五常于 1983 年 11 月 29 日开始撰写《信报》（*Hong Kong Economic Journal*）的专栏，是他经济学者 / 传教士生涯（或事业）的开端。当然，他所面对生产的制度性环境，值得稍作说明。

首先，是华文报纸的副刊。这是华文报纸的特色，是一般西方报纸里所没有的版面。在副刊里，有诗、散文、短篇小说，还有连载的武侠或爱情故事；副刊里有专人执笔的专栏，也有一般作者投稿的作品。副刊的读者不限于特定的族群，而是所有的读者、一般社会大众。

其次，是《信报》的特性。一言以蔽之，《信报》可说是香港的《华尔街日报》（*The Wall Street Journal*）；无论在性质、水平和影响力上，都是香港财经报纸的佼佼者。《信报》的发行人是林山木，本身是剑桥出身的经济学者。除了数十年几无间断、每天长约两千字的评论之外，他还曾撰写一系列文章，介绍经济学和经济思想史上的掌故。林山木的每日专栏和其他文稿，后来都累积成册出版。到 2005 年为止，他的作品已经出版了超过 70 册。

在这种天时地利人和的情况下，张五常受邀为《信报》开辟一专栏，名为"论衡"。张五常下笔很勤，每月七至八篇，每篇约两千五百字。专栏推出之后，大受读者欢迎。1993 年起，张五常转而为新发行的《壹周刊》撰写专栏。同时，在内地发行的《经济学消息报》(*Economic Highlights*) 和《经济学系茶座》等刊物，也不定期转载他的文稿。因为这些文章，加上他经常接受邀请，且发表公开演讲，因此他在香港和内地都有非常高的知名度。称他为华人世界中最著名的经济学者，一点都不为过。

张五常取材的范围非常广，除了科斯的灯塔、他自己养鳟鱼的经验，他也描述除夕夜在街头卖金橘，实地体会价格分歧的意义；此外，内地的体制改革、香港本身的教育以及相互之间的关系等等，也是他笔下的重点。除了这些具体的议题之外，他还讨论读书的方法、思考和分析问题的途径。甚至，他笔下还论述摄影和书法。抽象来看，张五常的文章反映两点特质：一方面，虽然他将价格理论进行广泛的运用；不过，不像科斯，他并没有采取"（经济）理论是一种思维方式"的立场。另一方面，他笔下所处理的问题，远远超出经济学的范围；而且在处理这些千奇百怪的问题时（包括邓丽君和在香港的英国公仆等等），他并不是从经济学的角度着眼。在这种意义上，他的铺陈，反映的可说不是一位经济学者的分析，而是一位智识分子，根据他敏锐的观察力所提出的特殊观点。

4.2 其人

张五常有多方面的才华，除了是出色的经济学者之外，他在摄影和书法上的造诣，也很受瞩目。而且他还曾经得过加拿大全国乒乓球赛的冠军。不过，虽然他有许多优点，谦虚却绝对不是其中之一。

关于这一点，不只是经济学界同事朋友之间口耳相传，而且普遍见诸文字——张五常自己的文章里，例证就不胜枚举。譬如，他提到目前经济学盛行的博弈理论，是引发自他在 1970 年所发表文章的一个注脚。［"想不到，这注脚竟然成为今天经济学行内大行其道的博弈理论（Game Theory）的导火线。"］他认为，是他的文章使科斯那篇 1937 年的文章"死而复生"。［"我在《合约的选择》一文内，指出科斯在 1937 年发表的《公司的本质》（*The Nature of the Firm*）中虽然没有提到合约，但内容也是合约的选择。光这一点，科斯认为我是他遇到的钟子期，也是这一点，科斯 1937 年的鸿文死而复生，变得在行内没有谁不知道。"］他批评布坎南等人，在公共选择理论里，并没有得到重大的收获。而且他也不讳言，自 1969 年之后，就很少读其他学者的作品。

最后，他更表示："（我的）《经济解释》在许多方面都超过人类历史上最伟大的经济学巨著——亚当·斯密的《原富》。"

对于张五常的同事和同侪而言，他的狂傲自负想必造成很多困扰（也提供了很多"口耳相传"的材料）；不过，对千千万万的读者而言，他们无须和作者直接接触。张五常的文章睥睨群雄、不可一世、霸气十足的架势，反而成为他作品的特色之一；对于这种李小龙式的水仙花情结，张五常引以为傲，读者引以为乐。（"张五常的文章像是李小龙，是不可解释来历的超级英雄。"）

4.3 成就

张五常回到香港之后，在经济学的学术上，几乎不再有新的、重要的作品；不过，他在非学术上的作为，却是经济学者中很罕见且具开创性的贡献，对经济学的发展也有重要的启示。具体而言，在中文世界里，他有两项非凡的成就。

首先，他笔下痛快淋漓、论述有据、一气呵成的文章，开创了中文一种新的文体——经济散文。（"经济散文是我的发明，《卖橘者言》之前，中国没有经济散文。"）经济散文不但结合优美流畅的散文和论述有据的学理，更与日常生活经验相联结。因此，张五常等于是集培根和亚当·斯密于一身，又能和一般人的经验呼应。在经济学和文学上，这都是了不起的成就。

其次，虽然张五常并没有采取"（经济）理论是一种思维方式"的立场，而且他的论点往往和经济学无关；但是，他笔下包罗万象，经济学和非经济学议题，经过他的处理都有新意。对读者而言，张五常为经济学者挣得极其特殊的地位；在读者（也就是一般社会大众）的心目中，经济学者可以对社会里的大小议题，提出言之有物的一得之愚。经济学者不再是象牙塔里不食人间烟火、不辨菽麦的学究，而是社会大众可以咨询，甚至是仰仗的参考坐标。

张五常的这两项成就，不仅在中文世界里无人能出其右，在西方的经济学大师里，都很难有人望其项背。斯蒂格勒（Stigler）的文字才情，可能要胜过张五常；但是，在经济学界之外，一般人对他很陌生。贝克（Becker）在《商业周刊》（*Business Week*）的专栏，也有可观的读者；不过，在文采和问题的涵盖面上，贝克都远远不及中文世界里的张五常。然而，即使张五常因缘际会，在中文世界里有开创性的成就；可是，在某种意义上，张五常的文章和莱特曼（Lightman）（1996）的作品非常接近——莱特曼是结合物理学思维和生活经验。如果他的作为纯粹是个人特质的展现，其他人无以为继，那么，他的成就将只是昙花一现、光闪耀目，但是稍纵即逝。还好，张五常所开创的世界，后继有人。

张五常无意间开创的文体，已在中文世界占有一席之地。结合经济学和文学（技巧）的经济散文，已经呈现百家争鸣、百花齐放的盛景。在中国，已有许多经济学者的作品结集出版。自 1999 年起，大陆的《经济学消息报》还举办征文比赛，进一步提升这种文体的知名度和影响力。1993 年在台湾，有两篇经济散文被选为高中阶段语文课本的范文。经济学者的作品成为语文课程的教材，对文学和经济学而言，都是有趣又有意义的注脚。

在中文世界里，经济学者已成为社会科学里很特别的一群。

如果经济思维值得推广给社会大众，使他们能像经济学者般分析和思考，那么，张五常开风气之先的经济散文，已经成为平易近人、说服力极强的媒介。在中文世界之外的地区，显然还没有类似的景况。

4.4 解释

张五常的成就以及经济散文的现象，值得稍作解释。当然，原因可分为张五常的主观条件，和环境里的客观因素。换种说法，原因不外是供给和需求。

就张五常的主观条件而言，当他开始在香港报刊"传教"时，他已是知名的经济学者；他参与了经济学发展过程中最辉煌的阶段，并且和经济学大师比肩齐步；他的生活经验非常特别，且丰富、精彩而有趣；他笔锋犀利、文字流畅，读来痛快淋漓。当他回到香港时，在他的年龄层里，没有其他的华裔经济学者有类似的条件。事实上，在整个中文世界里，张五常也是唯我独尊、无人能出其右者。

在客观的环境上，香港因地理位置使然，是资本主义发挥得最淋漓尽致的地方之一；一般的读者，对经济知识本来就有潜在的需求。张五常的散文，除了有经济学之外，还有智识上的趣味，更有文采；加上张五常取材的内容，呼应了一般读者的生活经验；且香港回归影响深远。因此，读者对张五常的散文反应热烈，可以说是有以致之。此外，对内地的读者而言，思想上一旦解放，等于是处在智识真空的状态；无论是在经济活动或智识上，需求都更为殷切。这些额外的因素，使张五常在内地的地位更为特别。

最后一点，是主观和客观、供给和需求的结合。内地／大陆也好，香港地区、台湾地区也好，都是华人社会，皆受到中华文化的影响；和任何悠久的文化一样，中华文化有很多自成体系的思想观念、风俗习惯。就像运用简单的经济学概念，可以有效地解释习惯法（common law）的传统；对于这些文化思想观念、风俗习惯，经济学也很容易发挥"知其然、也知其所以然"的作用。而出身芝加哥大学、擅长价格理论和产权学说的张五常，对于华人世界的读者，他的这些论点当然有相当的吸引力。

5. 涵义和启示

由张五常开风气之先，中文世界早已成气候的经济散文传统，是经济学（和文学）中很值得探讨的现象。除了描述这个现象的来龙去脉之外，这一系列演变的涵义以及对经济学未来发展的启示，当然值得思索。

5.1 臧否

对许多经济学者而言，经济学是一门实证科学（positive science）。因此，判断理论好坏的重要尺度，是某个理论能不能以实际数据来验证。也就是，根据这个理论，是不是能推导出某些假说（testable hypotheses），然后再以实证数据来验证这些假说。

对于某些理论，以实际数据来验证，并不困难，譬如，苹果价格上升，需求量减少。但是，对于另一些理论，至少在刚提出时，可能并不容易检验。这时候，只要理论的推论过程合理，结果又和实际现象不直接抵触，那么，经济学者根据专业判断，而不是根据实证资料的检验，就可能（暂时）接受这个理论。贝克在1976年提出对歧视的理论，就属于这一类。另外，当经济学者提出某种论点，和社会现象不直接相关，但是具有说服力。这时候，这种论点可能比较接近意见，而不是方程式般的理论。譬如，布坎南的许多论述，就是属于这一类。

因此，就第二种和第三种"理论"而言，理论成立与否，不是直接诉诸实证检验，而是诉诸经济学者的专业判断。符合他们判断的，就是可以接受的理论；理论，确实是和思维有关，而不是"假说测试"（hypothesis testing）。对社会大众而言，更是如此。经济学者的理论，只要符合他们的经验，或是让他们耳目一新，就可能为他们所接受。检验理论的，是他们脑海里所累积的生活经验，而不是严谨的"假说测试"。

张五常的经济散文，涵盖面广泛，同时包含这三种理论。他的作品，能得到许多读者的垂青和喜好，很可能就是他能呼应读者的期望。他的文章和"理论"，自成一家之言，而且似乎言之成理。然而，这也可能正是问题所在：他的经济散文与文章里的许多观点，只是"意见"而已；不算是学术性的论证，也没有经过严谨的检验。他以学者的笔调、经济学家的身份，表达了许多个人见解。这些个人见解，有的颇有争议（他的书超过《国富论》），有的根本违反学界的共识（他文章的注脚开启了戏局理论）。因此，张五常推广经济思维的贡献，值得肯定；但是，在某些方面，他的经济散文却和经济学的专业背道而驰。

中文世界里，张五常的经济散文掀起之旋风，毋庸置疑；不过，对于张五常经济散文的本身，值得做仔细的评估。一旦要做价值判断，便会立即涉及判断的人和衡量的尺度，也就是涉及裁判和裁判所用的量尺。关于他的经济散文，显然有两群明显的裁判：经济学者和一般读者。

就经济学者而言，评估某种"论述"的好坏，有许多广为人知的尺度。譬如，弗里德曼（Friedman）主张，论述的好坏就看预测能力的高低；好的论述，预测能力强，假设是否真实，并不重要。波普尔（K. Popper, 1959）所提出的"证伪说"（falsification test），在经济学界也有广泛的影响力：一个理论或假说，必须能被实际数据所检验；而且，资料只能否定理论，但却不能证明理论为真。相形之下，就一般读者而言，他们并不会关心理论的真伪；而且，很多文章无关预测，因此预测准确与否，未必是他们关心的重点。对一般读者来说，文章的实用与否，可能更为重要。实用，可以包含文章有趣、增加知识、帮助认知世界等等。

张五常的经济散文，对于经济学者和一般读者这两个群体而言，因为运用的尺度（criteria）不同，也就有不同的评价。具体而言，经济散文并不是学术论文，因此不适合，也不需要面对学术的量尺。中文世界里，经济学界同侪对张五常的保留和批评，主要是他回香港之后，几乎停止学术论述；而且，在经

343

济散文里，他口气狂妄、不可一世。这是经济学者这个群体，对"经济学者"张五常的评断。

对一般读者而言，张五常的经济散文，显然符合他们所采用的量尺。借着两个事例，可以约略反映。首先，当他开始在《信报》为"论衡"专栏撰稿时，最早的几篇文章，是关于"共有资源"（common resources）。他以大海的鱼群为例，再回忆自己在西雅图海边，目睹鲑鱼逆流产卵的经验。城邦集团总裁詹宏志，本身大学主修经济，他提到初看张五常的这些文章，"惊为天人"。

张五常所介绍的，其实是经济学的一个小理论。对詹宏志和众多读者而言，这个理论的好处不在于"预测"，而在于"理解"和"组织思维"。共有资源的概念，不仅适用于大海的鱼群，也可以用来理解有关公园、博物馆、公共海滩、地铁、高速公路的种种现象；香港人口密度高，共有资源的问题随处可见。透过一个小理论，可一以贯之、以简驭繁地解释诸多社会现象，其理论的好处多矣。对内地读者来说，"文革"时期吃大锅饭和人民公社公有制的经验，更直接呼应了"共有资源"、"草原的悲剧"（tragedy of the commons）、"白吃者"（the free-rider problem）等问题。因此，张五常所擅长的产权问题，正是香港和内地读者身历其境、关心无比的问题。张五常的文章，使读者从知其然到知其所以然。这是智识上的增长，读者自然反应热烈。

其次，1988年5月4日，他在报刊发表《擦鞋何罪？》一文。文章的背景，是北京几位大学生，到街上擦鞋打工赚钱，被管理人员阻止，认为这是丢国家的脸。接着，张五常回忆在美国求学时，自己打工赚钱的经验；然后，引申到"思想教育"和"有价值的知识"，再论证大学私立，市场就可以发挥竞争淘汰的功能。这篇文章发表在五四运动纪念日，也许只是巧合。对一般读者来说，这篇非学术的散文，文章内容有趣（反对大学生打工赚钱）、增广见闻（私立大学和市场的关联）、启发思维（大学如何提供"有价值的知识"）。相形之下，经济学者所关心的预测和证伪，显然都很遥远。

因此，张五常作为"经济学者／研究者"（economist/researcher）的身份，受到经济界同侪的质疑，有以致之。张五常作为"经济学者／传教士"（economist/preacher）的身份，受到一般读者的肯定和欢迎。这两种反应，同时存在，也各有各的道理。以经济学术语来说，这是"分离均衡"（separating equilibrium）——经济学界和一般读者，运用不同的尺度，对张五常有不同的评价。以张五常自己的话来说，这是"限制下的效率"（constrained efficient）。

5.2 启示

张五常和经济散文在中文世界的成就，是许多因素凑巧结合下所促成；在其他时空和别的文字里，未必有类似的机缘。不过，从这个特殊现象里，其实可以得到对经济学发展的一些启示。

科斯曾经表示，（经济）理论隐含一种思维方式；可是，对于这个观点的涵义，科斯并没有多作引申。有趣的是，经过对经济史长期的研究，诺贝尔奖得主诺斯（North）得到令人意外的体会：长期来看，影响社会繁荣与否的，表面上是这个社会的制度矩阵（institutional matrix）；但是，更根本的因素，其实是社会大众的"思维架构"（mental construct）。然而，如何影响社会大众的思维架构，诺斯却没有进一步阐明。

相形之下，张五常却在无意中促成这种联结。对张五常来说，写经济散文的出发点，可能只是要展现价格理论的优越性、要突显自己的绝顶聪明或影响香港和内地的经济（公共）政策。不过，无论如何，经济散文的地位已经确立。经济学者要影响社会大众的思维架构，以提升资源运用的效率，经济散文是明白有效的媒介。

另外，在经济学者的三种身份里（研究者、政策顾问、教师／传教士），关于研究者、政策顾问和教师的角色，已经大致成形；而且，在这些身份上作为的边际产值，已经逐渐递减而趋于片断和零碎。相对地，以传教士的身份向社会大众宣扬经济学的教义，却仍然处在萌芽阶段；经济学者所能发挥的空间，还非常宽广。经济学者在这方面的作为，不折不扣的是以企业家的精神，开创进取而承担风险。他们的投入和成果，本身就是经济学里值得研究的主题。

首先，经济学者的基本信念之一，是经济分析能提升资源运用的效率。经济学者提出的政策建议，就是基于这种信念。不过，如果影响政策制定者有助于提升效率，让一般社会大众具有经济思维，当然也有同样的效果。而且，考虑两者之间的规模，后者的重要性显然远超过前者。然而，要使一般人能具备经济思维，需要思考以下的诸多问题。

在诸多问题里，最重要的有两点：一方面，对于什么是"经济思维"（或经济学的世界观），经济学者之间并没有众议佥同的看法。而且，相对于经济思维，是一般人目前有的、正常的思维。正常的思维，是由成长过程、社会化的经验中累积而成。可是，正常思维和经济思维的明确内含各是如何，显然需要厘清。另一方面，无论采取的方式如何，在使社会大众由正常思维过渡到经济思维，当然不能只靠符号和概念，而必须搭配具体的、生活经验里的材料。然而，这些材料应该涵盖哪些范围，显然也需要仔细考虑。在目前经济学原理的教材里，有些已经囊括公共选择；可是，对于同样重要的社会学和法学材料，却几乎完全付之阙如。

其次，是推动经济思维的方式。张五常和经济散文的成果，重要的原因之一是中文报刊里的副刊；在其他的文字里，即使经济学者有同样的才华，却未必有类似的园地。以中文世界的经验为借镜，社会大众对"生活化的经济学"其实有潜在的需求。但是，经济学界的诱因结构，使得经济学者没有意愿投入"传教"的行列；当然，没有适当的发表园地，更使潜在的供给无法露面问世。

也许，在直接向社会大众要求之前，可以先在经济学界让潜在供给和潜在的需求都浮出水面。譬如，主要经济学会旗下的学术刊物［美国经济学会的《经济视野》（*Journal of Economic Perspectives*，*JEP*）；南方经济学会的《南方经济杂志》（*Southern Economic Journal*，*SEL*）；西方经济学会的《经济调查》（*Eco-*

nomic Inquiry，*EI*）；皇家经济学会的《经济学杂志》（*Economic Journal*，*EJ*）等]，可以在正常的期数之外，每年先出版特辑，刊载类似经济散文的稿件。然后，再逐渐发展出定期刊物，最后再推广成一般社会大众所能阅读、所愿意阅读的刊物。以《经济视野》（*JEP*）在短期内就非常成功的经验来看，特辑与专门刊物都可望广受经济学界的欢迎。事实上，《经济文献》（*Journal of Economic Literature*）的大部分功能，已被姊妹刊物《经济视野》（*JEP*）和网络上的数据库所取代。因此，这份刊物转变为名符其实的"经济文学"，顺理成章而且可望水到渠成。

6. 结论

科斯曾被誉为 20 世纪除了凯恩斯之外最好的英国经济学者，有显著的英式风格；不过，在他的英式风格和诺贝尔奖之间，关联似乎并不明显。相比之下，张五常很可能是 20 世纪最著名的华裔经济学者，他在中文世界里的成就和他的中国风味，密不可分。

另外，虽然科斯表示（经济）理论隐含一种思维方式，他却未做进一步的阐释或发挥。张五常在论述里未曾表示过这种立场，却无意之中为这种观点做了极其成功的展现。他一手创立的经济散文，在中文世界的影响力与日俱增。对西方经济学者和经济学的发展而言，他所引发的现象都有相当重要的启示。

当然，在科斯的英式风格和张五常的中国风味之间，并没有前后或因果的关联。不过，由科斯的英国风格和张五常的中国风味里，也许透露出一个共同的讯息：经济学者所处的文化环境或所具有的特殊性格，是经济学本身"生产的制度性环境"里的一项特质，值得经济学者慎重以对！

参考文献

Cheung, Steven N.S., "The Contractual Nature of the Firm," *Journal of Law and Economics*, 26: 1-21, 1983.

Coase, Ronald H., "The Lighthouse in Economics," *Journal of Law and Economics*, 17: 357-376, 1974. Collected in Ronald Coase, *The Firm, the Market, and the Law*, Chicago: University of Chicago Press, 1988.

Demsetz, Harold, "Ronald Coase," in Peter Newman, ed., *The New Palgrave Dictionary of Economics and the Law*, London: Macmillan, 1998.

Mäki, Uskali, "Against Posner Against Coase Against Theory," *Cambridge Journal of Economics*, 22(5): 587-98, 1998.

第十六章 科斯、凯克斯和英式风格

Alfred Marshall considered that it was an essential task
of an economist to demonstrate "the Many in the One, the
One in the Many."

——Ronald H. Coase

1. 前言

在经济学和法学这两个领域里，科斯的《社会成本问题》
（1960）是被引用次数最多的论文。科斯定理（Coase Theorem）
是由这篇论文而来，新兴的法律经济学也是由这篇论文所引发。

而凯克斯（A. Cairncross）这位经济学者也是英国人，和科
斯不分先后（年龄只差一岁），而且也曾担任皇家经济学会的会
长。在他的自传里，凯克斯提到：

1933 年在剑桥大学写博士论文时，不断在脑海中反复出现
的概念，就是 A 和 B 之间的关联。当有人认为 A 引发了 B 时，
他应该仔细思索，是不是其实是 B 引发了 A。

这很可能（或应该）只是偶然，是经济思想史上的花絮。
不过，科斯和凯克斯之间的巧合，还不止于此。

科斯的学术生涯，一直是在象牙塔里；而凯克斯的生平，大约刚好平分在校园和政府机构里。可是，关于经济分析，他们却几乎有完全一致的见解。这（应该）还是巧合，因为根据资料，他们并没有私人往还，在学术活动上也没有交集。（这一点，下面还会再交代。）然而，在另一个层次上，他们两位对经济分析无分轩轾的看法，却不再是偶然或巧合。他们的观点，可以说反映了本章标题的"英式风格"（Englishness）。本章的主要目的之一，就是试着指出这种英式风格的重要含义。

本章的结构如下：首先，我会简单介绍凯克斯的生平，包括他在学术和非学术领域的活动以及成就。然后，我将比较科斯与凯克斯的异同，主要是关于"因果关系"和"经济分析"，而且重点是在后者。接着则是说明所谓英式风格的含义，并且把他们两位对经济分析的看法和英式风格联结起来。之后，我将阐释英式风格在经济学发展上的政策含义。最后是结论。

本章的内涵，会随着以下的叙述而逐渐明朗；但是，本文的启示，可以一言以蔽之：由经济思想史上一连串的巧合，可以归纳出不容忽视的重要结论！

2. 凯克斯的生平

因为科斯的生平比较广为人知，在此我将简单叙述凯克斯的生平。我大略分为两部分：学术领域和其他领域（主要是政府部分）。为了便于叙述，避免夹杂过多的日期和年份，所以我尽可能在正文中避免这些数字。

1911 年，凯克斯出生于英国北部的苏格兰，父亲是五金行老板。大学时，读的是苏格兰最好的学府格拉斯哥大学（University of Glasgow），毕业后到剑桥读研究所，受教于凯恩斯。他的博士论文，是关于在"一战"前的几个世纪里，英国国内投资和海外投资之间的关系。取得学位后，他回到母校格拉斯哥大学任教；然后，根据授课笔记，在 1944 年出版英国最早的经济学教科书之一。

此外，他推动成立应用经济系，筹组苏格兰经济学会（Scottish Economic Society），发行《苏格兰政治经济评论》（*Scottish Journal of Political Economy*），并担任首任主编。还曾担任牛津大学圣·彼德学院（St. Peter's College）的院长，以及皇家经济学会和苏格兰经济学会的会长。有趣的是，他从会长的职位卸任后，还曾大力帮忙，使英国皇家经济学会渡过难关。1972 年，他被遴选为位极荣宠的母校格拉斯哥大学校长。他觉得非常高兴，认为这就像被选为圣诞老人一样（英制，实际行政由副校长负责）。

基于对凯克斯人格、学问和风范的敬意，圣·彼德学院在 1991 年设立了以他为名的讲座。当他过世之后，讲座改名为"亚历山大·凯克斯爵士纪念讲座"。此外，他曾受邀，在 1984 年美国经济学会年会上，担任著名的理查德·伊利（Richard T. Ely）讲座，发表演说，题目是"经济学的理论和实践"（*Economics in Theory and Practice*）。

他先后出版二十七本专著，还发表过诗集。在 1945 年到 2001 年间，《经济论丛》(*The Economic Journal*) 有 16 篇关于他学术性著作的书评，都是非常正面的评价。

另一方面，凯克斯曾经几度进出政府。他在政府的部分活动，在分量上大概和他的学术活动平分秋色。"二战"时，他以经济学家身份，负责规划军用飞机的生产。战后，他代表英国，到柏林参与重建德国的工业，所负的责任也愈来愈重。他曾受聘于世界银行 (World Bank)，在美国首府成立世界银行的经济发展处 (Economic Development Institute)。之后，他参与瑞克利福委员会 (Radcliffe Committee)，规划货币制度；委员会的报告，就是由他起草。1961 年到 1969 年间，他是英国政府的首席顾问。此外，他还曾受聘，担任其他国家政府的经济顾问。即使他退休之后，他还参与咨商，协助规划兴建英法之间的海底隧道。

1967 年，女王册封他为爵士，以表彰他在学术界和政府部门的成就。他和爵士夫人玛丽女士 (Lady Mary) 结婚五十五年，婚姻生活幸福美满。他曾送她一本书，里面引用一句诗："如果只有一半的灵魂，人生何益？"("But with half a soul, what can life do?") 她过世四个月之后，凯克斯也离开人世。《泰晤士报》刊载的讣闻提到，他是大学和政府部门之间极少见的桥梁。在学术和实务（政界）上，凯克斯都有很崇高的成就；不过，即使如此，他并不是家族里最有名的人。[可以参考他弟弟的自传，Cairncross (1997)，*The Enigma Spy: The Story of the Man Who Changed the Course of World War Two*。]

根据任何标准，凯克斯在学术和实际政策上都有很高的成就。但是，他却很谦逊，在自传的最后一章里，他表示：

> 对于学院式的纯经济学，我并没有留下太多鸿爪。一方面，这是因为对处理实际经济问题，我一向有比较浓厚的兴趣；另一方面，我并没有在学术期刊里发表很多论文。最主要的，是我没有留下学派、门生和信徒。我的影响大概只限于解决眼前的问题，而不是处理现代生活更根本的问题。

〔2000年9月，我到牛津大学圣·安东尼学院（St. Antony's College）休假一年。有一天，我和学院的一位朋友聊天；他问我住哪里，我说：凯克斯教授的故居。没想到，他突然坐直，眼睛连眨了几下，一脸认真地说："他是我最尊敬的人之一。如果查理王子或院长说'史蒂夫，往前跑！'，我会先弄清楚发生了什么事；可是，如果凯克斯教授说'史蒂夫，往前跑！'，我会想也不想，立刻往前冲！"另外，有一天内人去伦敦看戏，深夜回到牛津，坐出租车回家。出租车司机一听地址，马上脱口而出："那是亚历山大爵士的家！"然后，一路怀念，爵士夫人玛丽女士（Lady Mary）多么慈祥、人多么好。〕

在这一点上，科斯似乎有同样的特质（这也是英式风格的特色之一吗？）。在科斯接受诺贝尔奖而发表演讲时，他的第一句话是：

在我漫长的一生里，我认识许多伟大的经济学者；但是，我从不觉得自己是其中之一，或跻身为伍，在学术上，我也没有发展出深奥的理论。

3. 因果关系和经济分析

在此将比较科斯和凯克斯观点上的异同，主要是针对"因果关系"和"经济分析"这两点。

3.1 因果关系

在科斯的《社会成本问题》（1960）里，关于因果关系的讨论不到一页；不过，科斯的观点却非常有启发性。科斯的《社会成本问题》（1960）第二节的标题是"问题的相互性"（The Reciprocal Nature of the Problem）。其中主要的论点是：

这种现象，通常大家会认为，是 A 伤害了 B；因此，关键在于，如何限制 A 的行为。但是，这是不对的。我们所面对的，是一种互为因果的关系。要使 B 免于受害，等于是要伤害 A。因此，问题的核心是：要让 A 伤害 B，或让 B 伤害 A。当然，最好能避免较严重的伤害。

接着，他简短地提到牛和麦田的例子，因为总有一些牛会跑到麦田里，所以取舍关键就在于牛或麦田的价值较高：

> 选择的性质非常清楚：选牛肉或是选谷类。该选哪一个，当然不清楚；除非，我们知道我们得到的值多少，以及损失的又是多少。

由科斯以上的这两段话里，可以归纳出两点；而这两点，也比较容易和下面凯克斯的观点作一对照。首先，在科斯所关心的问题和所引的例子里，两者（牛和麦田、医生和糕饼店、上下游的工厂等等）之间行为的先后，不是问题的重点。譬如，牛跑到麦田里乱闯，可能是先有牛再有麦田，也可能是先有麦田再有牛。可是，无论是哪一种情形，在时间上，事件发生的先后顺序不是争议所在。其次，科斯希望阐明的，可以说是关于双方行为的内涵、意义和责任。如果整个区域都是牧场，只有一块麦田，而且牛多田少，那么，牛只将是主流价值，值得保障。相反地，如果整个区域都是麦田，只有一个牧场，田多牛少，那么，麦田是主流价值，值得保障。就观念上来说，行为在时间上的先后并不是关键所在。

另外，凯克斯对因果关系的看法，除了本文一开始所引述的之外，他紧接着做了解释：

> 一般的印象，是较高的投资会带来较高的所得；但是，这种印象其实有偏差。事实上，往往是较高的所得

引发了较高的投资。

因此，凯克斯对因果关系的见解，也可以归纳出两点：首先，他所探讨的现象（各个事件的变量如投资和所得等），在数量上都很明确。其次，在他所讨论的现象里，事件的先后顺序并不清楚。这可能是因为两者彼此互相影响，形成一种循环关系；也可能两者（几乎）同时出现，无法分辨先后。凯克斯希望掌握的，事实上是能厘清时间上的先后，然后可以在政策上采取因应措施。

从上面的描述里，可以看出科斯和凯克斯对因果关系，其实着重点不同。以 A 和 B 为代表，科斯所关心的是 A 和 B 的意义，内涵和权利等并不清楚（譬如，牛踩坏麦田的意义、行为对错、要不要负责等等），至于 A 和 B 之间的相对关系（牛踩坏麦田）则是非常明确。相形之下，凯克斯所关心的问题，情形刚好相反。对他而言，A 和 B 的意义、内涵和权利都很明确（譬如，所得和投资的规模等等），但是 A 和 B 之间的相对关系却很模糊（是所得影响投资，或投资影响所得）。

因此，虽然表面上看，科斯和凯克斯似乎都指出因果关系的互动性质，而且在叙述上非常类似，但深究之下，他们关心的重点其实并不一样。

3.2 经济分析

在因果关系上，科斯和凯克斯可能只是表面上的近似；不过，关于经济分析的看法，他们确实相当一致。

357

关于经济分析的看法，可以着重在很多不同的面向，譬如，对数学模型、对经济政策、对经济学家角色的看法等等。不过，在这里，我将把焦点放在两点特色上：现实性（real world relevance）以及简洁的理论（simple theory）。原因很简单，科斯在这两点的立场很特别，和弗里德曼（Friedman）的看法大相径庭，而且广为人知。此外，由这两点特色，刚好可以呼应之后所要讨论的英式风格。

首先，关于经济理论的现实性。科斯认为，经济学很多的研究，只是黑板上漂亮的图表和方程式：

经济学者所考虑的政策，是在黑板上操作的政策；他有全部的信息，能采取各种措施，可是在真实的世界里，却没有黑板上的景象。

因此，科斯强调，理论的目的，是要解释现实世界；即使是"假设"，也必须合于事实：

假设必须合于现实，这种理论才能帮助我们了解实际状况。强调假设要合于现实，使我们能面对真实的世界，而不是想象、不存在的世界。

相形之下，凯克斯对理论和实际之间的差距，也有深刻的感受。他表示：

当我们面对理论的延伸和一般化，以及真实世界中复杂无比的纠缠时，两者之间的差距往往是极其可观的鸿沟。

而且，他也同样重视现实：

在社会科学里，最重要的是把事实弄对。因此，观察的重要性，并不逊于逻辑推演。

其次，除了两人都强调理论必须切合现实之外，科斯和凯克斯也都认为：在提供政策建议时，最重要的，还是经济学核心的基本理念。因为，科斯觉得：

如果别人能听得进去，我们所能提供有益的建议，其实只是几个简单的道理。

另一方面，凯克斯也主张：

在了解现实社会和形成公共政策上，经济理论所能提供的，就是最简单、基本和明确的几个观念。

此外，对于经济学所隐含的思维方式，科斯和凯克斯也有几乎一致的看法。科斯认为：

理论可以作为思考的依据；借着帮助我们组织自己的思维，理论使我们能理解各种现象。

同样的，凯克斯也认为：

经济学者们最大的优势，是他们思维的方式。他们习惯于思索各种可能的方案，并且探究实行这些方案之后，在经济体系中会造成的影响。

在经济学里，科斯和凯克斯都不是狭隘的技师（technicians）。对于经济学的内涵和方法，他们都有宽广深远的视野。虽然他们在经历上差别很大，可是在看法上却极其相近。这一方面令人惊讶，另一方面也有相当的启示：在某种层次上，也许他们两人的看法，是高瞻远瞩的经济学者之间的交集或共识。那么，这种交集或共识的具体内涵是什么呢？在呈现英式风格的面貌之后，我将回头处理这个重要的问题。

3.3 两人的接触

科斯和凯克斯之间，当然有很多差别。科斯一直留在校园里，而凯克斯则是在政府和其他机构里，工作过很长的时间；科斯一半以上的时间住在美国，而凯克斯除了短暂的时间在国外，绝大部分的时间都在英国。无论如何，虽然他们在不同的轨道上移动，在想法上却有许多雷同的地方。他们彼此认识吗？

毫无疑问，根据他们的背景和轨迹，他们当然应该知道彼此。就科斯而言，他曾在位于苏格兰的邓迪经济贸易学院（Dundee School of Economics and Commerce）任教（1932—1934），而于1951年移民美国。凯克斯在1954年创办《苏格兰政治经济评论》（*The Scottish Journal of Political Economy*），又曾担任皇家经济学会的会长（1969—1970）和苏格兰经济学会的会长（1969—1972）；还曾应邀在美国经济学会年会发表专题演讲。因此，就常理而言，在这种情况下，科斯不太可能不知道凯克斯。

就凯克斯而言，当科斯在1991年获得诺贝尔奖时，他还在主持牛津大学圣安东尼学院（St. Antony's College）的研讨会；且当年是他的八十大寿，格拉斯哥大学为他举办祝寿学术研讨会，也还正陆续出版其他著作。因此，在学术上他还非常活跃，不可能不知道科斯得奖的事。

可是，他们在学术上几乎并没有交集。在科斯的两本选集里，索引里没有凯克斯。不过，这要怪编索引的人（芝加哥大学出版社），因为，科斯在介绍邓肯·布莱克（Duncan Black）的生平时，他确实提到布莱克和凯克斯曾在1931年同时获奖。科斯会提到凯克斯，显然是因为他的知名度很高。另外，在凯克斯的《经济学概论》（*Introduction to Economics*）第1版到第6版里，索引里没有科斯。

不过，他们却曾在1972年擦身而过。当年，皇家经济学会出版《经济论丛》的专集，以表彰经济学者奥斯汀·罗宾逊（Austin Robinson）的贡献。凯克斯的论文是专集的第一篇，而且题目是《再思最适厂商》(*The Optimum Firm Reconsidered*)。然而，在这篇文章里，他也没有引用科斯（1937）。不过，不只是凯克斯没有引用科斯（1937），专集里另外几篇讨论厂商的论文，也没有引用科斯的文章。显然，至少到 1972 年为止，科斯的厂商理论还不是主流——即使他的文章已经发表了 35 年之久。

他们之间学术上唯一的接触，是在 1989 年，凯克斯受邀在经济史学会（Economic History Society）发表演讲。他提到，经济史学家和经济学者相比，往往更能掌握经济活动的脉络。他举的例子之一，就是科斯的厂商理论。

简单总结一下，虽然对于经济分析科斯和凯克斯有非常一致的看法，可是在学术上，他们并没有交集。要了解或解释他们几乎雷同的看法，就必须探讨以下将谈到的"英式风格"。

4. 英式风格（Englishness）

在此我将先讨论英式风格（这个观点）的由来，英式风格与科斯以及凯克斯的关联；然后，我将试着阐释这种关联的意义。

科斯得到诺贝尔奖之后，亦敌亦友的波斯纳法官（Judge R. Posner）发表了一篇文章，名为《科斯和方法论》。在文章里，波斯纳指出科斯作品的特色，是他不喜欢数学，也排斥抽象的模型或理论。这和时下一般经济学者用大量的数学，当然有很大的差别。不过，波斯纳出人意表地认定，造成科斯在论述上特立独行的原因，是他的"英式风格"（Englishness）。他认为，在英国的文化传统里，就有这种重实际而轻视抽象理论的特色。具体而言，波斯纳表示：

> 对于我的说法，也许读者会觉得讶异：我认为，了解科斯在方法论上的特质（包括长处和短处），关键就是他的英式风格。虽然从1950年中期开始，他就长住在美国，而且在美国写出《社会成本的问题》；可是，科斯也是一样，他还是地地道道的英国人，一点都不像美国人。就像十九世纪在印度政府服务的英国人，在印度住得再久，还是不折不扣的英式作风。

可是，什么是英式风格呢？波斯纳接着这么描述：

> 我指的是英国哲学里重实际、反理论与强调常识的传统。我指的是习惯法里重实际、反理论的传统。这和欧陆法学中强调抽象、体系架构的传统，大不相同。

波斯纳文章发表之后，专攻方法论的学者麦基（Mäki, 1998）不平而鸣，发表了《反对波斯纳批评科斯排斥理论》（*Against Posner Against Coase Against Theory*）。他批评波斯纳，认为他指控科斯排斥理论是无中生有。不过，也许英式风格这个概念真的太过特别，所以关于科斯的"英式风格"，他却完全没有处理。而且，不只如此，波斯纳所提到科斯的英式风格，在文献里似乎也没有引起回响。

关于"英式风格"这个概念，当然可以衍生出一连串的问题：有没有所谓的英式风格？什么是英式风格的内涵？几十年或几百年来，英式风格有没有变化？就本文而言，我认定有所谓的英式风格；而且，英式风格的内涵之一，就是强调"以简驭繁"（simple theory）。

不过，即使接受这两点，"英式风格"和"以简驭繁"之间的因果关系，还是非常模糊：是英式风格雕塑出以简驭繁的特性，还是以简驭繁的特性形成所谓的英式风格（的一部分）？无论是以科斯或凯克斯关于因果关系的见解，事实上都不能回答这个问题。但是，如果科斯和凯克斯确实具有英式风格，那么在科斯与凯克斯以及英式风格之间，关系却非常明确：先有英式风格，再熏陶两人；英式风格是主导的价值，两人是受到影响后的结晶体（crystals）。因此，问题的关键是：科斯和凯克斯是不是具有英式风格？

前面曾经指出，他们两位都强调理论上以简驭繁；但是，英式风格包含以简驭繁，而以简驭繁并不等于英式风格。要"证明"他们两位的英式风格，必须把以简驭繁和英式风格联结在一起，或者直接以英式风格来描述他们。就凯克斯而言，以下他自己的两段话可以说为这种联结做了最好的展示：

> 苏格兰经济学者的风格很特别。他们喜欢由较广泛的层面，处理社会和经济问题；采取一种实证的、就

事论事的方式，而不是高度抽象的分析……苏格兰的传统，也是重视体裁的传统。一方面，排斥一长串逐步论证的推演；另一方面，希望在推演的每一步上，都能以日常生活的经验，检验各项结论。

还有，

苏格兰人可能比英格兰人更乐于抽象思维，而且几乎和英格兰人一样，宁愿研究一个个的问题，而不是一个个的定理。

当然，除了他自己的描述之外，别人对他的印象也很鲜活。首先，沃斯维克（Worswick, 1987）提到：

但是，对于这位经济学者的风格，值得先描述一二。如果我们只能用一个形容词，那么苏格兰人当之无愧——机敏——这意味着谨慎、小心和精于遣词用字。

凯克斯是典型的英国经济学家，他的逝去也为有浓厚英国风格的应用经济学阖上一章。这种风格有两种特色：首先，少用计量方法，但是特别着重精读事件的变化和各种数据。其次，重视历史，也相信直觉。

因此，由他自己与别人对他的描绘里，凯克斯可说是明显具有独特的英式风格。至于科斯的英式风格，最早大概出现在斯蒂格勒的回忆录里，他是这么描述的：

> 罗纳德从头到脚（甚至到脚指头）都是英国味，天生的独行侠；他是既聪慧又典雅的学者。亚当·斯密曾说——言下之意并不是恭维——在英国，到处都是店铺掌柜（a nation of shopkeepers）。我曾告诉罗纳德，以他的独立性和能力，他至少会是一个大百货公司的老板。

这是在科斯得到诺贝尔奖（1991 年）之前，当他得奖之后，除了波斯纳生动的描述之外，长期与科斯往还的戴姆塞茨（Demsetz）也有类似的看法：

> 他通常透过各种文件、报告和司法档案，了解人们在面临冲突时，会采取哪些行为。在这层意义上，他的方法是实证的，但并不是数字计量的。他的成果是理论性的，但是他表达的方式却是文字和推理，而不是诉诸数学。

理论上以简驭繁，是英式风格的内涵之一；英式风格的另一个明显特征，可以说是"历史感"（sense of history）。对一个人和一个社会来说，历史感是一种资产，也是一种限制。有历史和传统可以依恃遵循，可以降低行为的成本；但是，传统和历史也可能形成一种束缚，减少了行为上的自由度与创新求变的动机。［牛津大学赛德管理学院（Said Business School）的第一任院长凯伊（Kay）就曾经表示："任何决策如果没有前例可循，那么那个决策或者是错的，或者是立下危险的先例。由此可见，任何会成为'头一遭'的事，都不该做！"］和"英式风格"一样，历史感也是一个不容易捉摸乃至于量化的概念。不过，至少反映在科斯和凯克斯身上，可以清楚地看出历史感的成分：在他们的著述里，都有相当成分是属于经济史和经济思想史的范围。在科斯的两本选集里，都包含了很多这两方面的材料。在1988的选集里，《经济学中的灯塔问题》（*The Lighthouse in Economics*）是有名的经济史论著，《社会成本问题》（*The Problem of Social Cost*）和《边际成本的争议》（*The Marginal Cost Controversy*）也都与经济思想史有关。在1994的选集里，除了前5篇之外，后面9篇文章都可说是属于这两个范围。其中，《马歇尔的父母》（*Alfred Marshall's Mother and Father*）和《马歇尔的家族与祖先》（*Alfred Marshall's Family and Ancestry*），想必是科斯自己非常满意的作品。另外，凯克斯的博士论文就是经济史，其他的包括《战争的代价》（*The Price of War*, 1986）和《战时计划》（*Planning in Wartime*, 1991）等多本当代经济史。此外，他也曾撰述奥斯汀·罗宾逊（Austin Robinson）的传记。

事实上，由历史感的角度，可以更清楚地解读科斯的某些观点。一方面，他对亚当·斯密的注重，当然反映了他对历史的态度；另一方面，他排斥经济学进入法律和社会等其他领域，更充分突显了遵循和维护历史的立场——在亚当·斯密的世界里，没有法律经济学，也没有贝克（Becker）的效用极大化！

在波斯纳（Posner, 1993）里，他提到科斯特别推崇斯蒂格勒（Stigler）在经济思想史上的成就。他认为，这对斯蒂格勒是寓贬于褒（a back-handed compliment）。因为，在经济学里，经济思想史是一个没落而且几乎已经消失的研究领域。持平而论，波斯纳对科斯的解读不尽公平。因为英式风格隐含的历史感，加上科斯本身在经济史和经济思想史上的造诣，因此，他对斯蒂格勒在经济思想史方面的肯定，其实有特别的含意。这有点像一位美国的篮球好手，说一位英国佬篮球打得很好；或者是一个英国的板球（cricket）明星，称许一个美国佬板球打得很出色！

由上述关于英式风格的讨论里，可以归纳出几点结论：

在科斯的诺贝尔奖词里，他最先提到的人是英国名小说家 G. K. Chesterton（1874—1936）。他会谈到英国人和一本80年前出版的小说（*The Innocence of Father Brown*，出版于1911年），并不令人意外；不过，这也约略反映出他的英式风格和历史感。首先，波斯纳所提出的英式风格，虽然是一个不容易掌握的概念；但是，由前面所列举的各种数据可以看出，这个概念确实是有相当的意义。其次，由凯克斯和科斯身上，可以感受到英式风格强调理论简洁、不能脱离实际、浓厚的历史感。最后，在某种抽象的意义上，英式风格所隐含的这些特质，其实正像是科斯所强调的"生产的制度性结构"（the institutional structure of production）。在这种制度性结构之下，经济学的生产会是什么状态呢？效率如何呢？这些，就是以下所要处理的问题。

5. 政策含义（Policy Implications）

英式风格强调理论要简单，以简驭繁。在经济学的发展上，这种特色有两点重要的含义。

首先，经济学所隐含的基本概念，不只可以分析经济活动或经济现象，而且可以用来探讨人在其他领域的活动。政治、社会、法律等领域的现象，还是由人的活动所形成，也可以利用经济学简洁的架构分析。其次，经济学简洁的理论，不只能够帮助政策决定者（policy-makers），以提升资源运用的效率；更重要的，经济学的基本概念，应该可以帮助所有社会大众，提升一般人运用资源的效率。

结合这两点，方向其实非常明确：经济学所隐含的基本分析概念，可以成为简洁的思维架构。一般人在生活里面对各种问题（政治、经济、法律、社会等）时，可以依恃这套思维架构。和（目前）一般人由社会化里得到的思维架构相比，希望经济学的这套思维架构，能更简捷有效！

回顾这四十年来的发展，经济学的轨迹确实大致上反映出这种脉络。在贝克、布坎南、波斯纳等人和其他经济学者的推动下，经济学进入传统上属于社会学、政治学和法学的领域，而且已经有非常可观的成果。此外，"经济学的世界观"也开始成为经济学原理等教材强调的信念，虽然对于"经济学的世界观"本身确切的意义，经济学者之间还没有众议佥同的看法。如果这种发展延续下去，经济式的思维可望被一般社会大众所接受和运用。而且，如果一般人的思维方式能有所变化，对于提升资源运用的效率，显然会有非常可观的影响。

在概念上，科斯和凯克斯都强调"经济学是一种思维方式"，因此英式风格理当成为（would have, could have and should have）启动和主导这个趋势的力量；然而，事实上，英式风格却是置身事外。经济学往外扩充的过程，主要是在美国，由美国的经济学者贝克、布坎南和波斯纳等人所推动。

由后见之明来看，英式风格没有发挥作用，是非常可惜的事。以法律经济学来说，这是经济学对外扩充中最成功的领域，而英国正是形成习惯法传统的地方，有非常丰富的数据。由经济学"效率"的角度，不需要任何数学模型，就可以对习惯法有非常深入生动的阐释。可惜，英式风格没有点出这种联结。即使到今天为止，在英国的经济系和法学院里，法律经济学都不是活跃的研究领域。在近十种法律经济学的期刊里，也没有任何一本是在英国编辑或出版的。[如果可以利用"产品的市场"作为指针，分析"理论的市场"——科斯（1974）的篇名是"The Market for Goods and the Market for Ideas"——那么，为什么不能把"罚款"（fines）看成是一种价格（price）？科斯自己曾表示："Punishment, for example, can be regarded as the price of crime."可是，他却认为法律经济学的快速发展，只是暂时的。]

另外，布莱克（D. Black）尝试结合经济学和政治学，却在英国受到一连串的阻力。他最早、最重要的贡献，在英国遭到期刊和出版社的婉拒。在某种意义上，这正反映出学术领域中，英式风格意味着紧守传统，因而阻碍进展。

运用经济学的分析概念，就可以帮助公共政策，提升资源运用的效率。在这一点上，英国的经济学期刊确实非常重视公共政策，譬如，在《经济论丛》和《苏格兰政治经济评论》里，都强调对公共政策的讨论。但是，无论是皇家经济学会或苏格兰经济学会，却没有类似《经济视角期刊》（*Journal Economic Perspectives*）的做法，一方面缩短尖端学术和一般经济知识之间的差距，另一方面作为向社会大众普及经济思维的踏板（stepping stone）。

由社会的观点来看，经济学者花气力争执彼此之间的歧异，所能得到的边际报酬已经被压缩得很小。相形之下，经济学者花气力阐扬经济分析基本概念，所能带给社会大众的边际报酬，却庞大无比。如果以亚当·斯密的国富论为指标，使一般人的思维更精致，显然更能提升资源运用的效率，促进财富的累积。当然，目前经济学高度专业化和分工的情形下，对各个经济学者来说，不一定有诱因，愿意成为经济学和社会大众之间的桥梁。如果道路桥梁这些公共财，是由政府来提供；那么，普及经济学的桥梁也可以看成是一种公共财，而这种公共财，显然也值得由经济学者间的政府——各个主要的经济学会——来搭建。而且，虽然有些经济学家出版了一些通俗性的著作，以推广经济学；不过，这些就像是由私人兴建而且收费的道路一样，在规模和效果上远远比不上政府普遍铺设的公路网。

1954 年，当凯克斯主编的《苏格兰政治经济评论》（*Scottish Journal of Political Economy*）发行第 1 卷第 1 期时，他的发刊词里有这么一段话：

回顾过去，令人骄傲，因为苏格兰人曾为社会科学奠定基础；但是，回忆也带来警示，因为对于往后的进展，苏格兰人贡献有限。

如果把其中的苏格兰人（Scotsmen）换成英国人（Englishmen），这段话现在依然发人深省。同样地，科斯（1981）也提到：

在 20 世纪 30 年代，相当程度上，英国经济学界就代表整个经济学界。

科斯的言下之意，当然十分清楚。因此，如果科斯和凯克斯所强调的——经济学的现实性、简洁的理论提供一种思维的模式——能够经由某些方式，成为一般社会大众所参考依恃的思考架构，那么英式风格的贡献，将回到科斯和凯克斯所缅怀的时代一样；而且，这将不只是对经济学或社会科学的贡献，而是有益于整个社会的丰功伟绩。

当然，要使经济学隐含的思维模式，成为社会大众所接受和运用的工具，必须透过一些具体的做法。可是，哪些是具体的做法呢？不过，亚当·斯密的巨作是要探讨富国的途径；两百多年来，经济学者却还没有找到明确的答案。因此，经济思维的普及化和大众化，也需要经济学者投入相当的智慧和气力，才能找到可行之道。不过，至少方向是非常明确；而且，在推展这项艰巨的工程上，英式风格处于一种很特别的地位，可望发挥相当的潜力。

6. 结论

在本文一开始，我提到：虽然是一连串的偶然，但是却隐含着重要的启示。

写成本文确实是一连串的偶然：到牛津时，住到凯克斯的故居；读他的回忆录时，看到他对因果关系的想法；和朋友聊天时，感受到凯克斯的可贵人格；翻阅《经济论丛》时，看到关于他回忆录的书评；在同一期里，发现著名经济学者克鲁格（A. Krueger）也提到凯克斯。

动手写这篇文章后，在书架上拿错《经济论丛》的卷册，却看到凯克斯关于厂商规模的论文；随手看科斯关于布莱克（Black）的回忆，竟然看到凯克斯的名字。这些偶然之外，还有内人和出租车司机的对话；更奇怪的，是我在火车上随手捡起座位上的报纸，却发现有一篇凯克斯执笔的讣闻！［Lord Plowden of Plowden 于 2001 年 2 月 15 日过世，润饰增修过的讣闻登在 2 月 17 日《卫报》（*Guardian*）的讣闻版。他在生前应《卫报》之邀，为朋友 Lord Edwin Noel Plowden 所写。］

不过，即使没有这一连串的偶然，本章所指出的政策启示本身，依然非常重要。本章前半段关于科斯和凯克斯之间的种种，可以说只是经济思想史上的材料；可是，后半段英式风格和政策的部分，却对经济学的发展有深远的含义。确实，即使没有一连串的偶然，本章所强调的政策启示依然重要。有这一连串的偶然，使科斯和凯克斯的英式风格与"启示"之间的关系更生动、更有说服力。如果经济学的英式风格发扬光大，经济学对社会的影响将更为深远，而经济学也将有更浓厚的英式风格——不论是根据科斯或凯克斯所定义的因果关系！

参考文献

Buchanan, James M., *Essays on the Political Economy*, Honolulu: University of Hawaii Press, 1989.

Cairncross, Alec, *Planning in Wartime: Aircraft Production in Britain, Germany and the USA*, Basingstoke: Macmillan, 1991.

Coase, Ronald H., "Economists and Public Policy," in J.F. Weston, ed., *Large Corporations in a Changing Society*, New York: New York University Press, 1974. Collected in Ronald Coase, *Essays on Economics and Economists*, Chicago: University of Chicago Press, 1994.

Lightman, Alan, *Dance for Two*, New York: Pantheon Books, 1996.

图书在版编目（CIP）数据

法理的基因 / 熊秉元 著 . — 北京：东方出版社，2021.7

ISBN 978-7-5207-2243-8

Ⅰ.①法… Ⅱ.①熊… Ⅲ.①法理学—研究 Ⅳ.① D90

中国版本图书馆 CIP 数据核字（2021）第 112705 号

法理的基因

〔FALI DE JIYIN〕

作　　者：熊秉元

责任编辑：刘　峥

出　　版：东方出版社

发　　行：人民东方出版传媒有限公司

地　　址：北京市西城区北三环中路 6 号

邮　　编：100120

印　　刷：北京文昌阁彩色印刷有限责任公司

版　　次：2021 年 7 月第 1 版

印　　次：2021 年 7 月第 1 次印刷

开　　本：787 毫米 ×1092 毫米　1/32

印　　张：12

字　　数：249 千字

书　　号：ISBN 978-7-5207-2243-8

定　　价：67.00 元

发行电话：（010）85924662　85924644　85924641
